横山国学大讲堂

止于至善

横山書院

文化艺术出版社
Culture and Art Publishing House

横山国学大讲堂　缘起（代序）

　　传统文化是一个国家历史创造的民族记忆与精神寄托。我国是有着五千年悠久历史的文明古国，传统文化博大精深，绵延不绝。传统文化是中华民族共有的精神家园，是中华民族生生不息、团结奋进的不竭动力。

　　时至今日，我们依然可以从那些经典中攫取到强大的精神力量和安身立命的智慧。通过阅读传统文化的精华，我们生命的质量得以锻铸，生命的广度得以延伸，生命的厚度得以提升。因而让我们在这个纷扰忙碌的世界中深沉而非浮躁、清醒而非昏聩、深刻而非肤浅。

　　横山书院正在努力创造一个传承中国传统文化的精神家园。横山书院肇始于2008年的暮冬，延续已有十余载历史的华林文教资助项目。

　　从成立伊始，横山书院就将促进教育发展，弘扬中国传统文化作为自己最为重要的使命。书院秉持秉承传统、契合当代的理念，坚持感恩惜福、分享包容、精进有序的文化宗旨，努力通过书院这样一种形式把公益、慈善活动固定下来，让更多的人共同参与、共同成就。作为一个公益性非赢利机构，横山书院将其所获得的全部收益用于慈善活动，并陆续在北京大学、南开大学、中国人民大学、清华大学等相关高校设立专项奖学金，资助文史哲领域的优秀研究生完成学业，并资助相关重点课题的研究及博士论文出版。横山书院还特别关注西部地区文化教育的发展，并设立了专项公益资金用于资助少数民族及边疆地区的文化教育事业。

　　横山书院始终坚信，教育可以改变一个国家的未来走向，传统文化的复兴是中华民族复兴不可缺少的部分，中华民族的伟大复兴必然伴随着中华文化的繁荣兴盛。促进教育和传统文化的传承和发展，是我们共同的责任。

　　鉴于此，横山书院陆续邀请了中国文、史、哲、艺术等领域最顶级的资深老师、学者在横山大讲堂开讲，如，北京大学汤一介教授、中央民族大学王尧教授、北京大学楼宇烈教授、中国社会科学院余敦康教授、著名书画家范曾先生、中国人民大学方立天教授、南开大学孙昌武教授、清华大学钱逊教授、北京大学乐黛云教授、南开大学陈洪教授、北京大学张祥龙教授、北京师范大学周桂钿教授、北京大学许抗生教授、清华大学彭林教授、北京大学湛如教授、中国人民大学孙家洲教授、西北大学李利安教授、陕西省社会科学院王亚荣教授、浙江大学董平教授，及一大批各领域极具学术造诣的青年专家如李四龙教授、何建明教授、孟宪实教授、谢路军教授等等。

各位老师在横山大讲堂不仅传播了传统文化的精华，还对学员的修身养性、为人处世等提出了谆谆教诲。汤一介先生就曾在讲课之余提笔留下"大家一齐做道德境界和天地境界中的人"。乐黛云先生通过讲座比较了中西文明、文化之后，挥毫留下"弘扬国学，面向世界"这几个字。钱逊先生在带领学员细细品味《论语》的精髓之后，告诫大家"读《论语》，学做人"。范曾先生以艺术大家的诗意情怀，留下了充满禅意的文字"慧境无垢"。老师们的教诲铭记于心，在此不一一赘述。

为了让更多的人领略中国传统文化的精神内核和师长们深邃的思想，为了回报支持和关爱横山书院的人，也为了使讲座的内容穿越时空，传之久远，横山国学大讲堂编委会精心挑选了十余位专家在传统文化方面的演讲实录，并命名为《止于至善——横山国学大讲堂》。"止于至善"取自《礼记·大学》中的"大学之道，在明明德，在亲民，在止于至善。"宋代朱熹在《大学章句》中对这句话解释说："止者，必至于是而不牵之意；至善，则事理当然之极也。言明明德、亲民，皆当至于至善之地而不迁。"其意为：修身育人，都必须达到完美的境界而毫不动摇。止于至善，是大真、大爱、大诚、大智的体现。横山书院取书名"止于至善"也正是期望将这种文化理念传达给更多的人。

本书具体内容涉及了儒释道三家的精华以及中国历史的经验启示。编委会对学者们的讲座尽可能原汁原味地予以保留，并力图用最易懂的字句传达学者们多年沉淀下来的思想精华和人生智慧，以飨诸多热爱中国传统文化的国人。横山书院愿以绵薄之力为传统文化的传承和发扬光大添砖加瓦。

希望更多钟情传统文化的人，于有意无意间，手捧斯书，品茗清茶，令喧嚣的白昼带来的疲倦和烦闷一扫而光，反璞为真，重拾本色，升华起对生命的洞然，对传统文化的喜爱。

横山国学大讲堂编委会

目　录

陈洪 1948年7月生，天津市人，现为南开大学文学院教授，博士生导师，南开大学文学院院长，南开大学常务副校长。社会兼职有：教育部中文专业教学指导委员会主任委员、中国古代文学学会副会长、天津市文学学会会长等。主要研究范围包括中国古代小说理论、明清小说、文学与宗教等，著有《中国古代小说艺术发微》、《中国小说理论史》、《佛教与中国古典文学》、《金圣叹传论》、《李贽》、《画龙点睛》、《漫说水浒》、《浅俗下的厚重》、《沧海蠡得》，整理校注《何氏语林》，主编有《中国古代文学发展史》、《中国古代文学作品选》、《中国古典文论读本》、《诸子百家作品经典》、《唐诗宋词元曲经典》、《大学语文》、《外国文学通识》、《中国诗词名句鉴赏大典》等。

《周易》与人生智慧

一、《周易》简介

（一）哲思之原点，巫术之残余

《周易》是一部什么书？我对周易的概括有十个字，前五个字是："哲思之原点。"中华文明、中华文化，能够称为哲学思辨的起点的，就是三千多年前产生的《周易》，这是它的价值，而且一直到今天仍然有光辉。

另一方面，讲到《周易》，我们会有一些误解，比如"周易相卜"、"拿着罗盘看风水"等等，其实这个也事出有因，因为《周易》本来就是占卜用书，所以我概括的后五个字是："巫术之残余。"

神秘而完美的数字宫殿
2 → 4 → 8 → 64

（二）《周易》的数字智慧

《周易》流传了两三千年，魅力不减，因为它不是一个简单的文本，它是建立在一个神秘而完美的数学基础上的，这是周易在所有经典中最为独特的一点。它体现了一些数字之间的关系，二、四、八、六十四，然后它又让这些关系动起来。首先它把世界分为两个最基本的元素，阴和阳，也就是所谓的两仪；然后把两个符号在两个位置上排列，有四种情况，这就是四相；四相再加排列，有八种情况，就是八卦；八卦加以演化，就有无穷多的变化。所以《周易》的特点，首先是数字关系严谨，严丝合缝，一点毛病没有；其次这些数字可以在演变当中转起来，形成变化无穷的符号序列。

（三）《周易》的功能

在《易·系辞》里，古人对《周易》的功能有一个概括。作为《周易》一部分的《易·系辞》，实际上是后人对《周易》的一种阐释，它提到："《易》之为书也，广大悉备，有天道焉，有人道焉，有地道焉。"用我们现在的话来说就是既包含了自然科学的基本原理、大自然的规律，又包含了人的精神、社会规律。这个评价应该是两千二三百年前作出的。两千年之后，乾隆年间编《四库全书》的纪晓岚在《四库全书》提要里作了一个概括，"易道广大，无所不包"。可以看出，两千多年的时段里，我们的祖先对《周易》的崇敬始终没有变化。

（四）《周易》的地位和影响

《周易》在中国历史上有什么地位和影响？先说地位，有个词叫"韦编三绝"，是《史记》里说孔子的事情。孔子五十岁时，谈到自己最大的愿望说："加我数年，五十以学易。"孔子认为自己对《周易》的理解还远远不够，决定深入学习。当时读书用的是竹简，把字刻在竹子上，用牛皮带串起来，牛皮带就叫韦编。孔子反复看《周易》，韦编都断了三次，你说孔老夫子对《周易》重视专注到什么程度。到汉武帝时，儒学成为国家官方意识形态，五经之首就是《周易》，具有统领群经的地位。

至于影响就太多了。比如中国古人看世界，阴阳是最基本的看法，很多观念都从阴阳里生出；再比如刚柔转化，古代辩证的思维都是从《周易》出来的；再比如我们说"龙的传人"，实际上这个说法不确切，是台湾一个流行歌曲造成的。在古代，如果谁走在街上拍拍胸脯说"我是龙的传人"，马上就会被逮捕，因为皇帝才是龙的传人。龙作为一种文化符号，在中华民族的文化中有特别重要的地位。龙，飞龙在天，九五之尊，这些话语都是从《周易》出来的。古代有名的文学理论著作叫做《文心雕龙》，跟《周易》也有相当大的关系，书的结构都是从《周易》套出来的。再比如医圣张仲景的《伤寒杂病论》，讨论发热性疾病在六支脉里转化，基本的思维框架就是从《周易》来的。更不用说中国传统神秘的卜筮、相面、风水这些东西，都跟《周易》密不可分。

《周易》在现代的影响和地位如何呢？现在我用笔记本电脑放 PPT，电脑最基本的原理是什么呢？二进位。二进位是德国数学家莱布尼茨的发明，而莱布尼茨说，自己对中国古老的典籍《周易》非常崇敬，并受到很多启发。《周易》复杂的关系就是用两个数字符号在变化中实现。可以说，我们现代科技在基本原理上和《周易》有很多暗合之处，古老的智慧不容小觑。

二、《周易》的一些基本知识

（一）易 —— 变易／简易／不易

下面介绍一下《周易》的基本知识。首先解释为什么叫《周易》？《周易》的"易"字同时有三个意思。"易"字的本字是蜥蜴的蜴，是一个象形文字，一个大脑袋，四条腿；蜥蜴有个别名，叫做变色龙，所以由蜥蜴引申一下，就有"变化"的意思。《周易》所讲的根本就是变易之道。第二个意思是"简易"。大千世界变化多端，要用一种规律性的东西把它抽象概括，所以要简易。可是它还有一个意思叫做"不易"，就是不变。有两层含义，一是这个变化之道是放之四海而皆准的，二是变化里面的基本规则，比如自然、阴阳的关系，这些东西是不变的，它在微观上变，在宏观上不变。

（二）"经"和"传"

《周易》包括"经"和"传"两大部分。"经"是距离现在三千年甚至更早的时候生成的，基本框架包括六十四个符号组，对每个符号组进行的说明，以及对每个符号组每个元素的说明。这些个文字和图形叫做"经"。

我们打开《周易》这本书，发现里面有叫"十翼"的部分。翼就是辅佐，十翼包括彖上、彖下、象上、象下、系上、系下、文言、说卦、序卦和杂卦。这部分是解释这个"经"的"传"。实际上，它是"经"形成了八百到一千年的时候后人写出来的。到距离我们现在两千二三百年的时候，人们把它编到了一起。

（三）《周易》的形成

司马迁讲人在困境要立志奋斗时，讲到"文王囚而演周易"，《封神演义》也有这一段。周文王被商纣王囚在羑里的时候，没有事情做，行动没有自由，干什么呢？周文王想到了伏羲氏曾在河南洛水边上看到洛水里浮出一个巨大的神龟，神龟背部有一个花纹，受这个启发，伏羲发明了八卦。周文王认为古老的八卦可以概括世界上的很多内容，但还不够，所以就对八卦进行揣摩，演化成为六十四卦，这就是"文王囚而演周易"。这个说法，在古代大家都是相信的。后来有"人更三圣"、"人更四圣"的说法，大意就是文王完成了主要的工作，他的儿子周公后来又接替他做了一部分工作，再到后来孔子又做了另一部分的工作，这三个圣人完成了所有的事情。"人更四圣"，就是再加上伏羲，四个圣人完成所有的事情，这是古人的看法。

今天的学术界怎么看呢？简单讲，学术界认为《周易》是在一个漫长历史时段里集中了数不清的人的智慧所形成的经典。初期每个部落的首领、酋长同时都兼巫师，号称可以沟通天地，占卜是重要手段。占卜有很多经验，算得特别灵都会把它记录下来，并加以整理、编集和传诵。智慧出众的人如周文王，就集合前人的经验，并加以整理。《周易》不是一个人在短时间内完成的，是在历史长期演化过程中完成的。

（四）《周易》的元素和原理

《周易》的元素和原理也很简单。爻是基本元素，包括阳爻和阴爻。

运用阳爻和阴爻对世界所有的事情加以概括。有一个总体我们称为太极，它在变化的时候，分成天和地，抽象一下，又分成阴和阳。阴阳叫两仪，即太极生两仪，在演化过程中，两仪生四象，四象生八卦。一切都是从这两个基本符号演化生成的。（◉阴阳图）阴阳符号是后人对《周易》形象化思想体系的概括，《周易》本身没有这个符号，但这个符号确实准确体现了《周易》的思想精华。

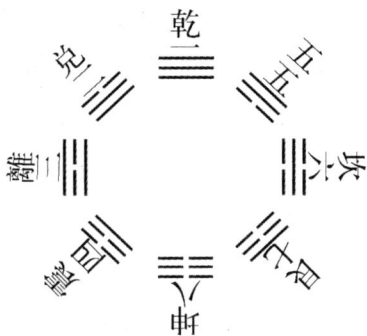

八卦有这样一个排列，这个排列有八个符号组，每个符号组由三个元素构成。每个符号都有一个名称，每个名称代表一个自然的物相，又代表一种品质。八卦在初学的时候不容易记清楚，因为符号看起来差不多。我介绍一个顺口溜给大家："乾三连，坤六断"，三个都连在一块的是乾卦，中间全断开，断成六个小节的就是坤卦。"离中虚，坎中满"，"离"中间是虚的，"坎"中间是满的，这是最主要的四个。剩下四卦："震仰盂，艮覆碗"，"震"像口朝上的钵盂，震仰盂，"艮覆碗"，"艮"呢，口朝下的碗。"兑上缺，巽下陷"，"兑"上面是个缺口，巽是下面一个缺口。这样比较容易记住。

我们再来了解一下八卦是怎样演变成六十四卦的。实际上就是八个符号组在两个位置上来排列组合。各位可以算一算有多少种可能性。无论怎样排列都是六十四组，绝对排不出六十五组来。

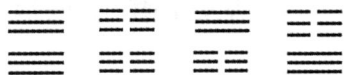

一上一下，下面这个叫内卦，上面这个叫外卦，两个合在一起叫做整卦。乾象征天，坤象征地，天在上，地在下。倒过来就是地在上，天在下。地在上，天在下，这就翻了天了，这就太好了，所以叫泰卦。天在上，地在下，这就坏了，这个叫否卦，闭塞黑暗的意思，后面再详细讲解。

每一个符号组都有很多卦辞和爻辞，我们举几个例子。比如"元亨利贞"头一个乾卦，卦辞叫做"乾元亨利贞"，乾卦是"元亨利贞"。第三卦卦辞"利建侯"，各位如果是官场的，占卜到这个，你回家就请客吧。这个"利西南"，它有时候就是告诉你一个方位，你是做生意的，在成都投资好呢还是在青岛投资好啊？你算得这个卦了，就投资到成都去吧。"履霜坚冰至"，这时候正合时令，这个是坤卦的卦辞，霜降了很快就到一九、二九、三九，"坚冰至"表示事情向严重的态势发展。"密云不雨"，酝酿着但很难过。

断词，我们也举一些例子。常见的断词有吉（大吉）、利（大利）、亨（亨通）、悔（有点小毛病了）、吝（要吃点亏了）、咎（要吃大亏了）、厉（要倒霉了）、凶（我们永远不要碰到）。

刚才讲了六十四个符号组，一共三百八十四个爻，但它不是静止不变，它是怎么动起来的呢？这里跟占卜操作有关。占卜用的是一种蓍草，带有一种神秘意义的草，这个草有五十五根，然后先变成四十九根。然后进行十八次操作，得出四个数字，就是六、七、八、九，根据这四个数字来断定爻的变化。

三、从乾卦和屯卦看《周易》的智慧

下面就进入我们的中心，首先我举两个卦，原汁原味地给大家分析一下，来看看《周易》的智慧。

（一）卦例之一：乾卦

第一个卦就是这个卦 ，这个卦是乾卦，乾元亨利贞，这是卦辞，乾卦它的品性是元亨利贞，按照同行的讲法，就是四种最好的品质。乾代表天，两个天在一起，代表纯阳之卦，是最好的。元亨利贞，元就是本元、根元。本元，指最初的、最根本的；亨是亨通的，什么事情都很通；利是有好处；贞是正、正大。"十翼"对这个卦辞的解释，说是"乾道变化各正性命，保合大和乃利贞"。注意这不是"大"，古字里这个大经常读tài，这和"太"是一个意思。"乾道变化各正性命"，是说天孕育了万物，我们今天建构的这么复杂的社会是宇宙在演化当中一点点精粹凝结而成。天道，在很大程度上就是我们所说元初的大自然、宇宙在复杂的变化当中产生了万事万物，也产生了我们人类社会复杂的斗争和现象。

每一个人，每一个社会成员，各正性命，这应该是从《周易》中学到的一个重要的认识。每个人所得到的认知，所得到的禀赋，固定了就是一个你，佛教说有法执、我执，不是我执，但你要知道你是有这样一些特定因素和因缘所构成、形成的，你要对自己的认识有知觉，我想这就是"各正性命"的主要意思。

"保合大和"，就是说乾卦、天道所要求于人的，首先就是保合，就是保持人们彼此之间和谐的关系，然后使整个宇宙和人类处于一种太和的状态。太和是一种高度和谐。当初人们把这个作为一种最高的原则，写到《周易》的第一卦。"乃利贞"，即都保合太和了，结果是大家都有好处，都可以有一种很平安很正常的环境。

这六个小符号构成一卦，这个卦应该怎么来看呢？从下往上看，下面是内卦，上面是外卦，那么这个卦六个爻的关系是从下往上。第一爻，爻辞叫："初九：潜龙勿用"，在《周易》这个爻里面，阳爻代表一种天，同时它又是龙的代称，所以阳常常被称为龙。初是最下面，最下面就是九，阳又是九，所以重阳就是九月九，初九就是最下面这个爻是个阳。阳代表龙。大家知道，龙尽管可吞吐宇宙，但它毕竟是灵界之属，它到冬天的时候它要入蛰，所以苏东坡有诗"根到九泉无曲处，世间惟有蛰龙知"。这个爻告诉我们，尽管可能有很大的潜能，但是如果你处在一个对你不利的时段和位置，不要强行地去做什么事。这叫"潜龙勿用"，你是潜龙的时候不要急于去做事。

事情它会有转机，于是到第二爻："九二：见龙在田，利见大人。"九这个阳爻到第二个位置上，"见龙在田"就是"龙见在田"，龙到了广阔的原野上，从地下出来了，这个时候就是机会开始来了。这个时候最重要的是"利见大人"。此时最重要的是你要得到有力量的人的帮助，这样你才能够开始。下面开始进入一种发展的态势。

第三爻："九三：君子终日乾乾，夕惕若，厉无咎。"这个时候有个问题：对上，你还没有自主地掌控全部权力，并不是你想做什么都可以做的，你的权力在一定程度上还是借来的。对下，你又离开了基层。你到了一个好像能够有快速前进的地步，可是这个时候要更加小心。所以"君子终日乾乾"，要经常处在一种努力奋发的带有一定紧张的状态。"夕惕若"，就是白天去努力奋斗，晚上要反思，因为你处在一个敏感的关键时段，"厉无咎"，这个时候很可能要出现困顿考验的问题，但是你只要保持前面这种姿态，最后不会有大问题。

当你在进一步发展的时候，到了第四个位置上，叫"九四：或跃在渊，无咎"。有的时候要考虑一下，不一定总要处在风头浪尖的位置。这个时候适当地积蓄一下能量，躲开最紧张最尖锐的位置，可能是一种很好的选择。就是说，你很可能有非常好的机会，但是你在这个"夕惕若厉"临渊履薄的状态，不妨来个回旋，所以"或跃在渊"，即你也可以龙归大海，你暂时到深渊里去，进可以飞腾，退可以藏身，这样的一种状态也很好，所以叫做"无咎"。

"九五：飞龙在天，利见大人"，经过了休整，一飞冲天，龙到第五个位置所以叫九五，九五这个位置非常好，为什么好呢？第一点，就是阳爻，那么第一卦不是六个位置吗？一三五是阳位，二四六是阴位，阳爻在阳位非常好。另外，内卦和外卦，中间的这个也就是下面的二，上面的五，这个叫得其中，中枢的意思，阳爻在阳位又得其中，是各种有利的因素都具备。所以这个叫"飞龙在天"，也是"利见大人"，但是这个"利见大人"要解释起来跟前面的稍有不同。前面的是"有力量的人物来帮助你"。此处的"利见大人"，按照象辞的解释叫做"大人造也"。意思是说你本人在这样的一个位置上应该大展宏图了。

发展得更高了就是"上九：亢龙有悔"，龙飞到顶天了，再往上走就出了大气层了。这样好不好呢？不好。因为已经没有发展空间了。这点很重要，古人太聪明啦，就是你的发展要和你的空间相适应，你不要把这个空间全用掉了，全用掉了就没有回旋的余地了。因此要留一两分作回旋的余地，再去营造一个新的上升空间。

研究生物进化史的学者有一种结论，生物的体量和它所对应的环境有很大关系。比如海里最大的是鲸，陆地最大的是象。海洋面积和陆地面积的比例恰好就是鲸和象体量的比例。很多岛国的居民，他们的身材相对是要小一些，因为他的生存空间比较小。当然这也不是绝对的。联想到《周易》的"亢龙有悔"，就是说你不能顶到天了，你要在自己的空间里留个回旋的余地，这样才能营造一个更大、更广阔的发展空间。

（二）卦例之二：屯卦

我们再举个例子，☳☵ 这是第三个卦，这像一个口朝上的小碗，震仰盂，震就是雷，震的象征物是雷。上面那个"坎中满"，坎的象征物是水。水是云又是雨，所以云雨在上，雷在下。这卦是什么？"屯"，屯是讲屯者难也，对屯的解释是动乎险中。"天造草昧"，这个词其实现在还在用，有点"筚路蓝缕"的意思。草昧就是草木，这个雷雨虽然是造出了变化，造出了危险，但是它也是草木开始繁生的一个机会。"天造草昧"，"宜建侯而不宁"是你要开发建功立业的好时机，但是充满了很多未知的因素。象辞讲"云雷屯"，云和雷碰到一起就是屯卦。

我们看看它这个爻，第一，"初九:磐恒"。最下面这个九，是个阳爻，阳爻应该是尊贵的，但是在上面就在它的内卦里两个阴爻压着它，处在一个被压迫的位置。但是没关系，只要"磐恒"，就是你在道德上站得住脚，有自信，你就会像一个磐石一样永久地坚实存在。所以这个象辞的解释"以贵下贱"，就是你有高贵的身份、高贵的品质，可是你现在所处的位置不太好，这个时候不要着急，不要躁动，要忍耐，自己要很好地调节自己。"大得民也"，你只要自己把它应对得了，实际上是一个得人心的机会。

第二爻，"六二"，六就是阴爻，双数都是阴，在第二个位置上是六，就是在第二个位置上是阴爻。爻辞是："屯如邅如，乘马班如，匪寇，婚媾，女子贞不字，十年乃字"，字面上看起来非常复杂。"屯如邅如"是形容说你骑着马，马原地打转，往前走是很困难，屯和邅都形容前进得很困难。"乘马班如"，班，班师还朝，又回来了，你骑着马，马是很难往前走的，结果就是原地打转。"屯如邅如乘马班如"，原地打转，这人要干什么呢？"匪寇"不是说要干什么不法的事情。"婚媾"是去迎亲。为什么要说迎亲的事情呢？因为《周易》经常会描写一些具体的事件和具体的情景，这是带有象征意味的。从"婚媾"说到男女，"女子贞不字"。

"女子贞不字"有两种解释，一种说法女子一直没有嫁出去，一种说法是女子没有怀孕。"女子贞不字十年乃字"有两种解释，一种是在家里成年了以后，十年乃嫁；一种是结婚以后十年才有小孩。那么这个怎么解释呢？按照象辞的解释有两点：第一点叫乘刚，什么是乘刚呢？说它是阴爻，它压在了阳爻上面，乘就是压，压在了阳爻的上面，那么这种情况是"反常也"，这爻就是说有各种反常的事情出现。为什么会出现各种反常的事情呢？因为在整个卦里是"云雷屯"，风雷激荡，大雨瓢泼，处在变化之中，但又处在"天造草昧"创业的初始阶段，所以各种情况、反常事情都会出现，那就需要你去应对。

第三个爻的爻辞也很有意思，"六三：即鹿无虞，惟入于林，君子几不如舍，往吝"，什么意思呢？又给你一个典型的情景，这是《周易》一书的显著特点，形象化。你去打猎，要去捕鹿，可是"无虞"。"无虞"的意思是没有什么问题，"虞"在古代是个官职，就是守林人。大体就是你去打猎，没有守林人为你做向导，这个时候鹿蹿到林子里去了。如果你想捉住它，必须"惟入于林"，必须深入于林，但是又没有人来给你指示方位。"君子几"，几就是微妙之极，君子非常的机警，逢林莫入，就是树林子里面充满了不可知的因素。树林里可能有毒蛇、沼泽这些不可知的东西，所以"君子几"。机警的君子碰到这种情况怎么办啊？"不如舍"，就是如果充满了不可知因素又没有明白人的情况下，不要冒险。如果你是个一意孤行的人，"往吝"，你非要进去，那恐怕就要出问题了。所以碰到拿不定主意的事情的时候，先暂时放下，不要硬着头皮去做。

我们再看第四爻，第四个爻还是阴。"乘马班如，求婚媾。往吉，无不利"，这是什么意思呢？说你骑着马去求婚，这个马还是来回打转，本来是好事，这个马要给你制造一些麻烦，这个时候要怎么办？形势明朗的时候不要因为一些小的因素干扰，该干什么干什么。

第五个位置是一个阳爻，阳爻刚才我讲了，通常阳爻得阳位，又在中间这么好的位置，"九五：屯其膏，小贞吉，大贞凶"，什么意思呢？这个屯和前面那个屯同词但不同义。这种情况经常看古书就会知道。因为古书字少，它把不同的意思用同一个字表示，然后中间还有一个联想。前面的屯是困顿、难的意思，这个屯当我们今天说的囤积居奇的意思。屯其膏，膏是什么意思呢？油膏就是肥肉，就是仓库里存了一大堆肥肉。干吗用呢？"小贞吉大贞凶"是这种状态，你如果占卜是为小事情的话，家里储备了好多东西，是吉卦；如果你是为了大事情来占卜的话，碰到这个爻就是凶卦。什么意思呢？"施未光也"，说你家里攒了很多东西，说明你有财力有实力，你要做一些小事情很有能力，但是说明你没有慈悲施舍的心肠，你有能力做的事情但是你没有做，你没有广泛地救济他人的话，你做大事情的机会反而受到损害。所以你平常聚敛了很多东西，认为有实力做大事情，这恰恰是不利的，这里面包含了辩证的思想。

四、《周易》的哲理启发

我们都是大智慧的人，"君子不卜"，这不是我们今天作为一个布尔什维克的"君子不卜"。古代对《周易》解得最深的是朱熹，朱熹说"君子不卜"，为什么？他说假如我要做一件事，衡量一下，于道义上是该做的，假如你一占卜，结果告诉你说这件事做了不利，那你该做不该做？假如这件事是不该做的，你一占卜，是大吉，但道义上不合，你做不做？所以朱熹说"君子不卜"。

但作为一种哲理，《周易》的思想可以给我们很多启发。它又很有价值，所以我认为有四个字，叫做"萃取激活"，把里面最有价值的元素提炼出来，然后让它在我们今天的生活中发挥作用。萃取激活，作为哲理来看《周易》，我认为应该如此。下面就采取萃取激活的办法，就《周易》全书举几个例子，看有哪些智慧值得我们来重视和借鉴。

（一）阴阳看世界

《周易》智慧之一，所谓"阴阳看世界"。我讲过阴阳图，也叫阴阳鱼，它是后人对《周易》思想的概括。《周易》认为整个世界是由阴阳两个要素构成的，白就是阳，黑就是阴。我们来看阴阳图，看不出什么，就像京剧里老袍子的装饰物。但实际不然，假如我请你给我做一个 LOGO，把《周易》的精神给概括一下，阴和阳，你画一个正方形中间来一道，一半黑一半白，你说感觉一样吗？或者说正方形不好，圆形来个直径，直径跟曲线一样吗。假如想到了曲线，没有这两个眼，你感觉一样吗？

符号本身承载了哪些意思呢？第一，高度的概括，它的这种概括力是和对世界本原的探索联系在一起的。一阴一阳谓之道，这点不可小看。我们这个民族对于世界本原的认识，从根本上说和其他民族有一定的区别。它的主流文化不是神化的，而是有一个道，道是一个最高的存在。道生万物，这个道是一种高度抽象的精神结晶，不是一种人格化的神格化的东西。道是如何发生作用的呢？一阴一阳谓之道，它通过相反的力量和作用，道生一，一生二，二生三，三生万物。阴阳本身是相反的两个东西，但是在《周易》里阴阳是相互依存的，没有阴就没有阳，没有阳就没有阴，有此才有彼，有彼才有此，这是个依存关系，同时又是个包含关系。

我讲了《周易》有六十四个符号组，每个符号组都有阴和阳两种元素。在阳非常盛的时候，阴往往就被含在里面，而阴非常盛的时候，阳也含在里面，所以阴和阳在《周易》的整个体系里，它既是一个互相对立的，又是一个相互包含的关系。阴阳鱼不是为了装饰画的两点，在阳的里面含有阴的基因。同理，在完全是一个阴的部分里含有阳的可能性。

为什么画得像鱼一样呢？在阳最盛最宽的时候，阴的小尾巴尖就有了，阴就开始滋生了；当阴发展到盛的时候，阳的小尾巴尖，阳就开滋生了。它就是在一个相互的依存和包含之中，从而实现了整个世界的运动和变化。所以讲"孤阳不生，独阴不育"。同时，强调转化，"穷则变，变则通"。什么叫穷？穷不是穷富的穷，穷是到了一个山穷水尽的穷，必然会向反面转化。在《周易》里有个行话叫老阳，老阳就是纯阳，阳到极点了，就会易阴出始，向阴来转化。阴阳之间的对待、依存、包含乃至转化，是《周易》整个构成的基础，这种思想体现在各个卦里面。

（二）"健、顺"看人生

《周易》讲"有天道焉，有人道焉，有地道焉"，讲人如何在天地之间来自立，它有很多的表述，最基本的两条，就是"健、顺"看人生，这两条太宝贵。一个人一生是一个过程，这个过程如何安顿？健和顺这两个字可以概括得非常精到。

乾卦和坤卦是《周易》的总纲，而乾卦和坤卦的精髓有两句话，第一句是《乾·象》："天行健，君子以自强不息。""强"，就是要做一个强人一个强者，要有一个坚强的意志力。生命的本质在于意志，人异于其他生灵很重要的原因是因为意志，有一种目标，并通过行动来改变。强不是外在的，而是发自内心的，要有内在的驱动力，保持一种强势的追求，也就是自强不息。"天行健，君子以自强不息"就把一个道德的要求，给予了一个深邃的哲理的支撑。为什么"君子以自强不息"？因为你做天之骄子，天地之灵心，你必须要达成。

"天行健"，行就是运行和周行，古人对天的认识，只能站在地面来看星空。康德讲过，世界上有两个深不可测的东西，一个是人心，一个是星空。当我们在仰望星空的时候，会有一种敬畏感，星空最大的特点是什么？如果在农村或者外出旅游到了一个广阔的地方，在晚上没有月亮的时候，你看星空繁星万点。你八点看一次和九点看一次，你会发现星空每次都不一样了。"行"有另一种讲法，即行是在道德上。行也讲道，天道的本质就是健，健行就是有力量的意思。天无时无刻不在运行着，体现出一种强健的力量。天的存在是作为一种具有力量的运行。所以作为天地之灵长，人应该"人法天"，生命应该是强健，应该是不停地去追求。

西方哲人尼采也说世界的本质就是意志，没有意志的话，世界只是一种自在，有了意志它才是一种自觉。可是尼采的"超人"哲学思想造就其信奉者希特勒制造了20世纪最大的人类劫难。意志过度膨胀，只强调个人意志，就会产生很多狂人。这种做法对于本人，最后会挫败；对于群体、人类，则是一种灾难。所以《周易》还有另一套相辅佐相制约的，就是坤卦。

《坤·象》说："地势坤，君子以厚德载物。"我们先看后面这一句，厚德载物包含两个意思，作为一个君子首先你要有大地一样包容的品格，只有这样才能承载万物。大地有一个很大的承载力。其次，要宽容。物类千千万万，无不在大地之上，大地母亲对他们都是同样敞开仁慈的胸怀，所以厚德载物。人在天地之间，人道上有天道，下有地道，既要合天道又要合地道，因为大地是地势坤，大地的品格就是如此。

坤，坤者顺也，大地的品格就是要顺，顺是什么呢？不和别人背逆，有一种包容性，有一种承载性，用我们现在社会学的理论来说，就是人你既要承认自己的主体性，也要承认他人具有相同的主体性，那么就产生了在社会上一些共存共处的行为法则，这就是主体间性，主体之间的一种互约。我们一方面作为一个主体，要有坚强的意志，要有追求，要让我们的生命聚成一团火。你要充分地燃烧，你的火要着得很好，但不能燎原。你要有所控制，要效法大地法则，要和别人相互尊重，和谐共处。我想这是人生的智慧，而且说得也很深刻。

（三）有余看事功

我们再来看看如何做事情。《周易》六十四卦最后两卦，一卦叫既济，一卦叫未济，水火在一起叫济，水火相济。既济的既，这个既就是已经的意思，就是已经渡过了河流。未济，就是过河只走到一半。既济，周文王讲六十三卦是既济，河过去了，六十四卦未济，河没过去。这是什么意思呢？你过去的是过去的那条河，新的这条河还没有止境，所以整个《周易》作为一个体系，不是句号，是删节号。

《序卦》写道："物不可穷也，故受之以未济，终焉。"看古人说物不可穷也。事物的发展，人类的进化，文明的演进是没有终点的，万事万物都没有终点。"故受之以未济，终焉。"所以最后是"未济"，没有终点，"终焉"，结束了六十四卦。这是一种认识，不要定位在一个完满的结局，完满是没有的。

清代中后期思想家龚自珍写过一首诗。龚自珍说"未济终焉心缥缈"，说我读到未济的时候结束了六十四卦，心里充满了无限的惆怅。"世事翻从缺陷好"，看起来世界上没有完美，任何事物都有所不足，有所不足本身就是一个很好的状态。"吟到夕阳山外山"，夕阳即将结束，你的旅途也要告一个阶段，但是往远处看，山外还有山，路是没有穷尽的。"谁人能免余情绕"，谁想到这样一种矛盾和困境，心里不是充满了一种说不出来的滋味。

庄子讲，人都有一种强烈的求知欲，但是人的生命和智慧是有穷的，而世界的智慧、知识是无穷的，"以无穷求有穷，殆哉！"如果没有这样的一种自觉的认识，盲目地一定要认为自己要无所不知都要掌握的话，你就会永远处于一种自我的烦恼之中。

《金刚经》里有句话，"因无所住而生其心"，这是当初六祖慧能得道时说的话。弘忍大师半夜给他讲《金刚经》，最后讲到"因无所住而生其心"，慧能当下大悟。"因无所住而生其心"，无所住，住就是执著，执著就是你对某一种物境，你把它看死了。有所住，你就不是得到了佛法真谛的人。你无所住，但又不是古井的死水，而是葆有一种活泼的状态，就是无所住而生其心。我想这与《周易》的道理是一样的。人不能把一个终结当成一个绝对的东西，而是应该在扭转当中体现生命的真谛。

民国初年北京城四大公子之一的袁世凯的儿子袁克文曾写了这首诗："绝岭高处多风雨，莫到琼楼最高层。"意思就是说不要到最高层，最高层不好。"常畏浮云遮望眼，只缘身在最高层。"这是我作的，但也不完全是我作的，它来源于王安石的两句诗。王安石说："不畏浮云遮望眼，只缘身在最高层。"做了宰相，大权在握，搞改革雷厉风行，意气风发。这两句诗的意思是什么云层都挡不住我，因为我站得最高，可是最后王安石是悲剧人生。原因就在于他在权力最高端的时候被很多浮云遮住了眼睛，周边的那些人都是些小人，提供假信息，后来一脚把他踢开掌权。所以我把王安石的这句诗改了，不要相信绝对的权力和绝对的地位，"常畏浮云遮望眼"，假如有绝对的权力的时候各种蒙蔽也就随之而来，而且最好也不高在最高层，次高的比较好。

（三）和谐看社会

再看关于"和谐看社会"。这也不是我要赶时髦，《周易》确实讲了很多和谐的思想，特别是讲阴阳之间的和谐关系。首先先来讲三阳开泰。三阳开泰与《周易》的卦象有关，是泰卦和否卦的问题，天在上，地在下，这是否卦，否是闭塞不通之意，地在上，天在下，是泰卦，泰卦从下面数，第一爻，阳爻，第二爻，阳爻，第三爻，阳爻，三个阳爻开始了泰卦，就叫三阳开泰，误读之后，变成山羊的羊。为什么天在上地在下它是否，反过来是泰呢？《周易》的解释是从象征来讲的。天是强势，轻清者为天，浊重者为地，如果天在上地在下，天越飘越高，地越沉越深，二者不能沟通。作为一个整体，脱节了不能沟通就是闭塞黑暗。反过来，地是指向于下，天指向于上，二者很好地沟通，这样一种状态是最好。再引申一下，对于一个群体来说，强势的一方不要强势越来越加强，强势的一方要有低姿态，弱势的一方要给他一定的扶持，这样减小庞大的基尼系数，减少这种反差，使得之间有沟通的可能性，这个群体才是一种走向通泰吉利的状态。我们真是想不到三千年前我们祖先会有这样一种想法。如果和我们现在的现状联系一下，那就是说我们社会的分化不能太过分，一定要有反向的措施来调整和调剂，这才符合一种自然的核心之道。

再举个例子，这不是孤立的。它讲阴阳的和谐，而不是指孤阳或者孤阴，哪个极端者不好，我们来看咸卦，《象》：咸者，感也，感是感应，感通，咸卦是这样一个卦象，☷咸卦的下卦像一个扣着的小碗，这叫艮覆碗，艮就是山，山又象征男孩子，长男，台湾的流行歌曲的阿里山的男孩壮如山，山是象征男子，象征阳刚，下面一个卦是兑，代表沼泽，沼泽是水，所以说阿里山的男孩壮如山，阿里山的姑娘美如水，水是沼泽，同时象征少女，那么这个卦的特点，阳刚，长男在下，阴柔，少女在上。与刚才的泰卦，从卦理上有相通之处。

我们看是怎么解释的，很有意思"柔上而刚下，二气感应而相与"，这个强势的刚在底下，相对弱势的柔在上面，它是可以沟通的，感应的，可以结合到一起，相与，然后进一步"男下女"，因为在那个时候男性肯定是主导，你作为一个主导的男性，做出一个谦恭的姿态。"男下女，娶妇吉"，你要是办喜事，这是非常好的卦象。如果很强横、傲慢，女孩子都被你吓跑了，所以"男下女，娶妇吉"。但是它又不完全指办婚礼这件事情，它有一种象征的意味。古代解《周易》最有名的一个人王弼，他进一步解释说，"柔上而刚下，感应以相与，夫妇之象莫美乎斯！"所以一个家庭里男女的关系最好是这个卦象里所表现的。都说封建时代，妇女压在十八层，男尊女卑，居然还有这种说法。这也充分体现了中国文化的特点，千万别以为只有异端，只有异端你就没法理解《红楼梦》里的最高权威是贾母，而且大家读得都很自然。所以封建时代里，男尊女卑，这确实是一个主导、主流的态势，但是也有相同的补充。在性别文化里，表现得最为通达的就是《周易》，《周易》和《老子》之间有一个思想脉络的相通。老子的哲学思想上很大程度带有母系氏族的一种理解，他很看重阴性的、母性的、女性的东西。所以《周易》讲家庭的和谐，讲阴阳的关系，讲强势和弱势的一种辩证的姿态是非常对的。

楼宇烈 1934年生于杭州，1960年北京大学哲学系毕业后留校任教至今，现为北京大学哲学系、宗教学系教授，北京大学国学研究院博士生导师，北京大学宗教研究所所长，北京大学京昆古琴研究所所长等。兼任职务有：教育部社会科学委员会委员，全国古籍整理出版规划领导小组成员等。楼宇烈教授长期从事中国哲学史方面的教学和研究工作。主要论著有：《王弼集校释》、《郭象哲学思想剖析》、《玄学与中国传统哲学》、《易卦爻象原始》、《康有为与儒学的现代转化》、《儒家修养论今说》、《中国儒学的历史演变与未来展望》、《佛学与近代中国哲学》等。

《论语》精要及其解析

一、《论语》思想的产生

《论语》是儒家学派的经典著作之一，由孔子的弟子及其再传弟子编纂而成。它以语录体和对话文体为主，记录了孔子及其弟子言行，集中体现了孔子的政治主张、伦理思想、道德观念及教育原则等。《论语》的一个显著特点是孔子不是对自己的思想作系统的阐述、讲解，而是通过对学生们各种问题的回答、评论来阐述自己的思想。

东周时期，中国社会经历着划时代的变革，周王室衰微，诸侯争霸，维护封建宗法等级制度的"周礼"遭到极大破坏，社会处于动荡之中。这时候代表各阶级利益的知识分子异常活跃，成为一支重要的社会力量，他们纷纷登上历史舞台，著书立说，提出解决社会现实问题的办法，形成了诸子百家争鸣的繁荣局面。这是《论语》产生的社会背景。

《论语》，为何名为《论语》呢？班固的《汉书·艺文志》说："《论语》者，孔子应答弟子，时人及弟子相与言而接闻于夫子之语也。当时弟子各有所记，夫子既卒，门人相与辑而论纂，故谓之《论语》。"《文选·辨命论注》引《傅子》也说："昔仲尼既没，仲弓之徒追论夫子之言，谓之《论语》。"从这两段话中可以概括出两点内容：一是"论语"的"论"是"论纂"的意思。《论语》就是把"接闻于夫子之语""论纂"起来的意思。二是"论"是孔子的论说。相传，孔子有七十二大弟子三千门生，现在有的孔庙也会把七十二贤人的像放进去。《论语》是我们了解孔子思想，以及孔子弟子们思想的一个最原始的资料。

现在看到《论语》大概有二十篇，每篇取篇首二三字为篇名，前十篇称为《上论》，后十篇称为《下论》。《上论》的最后一篇是《乡党篇第十》，基本上没有记载孔子的言论，而多记载孔子如何吃饭、怎样穿衣等等。有的专家认为《下论》是后人整理许多孔子的言论、思想、事迹续编的。北宋有一个很著名的宰相赵普曾经说过一句话"半部《论语》治天下"，意思是人们只要运用半部《论语》就能够治理天下（不过也有专家考证赵普没有说过此话）。赵普说的半部《论语》就是《论语》的前十篇。前十篇都是"子曰子曰"，即孔子说的话，而后十篇直呼孔子的名字。子，是古时对男子的尊称，从中我们也能看出后十篇显然是后人整理出来的。

孔子是中国儒家的创始人的这种说法不是特别确切。孔子本人也不承认创立了儒家。任何思想都不是一下子就冒出来的，它首先有一个源头，然后慢慢积聚而成。如六祖慧能创立了具有中国特色的佛教宗派禅宗，但禅宗的源头可以追溯到印度的达摩祖师。现代人比较注重自己的发明权，讲究拥有个人专利权，特别是在科技方面。但我个人认为，在人文学科上个人的发明创造其实是很难的。近代中国著名思想家梁启超曾说过，"知识是人类之公器"。现代人非常强调首创权，但古人则完全相反。古人总是要把发明权归于先人、前贤、古圣，所以孔子称自己"述而不作"，只是叙述前人的思想，并没有什么创造性的东西。孔子"述而不作"的思想对中国文化的传承有非常大的影响。中国文化的传承主要是通过几部经典，后来的思想家往往通过注释或诠释这些经典来表达、陈述自己的思想，往往不是创作一个独立的著述。如魏晋时期学术思想里最重要的玄学，其主要代表人物是王弼，王弼的思想对中国整个哲学和文学艺术创作的影响深刻至极。他的主要著作是什么呢？《道德经注》。玄学另外一个代表人物是郭象，郭象的主要著作是《庄子注》。南宋的理学大家朱熹的著作很多，但最能代表他思想的著作是《四书章句集注》，即他对《大学》、《中庸》、《论语》、《孟子》的注释。这里反映了中国传统文化发展的一个特点：述而不作。孔子有没有发挥前人的思想呢？《中庸》里有一句话，"子曰，祖述尧舜，宪章文武。"无独有偶，《孟子·滕文公上》中则亦云："孟子道性善，言必称尧舜。"由此可见，"尧舜者"乃是以孔孟为代表的先秦儒家最直接的思想源头。孔子创立的儒家学说是在总结、概括和继承夏、商、周三代尊尊亲亲传统文化的基础上形成的一个完整的思想体系。思想绝对不是凭空迸发出来的，它都有一个传承的过程。一个人的思想或者学术成就是离不开前人、师长、朋友，甚至是自己的学生。一个人如果能对人类历史贡献一点点的话那就已经很了不起了。

历史上对《论语》编纂成现在的版本有各种各样的说法，我估计是到了汉初才编成现在的版本。汉初流传着不同的版本，但是多多少少也有一些差异。到了汉代，《论语》已经非常受重视了。中国历史上传统文化、本土文化的基本经典大致都是在汉代确立的，比如说儒家经典。儒家经典当时叫做五经，在先秦时期有《诗》、《书》、《礼》、《乐》、《易》、《春秋》六经。它们记载了不同的内容，有各自不同的功能。到了汉代《乐经》已经佚失了，所以就变成了五经。汉文帝时期开始设立五经博士，专门讲授儒家经典，从此博士成为专门传授儒家经学的学官，五经格局形成。

《乐经》虽然已经不存在了，但在我看来并没有真正地佚失。当时有一篇非常重要的文章《乐记》，把乐的产生、起源、社会作用讲得非常清楚。乐的根本精神、主要理论都保存在《礼记》里面。乐和礼是分不开的，礼乐紧密结合在一起。礼乐就像一个车子上的两个轮子。礼，着重确定每一个人不同的等级、身份。这是一个比较严肃的问题，你是长辈，我是晚辈，你是上级，我是下级，有严格的区分。乐，是讲同。所以礼主别，乐主和，礼乐配合得好，整个社会就会严肃但和谐愉快。所以乐是很难完全独立的，礼同样也离不开乐，所有的礼里面都会有乐的仪式来支撑。所以我认为乐并没有完全丢失。我们举行任何仪式、典礼、法事的时候，都需要有音乐、舞蹈的配合。我们最熟悉的一句话"是可忍，孰不可忍"来自于《论语·八佾》："八佾舞于庭，是可忍，孰不可忍。"孔子为什么这么说呢？他是针对当时各个诸侯在搞庆祝典礼的时候，有不符合周礼的行为。只有周天子才能用八佾这种舞蹈形式。所谓八佾就是八行，八八六十四个人，这是天子之礼。诸侯之礼是六佾，六个人一行，六六三十六个人。诸侯使用天子之礼是不能接受的，所以孔子才说出"是可忍，孰不可忍"。当时之所以出现这种情况是因为诸侯和天子之间的势力发生了变化，诸侯觉得自己的力量足够强大，想要称霸，所以出现了春秋五霸、战国七雄。所以孔子感慨当时是礼崩乐坏的时代。

两汉时期除了儒家经典地位得以确立，道家的根本经典也基本上建立了，《老子》和《庄子》的地位在当时并不比五经地位低。《道德经》作为一个经是在汉代初年确立的。汉初，统治者以老子的道家思想作为政治的根本方针，当时称之为黄老之学。在老子前面加个黄帝，是将黄帝和老子的思想结合起来。黄老之学更偏重于运用老子的思想，并被运用到政治管理上，也可以说是道家的政治学说。黄老之学的核心是无为而治，因而百姓得到了休养生息，汉初的经济也逐渐好转。在汉文帝时期，《老子》的重要注释之一《老子河上公注》出现，河上公是传说中的仙人。这部经典把养生和治国的道理融为一体。中国历史上有两部《道德经》的注，一个是河上公的注，另一个就是王弼的注。由此看来道家的经典在汉代也基本形成了。

道家另外一个重要的代表人物是庄子。庄子在汉代的影响虽然远没有老子那么大，但是汉代的《淮南子》大量吸收了庄子的思想。魏晋时期，魏晋玄学把儒家思想和道家思想结合起来，所以当时也称玄学是新道家或者说道体儒用。道家先是以老子为主，先有王弼作注，慢慢转向以庄子的思想为主，所以到了西晋时期就出现了郭象的《庄子注》，这就奠定了庄子在道家思想体系中的重要地位。所以中国本土文化的根本经典在汉代已经基本确立，形成了五经和《道德经》、《庄子》并立的格局。《论语》是和五经配合的非常重要的一个经典，而且从某种程度上来说，《论语》是判断五经的一个标准。

六经在汉代的时候也称为六艺。六艺这个名词比较复杂，有两种指向，一种是指六经，另外一个就是指具体的艺。《论语》是判断六艺的一个非常重要的标准。所以《史记》有一句话"六艺折中于孔子"。这个"折中"与我们现在讲的折中主义的"折中"不是同一概念，它是指以孔子的说法为标准的意思。传说六经很多是孔子整理的，《诗经》、《春秋》最后是由孔子来删定的。所以当时就认为六经与孔子有关系。虽然是孔子晚年才读《周易》，但他留下了大量关于《周易》的言论，晚年（很可能在六十八岁返鲁之后）曾对成于他之前的几种《周易》文献进行过系统整理和研究。

《论语》在汉代的地位已经非常重要了，但是并没有取得像五经这样的地位，到了宋代以后情况发生了变化。这里要提下佛教，佛教传入中国后，对中国的文化特别是隋唐以后的文化产生了重大的影响。很多人认为，没有佛教的传入，中国就没有隋唐以后的文化盛况。佛教传入中国后，中国的本土文化需要有一个回应。唐代，佛教在思想精神生活中占主导地位。儒家就探讨为什么中国自己传统的儒家思想会衰落。当时人们反思后认为主要由两个原因造成的，其一是人才的缺乏，当时有"儒门淡薄，士大夫逃禅"的说法。宋代儒门收不住人心，优秀的人才都被佛教吸收了。其二，儒学在理论上存在缺陷。儒学比较注重行为规范的实践，缺少理论上的探讨。到了宋代，人们就思考五经里面是不是有些理论上的东西可以深入地挖掘，即用我们现在的话来说就是形而上学的东西。他们首先从《论语》里去挖掘，因为《论语》确实是讲了很多抽象的道理。

《中庸》传说是孔子的孙子子思所作。孟子是子思的弟子。《大学》则是孔子的弟子曾子写的。宋代的理学家把《论语》、《孟子》、《大学》、《中庸》结合起来，儒家的思想就被贯穿起来了。所以《论语》、《孟子》、《大学》、《中庸》当时被称为"四子书"，后来简称为四书。四子，即孔子、曾子、子思、孟子。宋代的理学家提倡四书是进入五经的前提，所以就提出来"四书五经"的说法。元代以后，四书五经，特别是四书成为每一个知识分子必读的书。到了中国封建社会的末期，四书成为科举考试的标准课本。

二、《论语》思想的内涵

（一）对待传统文化的基本态度

百年以降，中国的传统文化经受了相当彻底的批判。上个世纪初，面临着亡国的局面，人们开始反思中国这样的一个拥有五千年文明的泱泱大国，现在却经不住洋人的坚船利炮。首先从物质文明的角度来思考，应该赶紧向西方学习先进的技术。洋务运动期间，成立了很多制造局来制造大炮，师夷长技以制夷。洋务运动最后失败了。辛亥革命也没有真正成功，革命果实最后被篡夺了。

人们开始思考，是不是我们的传统文化出了什么问题？所以当时出现了新文化运动。到了五四运动时期，高举西方的科学、民主两面大旗，对中国的传统文化，特别是儒家思想进行猛烈的批判。当时一个著名的学者吴虞写文章批判孔子，大家称他为打倒孔家店的老英雄。在当时的情况下这种做法是可以理解的，因为我们必须要救亡图存，否则的话就要亡国了。所以对五四运动我们不能简单地否定。但是在批判的过程中，我们确实出现了一些偏差，把传统文化中的一些东西绝对化、片面化了。对古书的很多解释，可以说是随心所欲，为我所用，因而曲解、误解了很多传统文化的原意。对于古书里的很多说法，我们没法把握和了解它本来的意义，只是从字面上去解读它，有人觉得它对我们没有意义。实际上，古书里所蕴含的意义远比字面上的意义要深远得多。我常常讲，古人并没有说一定要让我们按照他们的说法去做。古人留下了许许多多的资源，我们今天的人怎样运用这些资源，是今人的责任。运用古代流传下来的文化资源要有所鉴别。我们过去笼统地讲取其精华，弃其糟粕。这话说起来容易，做起来并不那么容易。什么叫"精华"？什么叫"糟粕"？说实在的，精华和糟粕没有一个绝对的标准。任何的精华、糟粕都要看所处的环境。在这种环境下它是精华，在那种环境下它可能就是糟粕。在这个场合下面它是进步的，在另一个场合下它可能就是退步的。我们常说，腐朽化神奇，神奇化腐朽，神奇的东西可以变成腐朽的，腐朽的东西也可以演化成神奇的东西。一个正确的道理、一个好的想法如果用得不是地方、用得不是时候，它也不会产生好的结果。孔子说过，"三人行，必有我师。择其善者而用之"。这句话并不是说你随随便便就能学到。今人总是埋怨我们的祖先，埋怨我们过去文化被套上了紧箍咒和各种条条框框，所以才落得今天的样子。说实话，这是在推卸责任。对于古人的文化遗产，用得好与不好是我们现代人的问题。古人早已经不在了，怎样利用好古人的文化遗产是我们自己的责任。传统就是这样，既沉重又丰富。对待传统文化，首先要端正态度，如果你把它当做我们宝贵的财富，我们可以从中汲取无穷的智慧。《论语》里面的每一句话，都会给我们一种启发、一种营养、一种警示。对此，我们不能简单地置之不理。所以对待传统我们也应该采取理解它、面对它、掌握它、运用它的基本态度。

（二）《论语》的丰富思想内涵

《论语》作为儒家的经典，核心内容是什么？如果我们仔细读《论语》就会发现，提到最多的词是"仁"。为什么孔子把"仁"放到这么重要的地位？有的人说儒家的思想讲"礼"，儒家是中国文化"礼"的奠基者。这种说法当然没有什么错误。但是《论语》恰恰重点是讲"仁"。因为孔子处在春秋末期（东周的中期），礼崩乐坏。周平王东迁表示周天子势力的衰落，诸侯的力量开始强大。所以春秋时期先后就开始形成了"五霸"的局面，春秋五霸都想一统天下，做霸主，号令诸侯。各种礼仪制度、身份地位都发生了强烈的变化，才出现了"八佾舞于庭，是可忍也，孰不可忍也"。孔子想把原来的礼仪恢复起来，但强制的办法是不行的。周天子的地位已经衰落，没有号召力了。

《论语》中有非常丰富的治国理政的思想，虽然只有区区两万多字，比我们现在动辄几十万的大部头，甚至比一篇博士论文的字数都要少很多，但是《论语》确实教给了我们怎样做人，如何治国，怎样处理好人际关系等各个方面的道理。《论语》涉及的范围非常之广，对社会的影响也非常之深远。有一种说法，以儒治国，以道治身，以佛治心。儒家是中国历史上治国理政的根本理念。中国的治国理念、政治制度确实都是按照儒家的思想来实行的。季康子问政于孔子，孔子对曰："政者正也。子帅以正，孰敢不正。"孔子强调，为政者自己首先要正身。如果自己不能正身的话，怎么能够正人呢？如果不能够正人，怎样才能治理国家呢？大到治国，小到管理一个企业道理都一样。首先要自己身正，才能使国家、社会有正气。由此我们从可以看到儒家的思想首先强调做好人。现在的教育强调要做一个什么样的人？要做一个科学家、工程师等等，但无论你成为哪个方面的专家，都首先要成为一个真正的人，这样你才能够做好专家。现在恰恰是把关系颠倒过来。前几年流行一句话，"不想当将军的士兵不是一个好士兵"。于是大家的胃口都被吊起来了。其实话要反过来讲也并不是说没有道理。其实对每个人来讲，更重要的是如果不能当好一个士兵，你绝对当不好一个将军。要按照自己眼下的身份、地位一步一个脚印踏实地做事。如果这个也不做，那个也看不上，就会变得眼高手低。所以《论语》里的很多思想，在今天还是很有意义的。

中国的一个很重要的治国理念就是所谓的"大同世界"。我们现在的和谐社会也包含了大同世界的理想。这个大同理想也是借助于孔子的身份、名称来宣传的。在《礼记·礼运·大道之行也》就描述了大同的理想和小康社会之间的不同。大同世界被看成是最理想的世界，是一个天下为公的社会，这是我们历代所追求的一个政治理念。康有为专门写了一本书，名字就叫做《大同书》。《大同书》里就描述了大同世界是一个什么样的世界。大同世界是一个没有国界、没有男女之别、人人都平等的社会。康有为的大同理想里面还包含了佛教众生平等的理念。孙中山先生题词里最多的就是"天下为公"。共产主义思想里确实也有大同的思想。儒家的治国理念可以说一直影响到今天。大同是一个美好的理想，大同的时期已经过去了，社会就进入了小康时代。小康时代要面对社会有差别的现实。小康社会里大家都有明确的分工、各种不同的身份、各种不同的地位。战国末期著名的思想家荀子就详细描述了小康社会，他认为社会最理想的状态是什么？群居，但要和一，和谐的"和"，一二三四的"一"，一个理想的社会就是群居和一的社会。社会不能没有分工，没有分工社会就没法运行，所以我们现在也从大同的理想落实到小康社会，小康社会就要群居和一。人类社会就是群居的社会，荀子在《王制》里说，人力不如牛，跑（跑，古代走路的意思）不如马，而牛马却能为人所用，其理由就在于"人能群，彼不能群也"。群体是一个可以去驾驭分散的个体，既然是群体就要有一个结构，不能各自为政。所以群必须要有分。这个分不仅仅是"分工"的意思，还有"氛围"的意思。个人有不同的位置，所以群体才能够发挥力量。荀子其实最早提出人类是社会性的动物。社会性的动物就必须要有不同职业、身份、地位。儒家的思想在现实中间发挥作用较大的就是荀子的思想。谭嗣同曾说过："故常以为二千年来之政，秦政也，皆大盗也；二千年来之学，荀学也，皆乡愿也。"荀子思想学说以儒家为本，兼采道、法、名、墨诸家之长。他以孔子、仲弓的继承者自居，维护儒家的传统，政治思想中突出强调了孔子的"礼学"，颇有向法家转变的趋势。

　　《论语》也蕴含了很多管理学方面的思想。日本松下集团的创始人松下幸之助曾写过一本《〈论语〉与善》的书，阐述了如何运用《论语》的思想来管理企业。上个世纪80年代后期出现了所谓"亚洲四小龙"，当时人们在研究四小龙是如何崛起的时候，非常关注四小龙背后的文化传统。按照当时的一个流行的说法就是"儒家的资本主义模式"。当时美国的企业也都纷纷到日本、韩国以及中国台湾地区来学习他们先进的管理模式。在日本、韩国，企业管理者把儒家对家庭、社会的管理模式运用到他们的企业里面去，并且取得了相当大的成功。日本企业里面的职工都把企业当做自己的家一样。到了上个世纪90年代末出现了亚洲金融风暴，人们也开始检讨这种企业管理模式。在不同的文化背景、文化传统下，企业的管理模式与企业所在的社会文化传统存在着密切的关系，但是这种关系也不能太过于绝对。借鉴参考传统文化并运用到管理模式里，很多都很有效。如果企业家们运用得好，能够把员工当做他的家人来对待，让员工受到像家人一样的关怀和温暖，他能够不热爱他的企业吗？反之亦然。过去常常批判父母官的说法，现在我们强调要做人民的公仆。公仆是没有问题的，但过去我们讲的是父母官就是要把老百姓看成是自己的子女一样。家长是专门来管孩子的，但又要爱孩子，而且他的爱是没法代替的。现在的公仆倒是公仆了，但拿了多少钱干多少事，甚至拿了钱还不做事，没有家长那种关怀子女的情感，变成了一种雇佣关系。在我看来，真正做好父母官的人就很了不起了。这是值得我们思考的一个问题。

《论语》还阐述了道德自律的思想。孔子在《为政》篇里面讲道，"子曰：道之以政，齐之以刑，民免而无耻。道之以德，齐之以礼，有耻且格。"这句话就比较了用刑法和用礼的不同作用。用政治手段、刑罚来规定老百姓这个该做那个不该做，老百姓会遵守规定。因为不遵守规定就会受到刑法的处置，所以他不敢违反规定。但是，他不违反规定不代表他会觉得"违反规定"是可耻的。可是如果用道德来教化，效果就不一样了。"道之以德，齐之以礼"，通过道德教化和礼来规范约束百姓，让百姓明白违背礼仪是可耻的。"有耻且格"，"格"就是"正"的意思。比较起来，道德的教育是更重要的。孔子认为如果要恢复礼仪，最重要的是要对人们进行道德教化，以此激励人们在道德上遵守礼仪的自觉和自律。所以孔子提出"仁"，来唤醒大家在道德上的自觉和自律。

人的自我道德的提升与完善占据着一个决定性的地位，跟西方文化有很大的差异。中国人讲道德的自觉自律。所谓道德的自觉自律就是自己掌握自己的命运。中国人是多神的信仰，从来没有一个至高无上的唯一的神。天有天神，地有地祇，山有山神，河有河伯，大门有门神，厨房里面有灶神。你是善人，这些神就降福，你是恶人，神就降祸，这就是中国文化一个根本的精神。人文的精神，人掌握主动权，老天爷也看你这个人怎么样。中国古代最重要的是祖先崇拜，认为自己的一切都是从祖先那里继承来的，祖先一定是先保佑自己子孙。老天爷则不看你是不是我的子孙，而是根据你的德行来决定值不值得我来帮助你，这就奠定了中国文化一个最核心的东西。所以《书经》里面有这么一句话，叫做"皇天无亲，惟德是辅"。孔子提倡人要掌握主动权，要有道德的自律。有了德，天下都会归你所有。所谓"得道者多助，失道者寡助"。《大学》里面才有这样的一句话"自天子以至庶人，壹是皆以修身为本"。近代有一个大名鼎鼎的人物林则徐曾写过十句话，叫《十无益格言》，就是十种做法没有益处的格言，内容为："存心不善，风水无益。父母不孝，奉神无益。兄弟不和，交友无益。行止不端，读书无益。做事乖张，聪明无益。心高气傲，博学无益。为富不仁，积聚无益。巧取人才，布施无益。不惜元气，服药无益。淫逸骄奢，仕途无益。"

齐景公有一次问政于孔子，怎样才能把国家治理好。孔子就回答他，君君臣臣父父子子。齐景公听了以后说善哉善哉！他说如果君不君、臣不臣、父不父、子不子的话，虽然有米，我也吃不着。所以这个社会要君君臣臣父父子子。可能很长时间里我们一直在批判这句话，那么这句话正确的含义是什么呢？正确的含义是做君的人就要像一个做君的样子，按照做君的责任义务去做事。做臣的人也应该按照做臣的样子，按照做臣的责任义务去做事。社会中的每个人要按照自己的身份去做自己应该做的事情。如果每个人都不按照这个规则去做事，那么君不君、臣不臣、父不父、子不子，岂不天下大乱了。其实这句话的含义很简单，就是每个人都要尽责尽职。上下君臣是社会必要的一个关系，就像家里面父子我们称之为天伦。为什么叫天伦呢？天，就是自然的一种分类，总是父亲生儿子吧？那么社会也有这样一个分类。所以我们中国人把社会所需要的分类叫做天理。社会需要有这样一种自然的伦常关系，只有这种伦常的关系是正常的，我们这个社会才能正常运转。所以孔子的一个弟子问孔子，"如果请你去管理这个国家，从政，你怎么办？"孔子回答："必也正名乎。"那我首先要正名。弟子继续又问："怎么正名啊？"他说："名不正则言不顺，言不顺则事不成。"所以只有名正言顺了，事情才能做成。这也说明当时的社会已经很混乱了，伦常发生了变化，所以要重新建设伦常关系。我们现在也面临着一个重新建设伦常的问题，重新让我们每个人头脑里都有一个清楚的伦常关系。每个人都要明白自己身处什么样的位置，明白在这样一个位置上自己应该怎么样去做人，怎么样去做事。其实我们现在最大的痛苦就是不能认识自我，认不清自己在这个社会上所处的身份、地位，于是老是有非分之想，不满意自己现在的身份地位。但是要想改变又做不到，所以就痛苦、烦恼。所以，我们人要安分守己，尽仁尽致。

儒家这种说法是不是让人当奴隶，不要上进？绝对不是。因为伦常关系也在不断地变化。你只有做好，尽你现在的伦常，才可能带来一些变化。所以当下，你就要做你应该做好的事情，才能在未来不断发展前进。人的身份在社会中也是不断变化的，所以并不是让你永远如此，恰恰是让你一步一步踏踏实实地前进、发展，才能产生新的伦常关系。我们现在很多人不太懂这个道理，这个在某种意义上是一种命，认识命是非重要的。《论语》讲不知命无以为君子，你要作为一个君子懂得自己的命。我把今天的事做好了，我的命就改变了，明天就是那样的命。明天那样的命，我又把明天的事情做好了，我后天又是另一个样子的命。人的身份地位是在不断变化的。伦常关系也是一个因果轮转的关系。我们往往一听到伦常，就理解成束缚、不变，做子女的永远如此，做父母的也一成不变。从道理上来讲是这样的，子女应孝敬父母，父母应该爱护子女，这个关系是没错的，要遵循这样一个原则来做。但作为每一个具体的人来讲，他今天是为人子女，明天就是为人父母，他身份就发生了变化。你今天孝敬父母，明天你要爱护子女。所以你今天孝顺父母也是为了将来你的子女孝敬你，这是因果伦常。如果你今天不孝敬父母，你的子女将来也不会孝敬你。

一个人绝不是孤立存在的，他的身份地位也不是永恒不变的，每个人的身份都是多重的。儒家把人的关系归为五大类，就是五常。所谓的君臣、父子、夫妇、长幼、朋友五大类。我想人与人的关系不外乎这五大关系。这五大关系具体涉及十种身份。我想对于每一个人来讲，五大关系里面涉及十种身份，父慈子孝，君礼臣忠，夫义妇顺等等。五伦、十种身份在一个人身上具有，所以你绝对不应该只从一个角度，或者从这十个身份中只选择一个身份去做你的事情。在做事情的时候首先要想到对方，更扩大一点的话要想到十个身份。所以中国的文化里往往强调将心比心，拿我们现在的时髦话来说就是换位思考。这样一种伦常关系可以说是社会生存和稳定的基础。

我们现在很多人都是不能够尽伦尽职。首先要在老师中间来提倡。老师要以身作则，尽伦尽责，行为师范，你的行动要成为人们效仿的榜样，这才是尽你的伦。现在有些教师实际上是已经失去了教师的庄严感。唐代著名文学家韩愈写过一篇文章叫做《师说》，其中谈到老师的职责是什么？传道授业解惑。有人说韩愈所说的传道是传儒家之道，那也是可以的。即使不传儒家之道，传做人之道也可以。儒家其实也是讲做人之道的，传做人之道是教师最根本的职责。现在教育存在最大的问题就是偏离了社会的根本目的。教育的根本目的就是教人怎样做一个人，不管是大学、中学、小学、幼儿园。各个教育阶段最根本的目的就是教人做事的方法。事包括多方面的内容，做学问、做企业、做管理。所以学校绝对不是单纯的知识传授场所，学校需要传授知识，但这不是根本的目的。中国人讲"授人以鱼，不如授人以渔"。我送你一条鱼，不如送你一个捕鱼的方法，你自己去捕，源源不绝。教育的根本问题就在此。知识在不断更新，很多以前大学学的东西现在可能过时了，那是不是就不用上大学了？还要上大学的。大学里教授知识不是重点，教你怎么样去做一个人，怎样去做学问，怎样去做事业才是永远有用的，终生受用。

《论语》里强调要进行启发式教育。什么叫做启发式教育？启发式教育就是要调动个体学习的能动性，在学习当中开动脑筋、融会贯通、由此及彼。《论语》有句话，"不愤不启，不悱不发。举一隅，不以三隅反，则不复也。"这句话的意思是，学生如果不经过思考并有所体会，想说却说不出来时，就不去开导他；如果不是经过冥思苦想而又想不通时，就不去启发他。这句话经常用来说明对学生要严格要求，先让学生积极思考，再进行适时启发。所以人要有学习的自觉性，而且还要能够通过老师的一点点拨，融会贯通，发挥个人的学习主动性。现在很多人都是背着麻袋来装知识，你给我装得越多越好，装得越多越值钱。所以我一直感慨现在的学校变成了一个知识的交易场所了。过去常说教师是最神圣的职业，是人类灵魂工程师，我说现在变成了贩卖知识的走卒了。一个老师只有以身作则、行为师范，才能算是尽伦尽职。我们现在不能麻木地向西方学习，认为学校就是一个知识传授场所。在西方确实如此，因为西方历史有一个明确的分工：学校传授知识，宗教负责人的思想道德品质。

《论语》还包括了很多道德修养方面的内容。儒家讲的修养不是道德方面的修养，它主要强调一种广义上的道德。它包括了作为一个社会的人所应该具备的各个方面的基本品质。儒家的修养范围，实际上包括了一个人的文化、艺术、性格、品德等多方面的修养。儒家所讲的修养，不单单只是知识的高低多少，同时也表现在一个人的礼仪风度方面。我觉得，这一点在今天似乎很有必要提出来。

儒家在修养上还特别强调"知行合一"，也就是说，修养不但要在认识上弄清道理，而且要在行为上身体力行。由此，儒家在"求知"和"力行"方面提出了很多具体的修养方法。儒家认为，修身是做人的根本，要达到"齐家"、"治国"、"平天下"，都要从修身开始。

三、《论语》思想的现实意义

《论语》在历经两千五百多年风雨的洗礼后，在竞争激烈、物欲横流的今天，不论是从做人还是从做事，仍具有其现实意义。由于不同的人有着不同的生活阅历、不同的文化底蕴，所以就会产生不同的理解，我们更应该求同存异，在学习《论语》时，不能仅仅从其表面理解，而且应该去发掘其更深一层的意义，联系现实生活，同时可以通过各种例子，用各种方式来表述。与其说《论语》是一本记录孔子及其弟子言行的书，倒更不如说是一盏明灯，一盏能将你指引向更广阔，向着更和谐的人生去发展的明灯。

提问部分：

问题1：在当今激烈竞争的时代，对于当下的年轻人，我们如何能够保持平常心，丰富自己的精神生活？

楼老：这个问题让很多年轻人困惑。滚滚红尘，不是简单的引诱问题，而是形势的逼迫，你不这样做不行。说实话，在座的各位比我们那个时代可选择的机会要多很多。虽然有的时候我们很难去扭转客观环境，但自己的内心还是可以在一定程度上做主的。对很多东西的追求都是无止境的。如果有人问我有什么遗憾啊？我说没有遗憾。因为永远有遗憾，所以也就不会有遗憾。我们应该在自己可以做主的范围之内，去控制自己的生活。以我本人为例。在文化大革命期间，我被下放到五七干校。在那种情况下，读书是一种奢侈，99%的书都是毛主席著作，1%是马列著作，其他的什么也不许读了。那怎么办呢？我当时身边什么书都没有，只有新华字典。在干校的一年多里，我把新华字典从头到尾从尾到头地读。当然也有收获，过去很多我不认识的字现在都认识了。儒家的根本精神之一是碰到任何情况，不要怨天尤人，要反求诸己。不要总是抱怨环境，要首先反求诸己，还要顺其自然。任其自然是不管，顺其自然要管，要推动事情前进的。道家讲的顺其自然是识性才能逍遥。

问题2：楼老，请允许我代表我的同学向您致以问候，非常荣幸听到您的讲课，您理想中的最佳生活状态是怎样的？

楼老：我认为生活理想状态就是顺其自然。当然不是想干什么就干什么。从哲学的角度来看，人不能违背必然去找自由，违背必然去找自由就会不自在的，在必然中间找自由是无所不可为的。举例：开车有交通规则，我们应该遵守交通规则，那样的话怎么开都可以，也就说要遵守必然。如果是不遵守交规，想怎么开就怎么开必然要受到很多管制。人生必然要遵守很多规则，在遵守的前提下做自己想做的事情就很愉快了。所以说人是要过有质量的生活，要有爱好、兴趣。我的兴趣非常广泛，古今中西从各个方面都能体会到愉悦，过平凡踏实的生活是最幸福的。欢迎大家有时间到我那里席地而坐喝茶，我那有茶室，有琴室。忧郁症来源于自我封闭，而艺术促进更多的人际交往。

问题3：孔子在当时提出"克己复礼为仁"，在当今我们改革开放三十年的今天，怎么理解过去的传统文化，您认为应如何治国？在物欲横流的今天，除了我们自觉之外，我们的执政党也好，教育体制也好，如何宣传、教育和影响？

楼老：首先我们要明了"礼"的含义，要克己复礼。"礼"就是确立这个社会的秩序，人与人应该是怎么样的关系，通过这个关系来确立合理的秩序，这是"礼"的内涵。那么应该如何确立并巩固这个秩序？这需要通过很多的仪式。所以"礼"是内在的东西，"仪"是外在的形式。内在的关系要通过外面的形式来体现；反过来，外在的形式又可以加强和巩固内在的东西。礼来源于社会的需要，荀子做过一个深入的分析，认为礼来源于"以养人之欲，给人之求"。合理地满足社会各种人的欲求。礼的根源是一个经济分配问题。人有一种本性，就是饥而欲食，寒而欲衣，但如果没有加以教育规范的话，那么社会就没有秩序了，所以要建立起一种规范来。比如：有东西先给老人、幼儿吃，身强力壮的后吃，这不就是一种天然的人际关系吗？所以"礼"是这样建立起来的。"礼"以后，为使社会财富不至于被无限地使用造成物质的不足，要对老百姓行教化，让大家遵守一定的规则。这些规范是针对大家天然的本性进行改造。荀子说，"化性起伪"，就是把本性改掉，建立起人为的社会秩序。

所谓人为的秩序，是根据社会本身规律的需要创造出来的，所以中国的历朝历代稳定以后都要做两件事情。第一件事情是"制礼作乐"，重新规范时代所需要的社会秩序。第二件事情是修前朝的历史，总结历史的经验教训，看前朝是如何兴起和衰亡的，以及应该从中汲取怎样的教训。在我们今天的社会，光靠法制是不行的，应该强调道德的自律和自觉，也就是孔子说的"道之以政，齐之以刑，民免而无耻。道之以德，齐之以礼，有耻且格"。

我们的生命意义、生命价值在什么地方？在这个问题上面，东西方文化有很大的差异，大致有三种不同的类型。第一种类型是以西方的基督教文化为代表，它的生命观念是一切生命都是上帝制造的，人类因为亚当和夏娃违背了上帝的意志偷吃了禁果，所以后代每一个人来到这个世界上都是负罪的，都要靠上帝来救赎。人的一生是要做增加上帝荣耀的事情，死后成为上帝的选民，如果人所做的事情给上帝蒙羞了就要下地狱。西方基督教体制下的生命观是个体的生命观，每个个体都是平等的，都是上帝的子女，所以父母和子女的关系就是兄弟姐妹的关系。

印度佛教的生命观也是个体的生命观，但这个个体生命其一是可以有再生，即所谓轮回；二是这种轮回在印度的婆罗门教来讲是由梵天决定的，是业报理论。佛教是一个自作自受的生命观念，但是生命是可以延续的，这个延续是个体的延续，自己受果报，与旁人无关，生命完全是自己"业"的结果。

中国的传统生命观是：一切生命都来源于天，天地阴阳刚柔，所谓阴阳合气万物自生。天地是万物生命的根源。每一类的生命都来源于祖先，所以"天地者生之本"，"先祖者类之本"。这就是为什么中国人祭天如同祭祖。中国的生命观念里，生命不是个体的，是类的。个体的生命有生有死，类的生命是不断地延续。父母的生命在子女的身上继续延续。所以中国人不孝有三，无后为大。那么这种生命观里面有没有报应和轮回？有！不是个体的轮回，而是族群的轮回，所以就有"积善之家必有余庆，积不善之家必有余殃"，父债子还等观念。由于文化背景和生命观念的不同，中国文化造就了我们的社会秩序的维护最主要是靠自身道德品质的提升而不是靠外在管束。这就是为什么中国文化里面"礼"、"仁"这么重要。

过去的人都知道子女对父母要孝。我们常常在孝里面加两个字即"孝敬"和"孝顺"，要"顺"要"敬"才是孝。《礼记》里"孝"分三等：首先，"大孝——大孝尊亲"，就是你的行为让别人很尊敬你的父母，俗话说就是光宗耀祖；其次是"勿辱"，不要受到别人的侮辱；第三才是让父母吃饱穿暖。"礼"的核心是"敬"，没有"敬"，礼就是虚的。所以礼最终要落实到敬上。我们应按照传统的礼的精神及社会现实的情况来制定礼仪规范，这些礼仪规范还要通过外在的形式得到体现和巩固。

中国的"礼"包括道德的自觉自律，都强调由己及彼，由内及外。所以我说"礼"的核心是克己复礼，要恢复"礼"的自觉自律。人的根本是什么？孝敬为人之本也。一个人在家里面不尊敬他的父母和兄长，到社会上去会尊敬别的老人吗？我觉得是不可想象的。《孟子》讲的"老吾老及人之老，幼吾幼及人之幼"，提倡要从身边做起。文化大革命破坏最大的是亲情。亲情都能彻底摧毁，还有什么不能够摧毁？"亲情"是社会里非常重要的一种关系。如果把亲情都彻底破坏了，你想让他成为一个有气节的人可能吗？孟子讲："富贵不能淫，贫贱不能移，威武不能屈。"

如何把情融入法中，让情起到怎样的社会作用，很值得我们思考。在韩国，住房越大纳的税就越多，超过标准要多征税，但凡是跟父母住在一起的，就可以减免税。中国历史上，是"仁治"还是"法治"？这个问题不是谁说了算的问题。法律是人制定的，是人来执行的，如果人教育不好，制定法和执法的人都有问题的话，再健全的法律也没用，所以"人治"和"法治"不能偏废。人自身品德的提升和完善要靠两条，一条要靠教育，一条靠修养。我们不要认为教育是万能的，教育能解决一切问题。教育本身也是多途径的，家庭教育、社会教育和学校教育都不能缺失。有的家庭用溺爱来代替教育，有的想教育也不知道怎么教育。社会教育目前严重缺失，但是社会教育的影响是非常大的。家庭教育、学校教育和社会教育都是外在的教育。这三类教育如何化成行动的准则，修养是非常重要的环节。"自天子以至庶人，一是皆以修身为本"，修身是把学到的东西落实到实际行动中。很可惜的是，我们现在的修身课从整个教育体系里面删掉了。过去我们上中学、小学都有修身课，修养是一个人素质的全面提升，它本身也不是闭起门来修养。修养要接触各种各样的事情，要碰各种各样的钉子，在这中间磨炼自己，体悟人生。人文的修养，艺术的修养，是非常重要的内容。现在都不讲修养了，这个问题就相当严重。《论语》里讲，"古之学者为己，今之学者为人"。字面上理解好像是说古代人自私自利，现代人大公无私，其实这个意思恰恰相反，所谓"古之学者为己"是讲古人学习是为了提升自己的品德。古之学者为己是美其身，今之学者为人是给别人看的。

　　我们如果能对自己的传统不带成见而是认真研究思考，是有很多东西值得我们今天借鉴的。古人对我们的教导很多很多，只是我们自己不了解、不接受。古人早就告诉我们，治理国家不是治乱的，而是来治治的。所以我们要改变思路，吸收古人的东西。不管我们想要怎样保存古代的东西，它也不能一成不变地保留到现代，不管我们想要怎样遗弃古代的东西，它也永远千丝万缕地和现在联系在一起。所以我们既要继承也要发展，这样我们的文化才有生命的根源，才有延伸的力量。只有在本土上发展出来的东西才会有坚强的生命力。一百多年的历史过去了，我们不能沉浸在原来的思维模式里来考虑问题，一百多年给了我们很多教训进行反思，我们要从中找出今天发展的道路。

汤一介 1927年生，现任北京大学哲学系教授，中国哲学与文化研究所名誉所长，博士生导师。北京大学儒藏编纂中心主任，教育部哲学社会科学重大攻关项目"儒藏编纂与研究"首席专家。曾任美国哈佛大学访问学者（1983）、美国纽约大学石溪分校宗教研究所研究员（1986），美国俄勒冈大学（1986）、澳大利亚墨尔本大学（1995）、香港科技大学（1992）、加拿大麦克玛斯特大学（1986、1990）、香港城市大学（1999）客座教授。1996年任荷兰莱顿大学汉学院胡适讲座主讲教授，1997年任香港中文大学钱宾四学术讲座主讲教授。学术兼职有中国文化书院创院院长、中国哲学史学会顾问、中华孔子学会会长、中国炎黄文化研究会副会长、国际价值与哲学研究会理事，曾任第32届亚洲与北非研究会顾问委员会委员（1986），国际中国哲学会主席（1992—1994）。

儒家伦理与中国现代企业家精神

　　上个世纪八九十年代，中国的经济由计划经济转变为市场经济，中国企业家在这种情况下应具有什么样的精神，中国传统文化特别是儒学对造就中国现代企业家是否有意义，是我们应该研究的一个课题。这是因为儒学在历史上曾是我们民族文化的主流，它对中国社会生活有着长期深刻的影响。

　　我们知道，有一本书叫《新教伦理与资本主义精神》，这是由德国学者马克斯·韦伯（1864—1920）写的书。这里的"资本主义精神"是指的西方近代资本主义精神，这本书在西方社会影响非常大。它是讨论西方资本主义兴起和基督教新教伦理、特别是喀尔文教派之间关系的一本重要著作。在80年代，该书曾引起过海内外学术界、特别是东亚地区以及华人世界的广泛关注。当时由于日本经济在"二战"后的快速发展，以及亚洲四小龙的崛起，使大家热烈地讨论"儒家伦理"与东亚经济起飞正面的关系问题。在《新教伦理与资本主义精神》的"作者导论"中说："资本主义确实等同于靠持续的、理性的、资本主义方式的企业活动来追求利润，并且是不断再生的利润。因为资本主义必须如此：在一个完全资本主义式的社会秩序中，任何一个个别的资本主义企业者不利用各种机会去获取利润，那就注定要完蛋。"韦伯认为，作为企业家的一生必须不断以钱生钱，而且人生便是以赚钱为"目的"，这种精神是"超越而又非理性的"，在这种精神的支配下人必须用一切最理性的"手段"来实现这一目标。韦伯认为，喀尔文的教义便是这一精神的来源。

现在关于"韦伯氏"问题的讨论，由于上个世纪末的亚洲经济风暴，也许已不那么为人们所关注。但是，在面对中国儒学有可能复兴的今天以及欧美大国出现了严重的经济危机的情况下，我想可从另一个层面来重新讨论这一问题，或者有不同的意义。照韦伯的看法，西方近代资本主义精神是来自于基督教伦理（主要是喀尔文教义），它是以不断获取利润为"目的"，而以"一切最理性"的方法为"手段"。所谓"喀尔文教义"，简单地说，它认为"赚钱"是一种"天职"，是可以"增加上帝的荣耀"，所以它是"超越而又非理性的"。这就是说，以"赚钱"为"目的"的西方资本主义是把"增加上帝的荣耀"作为"天职"，因此它带有宗教信仰的意义。而所谓"最理性的方法"就是所谓"科学的方法"（西方企业的经营、管理等等）。如果我们换个角度考虑问题，我们可不可以把西方企业"目的"与"手段"的问题改变成为：以增进人类社会福祉和企业家精神境界的提高为"目的"，而以"用一切最理性的方法不断赚钱"为"手段"。如果我们这样来考虑经济"目的"与"手段"的关系问题，我认为这也许能和我国儒家伦理精神接轨。这就是说，依据儒家伦理，"赚钱"是为了社会的福祉和自我精神境界的提高，它具有现实社会生活的意义，而不像基督教新教伦理那样具有"超越而非理性"的宗教性的意义，而是有着"现实的理性"的意义。在我国古老的《周易·系辞下》中说："何以聚人，曰财。"意思是说，要用财富把老百姓凝聚在一起。这里"增加财富"是"手段"，而把老百姓聚集在一起是"目的"，这是儒家伦理的精神所在。

孟子说："民之为道也；有恒产者有恒心，无恒产者无恒心。"对于老百姓的道理，要使他们都有固定的产业，这样他们才能有一定的道德观念和行为准则，他们才可以聚集在一起。如果他们无固定的产业，那就不会有一定的道德观念和行为准则，就不可能聚在一起。所以孟子说："夫仁政，必自经界始。"（实行仁政，一定要从划分整理田界开始）也就是说要用"井田制"。所谓"井田制"是说每一井田有九百亩，当中一百亩为公田，以外八百亩分给八家作私有田。这八家共同耕种公田。先把公田耕种完毕，再各自耕种自己的私田。这就是说，要使老百姓有自己的土地。看来，儒家不是不讲"利"，而是要求"取之有道"，不能"见利忘义"，所以孔子说："富与贵，人之所欲也，不以其道得之，不处也。"孔子一生追求的就是"天下有道"，这个"道"就是"社会的公义"也可以说是"社会的公利"，一句话就是"人民的福祉"，这才是儒家追求的目标，但这个"目标"在人类社会（特别是在中国社会）进入"现代"或者说是"后现代"时期如何实现，我想也许应该以最理性的方法（最科学的经营管理的办法）不断获取利润为"手段"来实现。如果中国企业家是在以增进"人类福祉"为"目的"，而"以一切最理性的办法来赚钱"为"手段"的情况下经营管理其企业，企业家的精神境界必会不断升华。《周易·系辞下》中说："利用安身，以崇德也。"人们取得有社会效用的利益，是为了给自己找个"安身立命"之处，这就达到了对道德的推崇。《周易·乾·文言》中说："利者，义之和"，这里说的"利"是指"公利"，也可以说是"公义"。"公利"是社会众多"利"之总和，最大的"利"是"公利"，它也就是"公义"的总和，所以程颐说义与利，只是个公与私也。判断"利"与"义"都是要以"公"和"私"为准则。照儒家看，如果能用最合理的办法取得利润（赚钱）作为"手段"，而以"公利"（也就是"公义"）为"目的"，我认为，这是符合儒家伦理的中国企业家的精神。

这里我想借用冯友兰的"四种境界"说来说明这个问题。冯友兰先生把"人生"分成四种"境界"：自然境界、功利境界、道德境界、天地境界。所谓有"自然境界"是说人和动物一样，只是为活着，对于人生的目的没有什么了解（觉解）。所谓有"功利境界"，是说人的一生只为了"利益"，为他自己的私利。所谓有"道德境界"是说，他的行为是为了"行义"，也就是为了"公利"，他的行为是为了对社会作出"奉献"。"天地境界"的人，他的行为也可以说是"奉献"，但他不仅是"奉献"于社会，而且"奉献"于宇宙。人如果达到这种境界，那么他不仅与"他人"（社会）和谐了，"自我身心内外"和谐了，而且也与宇宙（自然界）和谐了。他就有了一个极高的"安身立命"处，也就是宋朝儒家追求的"孔颜乐处"。如果，我们中国的企业家真能做到以增进人类"社会福祉"为"目的"，以"用一切最理性的方法赚钱"为"手段"，这也就是以儒家伦理精神的中国现代企业家了，那么他就是有着"民胞"、"物与"大胸怀，他就是在做着"为天地立心，为生命立命，为往圣继绝学，为万世开太平"的大事业。他就是"道德境界"和"天地境界"中人了。

朱熹说："但能致中和于一身，则天下虽乱，而吾身之天地万物，不害而安泰；其不能者，天下虽治，而吾身之天地万物，不害而乖错。则其间一家一国，莫不皆然，此又不可不知也。"如果自己的身心内外能做到中正和谐，即使天下大乱，他处在天地万物之间，其自我身心内外不会受到什么影响而能安宁康泰；如果自己的身心内外做不到中正和谐，即使天下治理得很好，自己的身心内外也不会受到什么影响而乖错。所以在儒家看，为"社会的福祉"尽力和自己身心内外的和谐、和自己的人生境界是息息相关的。从儒家说，用合乎道义的手段赚钱并不错，但要有个"目的"；这个目的就是为社会福祉和个人精神境界的提高。而且人的精神境界的提高只能在不断地为社会福祉赚钱中才能实现。

我们还可以注意到，照韦伯的看法，他认为西方近代资本主义在整个人类历史上只是一个特例，而且也只能发生一次。所以韦伯不同意社会发展的历史单一说。也就是说，西方近世资本主义的发展和"新教伦理"相结合只是个特例，只能发生在西方近世社会。这就是说，现代企业并不只有一种模式，它可以根据不同的文化传统而有不同的模式。因此，我们是不是可以说，如果中国现代企业与中国儒家伦理相结合将会产生与西方近代资本主义精神不同的中国的现代企业家精神。这就是说，无论如何在中国的现实社会生活中"儒家伦理"对造就中国企业家精神是不应被忽视的。正像西方资本主义的建立与发展一样，它的长达几个世纪的巨大发展，虽然有种种原因，但是基督教伦理对西方资本主义的兴起无疑是一种无可代替的精神力量。我们还必须注意到西方资本主义的兴起，"新教伦理"只是众多原因中的一个，另外还有政治的、地理环境的和历史的等等其他原因。因此，中国现代企业的建立和发展也不可能由单一的"儒家伦理"来实现。但无论如何"儒家伦理"对创建中国式的现代企业应该受到重视。

企业必须赚钱，社会才能增加财富。可是"赚钱"又得是用最理性的方法取得，似乎有着矛盾。但从西方社会的经验看，正是他能利用合乎理性的办法"赚钱"，才有今天西方社会的富足。因此，中国企业家在经营自己的企业时，必须向西方企业家学习，学习他们如何用合乎理性的手段来取得最大利润。我认为，经过两三百年的西方经济的发展，无疑他们已积累了一套用理性方法赚钱的经营、管理体系，这是我们必须吸取和借鉴的。中国现代企业家在为社会福祉"赚钱"中将必然会提高他们的精神境界，这就是因为"赚钱"不仅是为了人类社会，而且是为了"宇宙"（自然界）；那么他们的精神境界就不仅达到了"道德境界"，而且达到了"天地境界"。

如果我们的企业家能以这种儒家的精神来发展他们的企业，他们就会自觉地在他们的企业中注意解决当前影响人类社会合理有序地发展所存在的三大问题：（1）人与自然的矛盾；（2）人与人的矛盾（扩而大之就是国家与国家、民族与民族的矛盾）；（3）自我身心（内外）的矛盾。我认为，在儒家伦理中可为中国企业家提供建设现代企业有意义的思想资源。

（1）儒家伦理对解决"人与自然矛盾"的意义。

我们的地球，为什么会发生"生态问题"？也许原因很多，但是人类对地球自然环境的破坏，是造成当前生态问题的主要原因。1992年世界1575名科学家发表的一份《世界科学家对人类的警告》中提到：人类和自然正在走上一条相互抵触的道路。我认为，这个观点反映了当前的现实。由于近两百年来，在工业化、现代化进程中对自然的利用和开发，虽然对改善人类生活起着巨大的作用，但同时也由于对自然资源的无情破坏、过量和无序开发，严重地破坏了人类赖以生存的自然环境。这样一种情况的发生，应该说和西方的文化传统的"天人二分"观有密切的关系，罗素的《西方哲学史》中说："笛卡尔的哲学……他完成了或者说极近完成了由柏拉图开端而主要因为宗教上的理由经基督教哲学发展起来的精神、物质二元论……笛卡尔体系提出来精神界和物质界两个平行而彼此独立的世界，研究其中之一能够不牵涉另一个。"这就是说，西方文化传统曾长期把精神界和物质界的关系看成各自独立、互不相干的外在关系，其思维模式以"心"、"物"为独立二元，为了"人"的需要可以不考虑到"自然"；对"自然"的征服也不必考虑"人"的生存条件。然而中国儒家的思维模式与之有着根本的不同，儒家认为研究"天"（天道），不能不牵涉到"人"（人道）；同样研究"人"，也不能不牵涉到"天"。早在公元前三百多年前这个观点已被提出。《郭店楚简·语丛一》中说："易，所以会天道、人道也。"说的是，《易经》这部书是讲如何会通天、人所以然的道理的书。

中国历代儒家的重要思想家，大多继承和发挥着这一"天人合一"的思想，这里不可能一一列举，我们可以朱熹的话为代表，朱熹说："天即人，人即天。人之始生，得之于天；既生此人，则天又在人矣。"这是说，"人"和"天"有着一种相即不离的内在关系，因为"人"是由"天"产生的，是"天"的一部分；但一旦"人"产生之后，"天"（"天道"，天的道理）就要由"人"来彰显，"人"就有保护"天"的责任。因此，"人"不仅应"知天"（知道利用"天"的规律），而且应该"畏天"（对"天"有所敬畏）。因为照儒家看，"天"不仅是自然意义上的"天"，而且是神圣意义上的"天"。现在人们只讲"知天"，而不知对"天"应有所敬畏。儒家认为，"知天"和"畏天"是统一的，"知天"而不"畏天"，就会把"天"看成一死物，而不了解"天"乃是有机的、生生不息的大流行（"天行健，君子以自强不息"）。"畏天"而不"知天"，就会把"天"看成是外在于人的神秘力量，使人不能很好地得到"天"的恩惠。

由于"知天"和"畏天"是统一的，正说明"天人合一"思想体现着"人"对"天"负有内在的责任。"为天地立心"就是"为生民立命"，不能分为两截。现在，我们既然看到"天人二分"的思维模式给人类社会生活带来了严重的问题，我们能不能换一种思维模式来解决这一问题呢？"天人合一"作为另外一种处理"人"与"自然"的关系的世界观和思维模式，不仅是解决当前生态危机，而且是实现"人"与"天"共同和谐（谐调）发展另一思考的路子。我们企业家们能不能考虑利用儒家这一"天人合一"

的思想化解"人"与"自然"之间的矛盾，来发展中国的企业，以使其在世界上树立起一更有思想文化内涵的企业精神，和有中国气派的企业家形象而贡献于人类社会呢？

（2）儒家伦理对解决"人与人矛盾"的意义。

当前在人与人之间，扩而大之在民族与民族、国家与国家之间，由于对权力与欲望的极度膨胀，对物质利益的片面追求，对自然资源的恶性争夺，造成人与人之间的关系紧张，社会的冷漠、互不理解甚至仇视；在民族与民族、国家与国家之间的关系上形成对立，互不信任，以至于发生种种冲突和战争。我们可以看到当前的"新帝国主义"在全球行使"霸权"，各种"原教旨主义"又在全球发动恐怖袭击，这样下去人类社会终将瓦解。那么，我们能不能在儒家文化中找到某些有益于使人类社会走出这一困境的资源呢？我认为是有的。在《郭店楚简》中有一句话也许值得我们深入探讨："道始于情。"这是说，人与人之间的关系是建立在情感基础上的。

在中国社会中一向重视亲情。樊迟问仁，孔子曰："爱人。"这种爱人的思想由何而来？《中庸》引孔子的话说："仁者，人也，亲亲为大。"仁爱的精神，是人自身所具有的，爱自己的亲人是最基础、最根本的。但"仁爱"之心不能停止于此，必须"推己及人"，所以《郭店楚简》中说："爱而笃之，爱也；其继之爱人，仁也。""孝之方，爱天下之民。"这就是说，孔子的"仁学"要求由"亲亲"扩大到"仁民"。但是如何把孔子儒家的以仁爱思想为基础的"仁政"实现于社会呢？孔子说："克己复礼曰仁，一日克己复礼，天下归仁焉。"这是说，只有在"克己"（克制自己的私利）的基础上的"复礼"（复兴良好的礼仪制度）才叫做"仁"。费孝通先生对此有一解释，他说："克己才能复礼，复礼是取得进入社会，成为一个社会人的必要条件。"这话很有道理。因为"仁"是人自身的内在品德（"爱生于性"），"礼"是规范人的行为的礼仪制度，它的作用是调节人与人之间的关系使之和谐相处，《论语》中说："礼之用，和为贵。"人们进入社会必须遵守一定的礼仪制度，而对礼仪制度的遵守应该是出于人的"仁爱"之心，才符合"仁"的要求。这种把"仁爱"精神按照一定规范实现于日常生活之中，这样社会就会安宁和谐了，"一日克己复礼，天下归仁焉。"

孔子的儒家思想，对一个国家的治国者，对于世界上那些发达国家的统治集团应是有着极其重要的意义。"治国"、"平天下"应行"仁政"，不能行"霸道"。行"仁政"将会使民族与民族、国家与国家之间"和平共处"；行"霸道"只会引起民族与民族、国家与国家之间的冲突，以至于战争。我们中国的企业是不是可以考虑以"仁政"的某些观念作为自己企业的精神资源，如由"亲亲"推广到"仁民"，"使每个人都有恒产，又有恒心"，在企业中创造出良好的和谐关系，这样或许可以创造出超越西方企业以"赚钱"为目的的经营理念，使以儒家伦理造就的中国现代企业能成为其他民族和国家的企业可以借鉴的一种模式。

（3）儒家伦理对解决"人自我身心内外矛盾"的意义。

儒家文化特别强调人的道德修养对于建立和谐社会的重要意义。儒家经典《大学》认为，修身、齐家、治国、平天下，"自天子以至庶人，壹是皆以修身为本。"这就是说，儒家认为如果个人的道德修养好了，那么"家"可以齐，"国"可以治，"天下"可以太平，人类的和谐社会就可实现。儒家和谐社会的理想既然是建立在人的道德修养（修身）实践的基础上，因此儒家特别重视人的自我身心内外的协调。儒家认为，生死和富贵不是人追求的终极目标，而提高自我的道德学问来为社会增进福祉才是人追求的终极目标。孔子说："德之不修，学之不讲，闻义而不能徙，不善不能改，是吾忧也。"意思是说：不修养道德，不讲求学问，听到合乎道义（善）的话不能去实践，犯了错误而不能改正，是孔子最大的忧虑。孔子的这段话告诉我们的是做人的道理，"修德"并不容易，那就必须有崇高的理想，有为人类长远利益考虑的胸怀；"讲学"同样不容易，它不但要求自己天天提高自己的知识和技能，这样才能负起增进社会福祉的责任；"向善"，是说人生在世，听到合乎道义的话应努力跟着做，应日日向着善的方向努力，把"公义"实现于社会之中；"改过"，人总是会犯这样那样的错误，问题是要勇于改正错误，这样才能成为一个合格的人。"修德"、"讲学"、"向善"、"改过"是做人的道理，是使人自我身心内外和谐的路径。

　　现代中国应该是"以法治国"的国家，中国的企业应该是以合理的经营、管理制度规范企业；现代中国的社会应该是"以德育人"的社会，中国的企业应该用道德来教育职工（包括企业家自身）的企业。如果中国的企业能"以法治企业"，"以德教化人"，那么儒家以修身为本的理念是不是对我国的企业建设有积极意义呢？是不是对中国现代企业家精神的提升有着积极意义呢？希望中国以儒家伦理为指导的企业家都能是"道德境界"和"天地境界"中的人。

　　中国的企业家应该有中国的气派、中国的风格，也许儒家伦理正是可以为我们造就中国现代企业家精神提供一些有意义的思想资源吧！

　　我要说明一下，我并不认为中国现代企业家只能有上述这样一种模式，因为中国现代企业仍然处在一个形成过程之中，可能会有多种有意义的模式。但是，以有着两千多年历史文化的"儒家伦理"作为指导原则，来造就中国现代企业的模式应该不失为一种可以尝试的路径。

乐黛云 1931年生于贵州，现为国家一级教授，北京大学现代文学与比较文学教授，博士生导师。1992年起至2001年先后任香港大学、澳大利亚墨尔本大学、荷兰莱顿大学、美国斯坦福大学访问教授，2004年受聘香港学术评审局委员，被英国传记学会授予20世纪世界杰出学者银质奖章。历任北京大学比较文学与比较文化研究所所长、国际比较文学学会副主席，现任中国比较文学学会会长、北京大学跨文化研究中心主任。著有《比较文学原理》、《比较文学与中国现代文学》、《跨文化之桥》、《比较文学与比较文化十讲》、《透过历史的烟尘》、《中国小说中的知识分子》（英文版）、《比较文学与中国》（英文版）、《自然》（中文版、法文版、意大利文版）、《面向风暴》（英文版、德文版、日文版）、《比较文学研究》（合著）、《中国知识分子的形与神》等。近年来主编《北大学术讲演丛书》、《跨文化对话丛刊》、《跨文化沟通个案研究丛书》十五卷、《中学西渐丛书》七卷等。

文明冲突与文化未来

　　非常高兴来和大家聊天，我觉得不一定是讲座，就是跟大家聊聊文明冲突和文化在未来的展望问题。首先讲一下我们现在必须面对的新的情况，亨廷顿1993年提出文明冲突理论，还是属于20世纪的末期，现在十五年过去了，今天我们生活在21世纪，在这个新世纪发生了一些情况值得我们来思考，而且我们不得不面对。

　　我想第一个问题就是所谓时空剧变。时间和空间巨大的变化，这是21世纪这八年以来非常突出的一种发展。计算机，全球互联网，全球通讯，手机，人与人之间随时随地的紧密沟通、联系成为一个可能。特别是我们下一代，他们是在这样一个互联网里面生存的，在网络里面生活，他们缺少代际的传承。我们过去代际的传承是很明显的，父母对他的影响，学校、家庭对他的影响，而今天更重大的是网络对他的影响。这个是我们所不能控制的，因为他可以在里边交朋友，可以在里面看他喜欢看的动漫，可以在里边谈他想谈的事情。当父母的是不知道的，不了解的，因为你不能进入他那个世界。我们下一代，从我们代际的传承进入了一个新的世界，这个新的世界你不能完全了解。

　　这就使得我们对于未来有一种迷茫的感觉，因为我们不知道我们的下一代会不会像我们一样，他们的思想会跟我们差不多吗？恐怕是很难的，我自己就有这种体验。我的孙子和外孙，他们都在美国。他们就跟我谈到这个问题，说谁聪明呢，日本人聪明，他们发明那些东西，动漫什么的非常吸引人，所以他将来觉得应该学日语，应该去日本，让自己成长得更好。他们玩的那些游戏，从最小的手玩的游戏到屏幕上的游戏都是日本产的。这个问题就是说由于科学技术的发展，使得我们对我们下一代人将来的生活，感觉迷茫，不知道怎么来给他们设计未来的生活，这个对我们来说是相当大的问题。

第二点就说纳米技术，纳米技术可以让人在分子的水平上，在分子运动上（我们看不见）来控制它的发展。用这个纳米技术，一个手掌大的芯片可以储存五个北京图书馆那么大的图书信息量。微观世界可以这样来控制，这是过去从来没有的。人们现在可以掌握对自己、对生物复制和改变。现在基本上对人的基因组可以掌握了，那么就可以想想转基因的结果会怎么样。比如说大麦转基产量就很高，鸡鸭什么转基因，它可以长得很肥，两三个月就成熟。到底这个东西以后对于生命的改造到底会怎么样，人吃了这些转基因的食品将来会怎么样都不清楚。在美洲，抵制转基因非常厉害，可是我们中国觉得只要产量高好吃就可以了。生命过去对于我们是很神秘的东西，现在我们掌握了这个基因组以后，有没有可能对于人的品种实行改造？过去就有人说我们可以对人进行控制，有的人可以专门让他四肢发达，专门让他干活的；有的人头脑发达，专门是来支配人的。如果真的做到这样，那世界是非常可怕的。对基因的控制给人类带来非常大的困扰。

这些新技术，这样一些新知识，它贯穿到人的生命的每一个方面，导致全球性时空的紧缩，人和人的关系更加紧密。这样一种科学的发达，一方面是时空的紧缩，另外一方面是人类无限的延伸。我们可以到火星上去，它所带来的结果就是要耗尽地球各种资源，到火星得花多少钱，多少石油，多少设备。看看最近发生的事情，俄国在格鲁吉亚打个仗就是好几亿，像美国在伊拉克就更不用说了，花了多少钱多少能量多少石油，这都是无法估计的。所以这样就使得地球的资源和能源大大地被压缩，大大地不够分配，这是当前我们很紧迫的问题。

面对这样一种能源和资源的争夺，面对这样一座压缩了的时空，如何使人的关系能够协调，这是一个很大的问题。能够解决这个问题的，如果不是对抗就只有对话。对抗就引向战争，引向人类的毁灭，这个一点不夸张。将来打起仗来，一直就可以延伸到宇宙，最后结果就是人类的毁灭。那么如果你不对抗，不打仗，另外一条路就是对话。我们来对话，坐下来谈谈，来沟通，大家都看到这个严重性，大家都控制自己。这就是一个文化的问题，不是用武器来解决，我们用谈判、用沟通来解决，互相了解。

20世纪已经过去了，我们现在是在一个新的千年的开始。在这个时候人类都必须要回顾一下自己的过去，回想在20世纪我们最惨痛的教训是什么，就会回想到两次世界大战给人类带来的灾害。在欧洲和亚洲，很多城市完全被毁了。我们可以看到莫斯科、法国、英国都受到非常大的创伤，特别是波兰，全部都被炸平了。这是一方面，是物质上的。

在精神上，我们看到20世纪非常大的精神迫害。前苏联有一本书《古拉格群岛》，讲在西伯利亚怎么样把对持不同政见的人折磨致死，对人的精神和灵魂的迫害。我们也看到中国的大跃进，大饥饿，饿死了四千万人，这是官方的数字。我们也不能不看到文化大革命对人性的这种屈辱，这种迫害。我们要想一想：我们到底为什么要这样？这样一些残酷的经验，要求我们来重新定义人类的状况，我们到底为什么这么生活，我们到底活着干什么，生存的意义是什么，生存的方式是什么。所以只有这样来总结才能够保证不再犯原来曾经有过的问题，让灾难不再重现。

巴金老人曾多次提议要建设一个文化大革命的博物馆，让大家看到为什么会起来文化大革命，这个文化大革命怎么样迫害人性。他一直要把他的钱全部捐出来做这个文化大革命的博物馆，可是始终没有成功。我们还有很多问题没有解决，如果一旦有什么气候的话又会复制，这个很难说。我常常讲如果时间过去了，像我们这一代人慢慢都老了、死掉了，那么大家对于文化大革命怎么回事根本搞不清楚。像现在的学生，比如本科生，你问他什么是文化大革命他不知道怎么回事，说也说不清楚。所以我们就面对必须总结我们20世纪历史经验的问题。如果我们这一代人还在的时候，没有一些历史的记载，没有一些认真的讨论，那么我们以后的路怎么走？所以这个也是一个文化问题，也是一个文化冲突的问题。

另外，文化霸权主义和文化原教旨主义对立越来越尖锐，越来越严重。文化霸权主义就是说它认为它的文化是最好的，就用它的文化作为一种普世性的价值观，用这种价值观来覆盖别人的文化，统帅全球的文化。你要是坚持你的意见，我就打你，像伊拉克的战争就是这么来的。其实好多事情证明并不是像他原来讲的各种理由。民主可以是一个普世的价值，但是对民主的理解是不同的。我们中国最开始就说"民为贵，社稷次之，君为轻"，民是最重要的，社稷国家为次，轻的是统治者，是最不重要的。中国可以说它是民本思想，也可以说是民主思想。甚至像孟子讲的如果这个皇帝不好好做皇帝，我臣子就可以把你推翻掉，这些都是民主，我们可以沿着这条道走出我们自己民主的路，并不一定要多党制，一人一票决定，并不是只能有这样的一种东西叫民主。而且我们中国只有很少的土地，7%的土地养活了世界上22%的人口，大致都解决了温饱的问题，这是对人类非常重大的贡献，也是民主最根本的意义。文化霸权主义讲只能走他的民主的路，反对一些其他走向民主的不同的民主文化，这是一个问题。

另外一方面，文化的这种封闭主义或者说孤立主义，最后发展成为一种文化的原教旨主义。他们从文化相对主义出发，认为每个民族都有不同的文化，你必须尊重不同民族的不同文化，没有什么普遍价值，一切存在都是合理的。这样，文化割据主义、封闭主义、孤立主义都起来了，最后变成文化原教旨主义。最后，又发展到想以自己的文化去覆盖别人的文化。所以两种趋势，一个文化霸权主义，一个文化原教旨主义的斗争在目前是非常尖锐的。文化的原教旨主义和文化的霸权主义的冲突，给今天带来了非常危险的一种形势。所以为了拯救人类的未来，我们必须有新的文化自觉，必须在这两种文化之外，在文化霸权主义和文化原教旨主义之外来寻求新的对文化的看法。

接着再谈谈文化自觉的问题。文化自觉可以说是一种能够对抗文化冲突的特别的意识，这种意识之下，既不涉及文化上的武力强制，也不用覆盖混同的方法让你变成和我一样。如果都有文化自觉，我们就可以在这个基础上进行沟通，保存各个民族自己的文化，同时也能使各个民族之间进行文化沟通和互相更新。

　　北京大学教授费孝通先生是一个人类学家、社会学家，他曾经在1997年提出来文化自觉的问题，当时他已经九十多岁了。有人问他说：费老，五四时代的一代人快要画一个句号了，您觉得您现在最想做的是什么？费老说，我这一辈子过得并不平安，可是现在已经是"两岸猿声啼不住，轻舟已过万重山"。人们再骂我也好，就当两岸猿声，我自己还是走我自己的路，我的轻舟已经过了万重山，活到了九十多岁。我现在最没有了结的一件事就是把中国的知识分子带上文化自觉的道路。这是知识分子的责任，是应该担负起来为国家作出贡献的一个最大的问题。

　　文化自觉是指什么？我把费老的话引在这，非常能够说明问题。费老认为文化自觉是指生活在一定文化中的人，他们生活在一片地域里，热爱这片土地，一切都是从这片土地成长起来的，对于文化有自知之明。自己知道自身的文化是什么样的，不夸大也不缩小，明白它的来历，它所具有的特色和它发展的趋向，它的特点是什么，它将来的趋势是什么。这里边不带任何的文化回归的意思，这点我觉得非常宝贵。现在文化回归的呼声非常厉害，费老说这个不是要回归，但同时也不主张全盘西化或者全盘他化。自知之明是为了加强对文化转型的自主能力，绝对适应新环境、新文化选择的地位。我们提倡国学也好，讲文化转型也好，最重要的是取得今天置于世界民族之林的地位。我们一定要在这个转型时期站得住，能够有一个选择自主的地位。

　　文化自觉是一个艰巨的过程，首先要认识自己的文化，了解接触多种文化，才有条件在这个正在形成中的多元文化世界里确立自己的位置。经过自己的适应和取长补短，建立一个共同认可的基本秩序和一套与各种文化和平共处，各抒所长，联手发展的共存守则。所以我们说文化自觉，就是要认识我们自己文化的基因，认识我们自己文化的种子。如果你文化种子没有了，基因都失去了，那你的文化就消灭了。所以要保持我们文化基因非常重要，文化基因是什么，就是文化最根本的一些特点。

后来问费老，你认为文化最根本的特点是什么？我们最宝贵的基因是什么？费老先生说中国文化基因很多，于是出了一本书叫《中国文化基因库》，数据库里面中国文化有各种特色。他认为最重要的一条，文化不是在书本上讲的，或者一些知识分子在讨论的，而是生活在广大人民群众中间。要了解文化必须要到老百姓中间看看他们怎么生活，怎么来对待生活，怎么思考问题。他认为中国文化最根本的基因就是崇拜祖先，培养优秀的后代。崇拜我们的祖先，就是对于我们祖先所创造的应该有所继承，所以中国骂人骂得最厉害的就是断子绝孙，就是你没有后来了。费老说中国文化最根本的基因就是尊重祖先，要培养优秀的后代。我们看的确是这样的，中国普通的农民也希望他的孩子能够成一个好人，能够念书，不一定要怎么飞黄腾达，一定要是对社会有用的人。哪怕吃不饱穿不暖，也一定要供孩子上学，这是很普遍的。对照有些民族并不一定像我们这么重视孩子的教育和对祖先的尊重。当然不是说人家不好，而是说咱们的区别。所以文化自觉很重要的一点就是说要懂得你自己文化的种子。如果没有这个种子，这个文化也就灭绝了，跟种东西一样，种瓜得瓜，种瓜得出别的东西那这个文化就灭了。

光是这一点还不够，费老认为不仅要认识自己文化最根本的种子，不是把这个种子搬到今天放在那儿就算了，还要让它今天有阳光雨露，开花结果。不是把文化种子放这就算了，还要要对它进行现代的诠释。只有经过现代的诠释和改造才能够使我们的文化传承下去，不然只能进博物馆。

他说我们文化，一方面它是一个固定的东西，比如说像我们古乐器，编钟，我们的古琴，我们的四书五经，古代典籍，这些都是传统文化，一个字也不能改，要好好保存的，可是保存不是目的。另一方面还有文化传承，文化传统是不断变化的，从古到今构成一个系列。文化传统不断在变化，对于这些典籍的解释，对于古代器物新的应用都在变化。比如四书五经，春秋战国时代它有一种解释，然后到汉朝有不一样的解释，到宋朝又不一样，今天也应该有我们现代人的解释，这就构成了一个系列，这叫文化传承。就是说最重要的不单是要掌握这个文化的基因，还要加以沿袭。

这两方面还不够，还有第三个方面。就是说应该把我们的传统放在世界各种文化的脉络里面来看，看看我们中国文化到底有什么特点有什么贡献，和别的文化有什么不一样。只有这样才能够参与各民族的变化，在正在形成的世界文化格局里面才能够有我们自己的生命。这就是文化自觉的三个要点，一是认识自己的文化基因；二是对文化种子要给它阳光雨露，进行现代人的诠释；三是要把它放在全球化的形势里边，看我们这个文化到底有哪些值得别人学习。

这个问题很大，我们现在搞文化年，都是表面上的，有一些京戏、舞狮这些表面的东西，到底人家接不接受，我们也不了解。这些东西就是好玩、热闹，过去了就完了，能在那个地方留下什么东西吗？那就必须了解人家需要什么东西，不能说我就这个东西，要不要随便，那就不能为世界所接受。我们需要了解世界到底有哪些问题解决不了，我们这个对他有什么帮助，要把它放在世界的脉络里面考察我们的文化，这样才是真正的文化自觉。

第三个问题我就想讲一下西方的文化反思和他们的文化自觉，因为我们要把中国文化带到世界上去，让它参与世界的文化对话，那么你要了解西方文化目前是什么状况。

21世纪的今天，我们看到西方对于他们自己的文化也有很多的检讨。第一次世界大战后，他们发现自己有很多文化危机。那时候有一本书很有名的，《西方的没落》，讲西方文化有自己的弱点和不能克服的问题，使得西方文化正在没落。那个时候我们的梁启超先生到欧洲游历了一趟，他回来写了一本书，叫《欧游心影录》，这本书认为西方文化已经堕落，都是物质化的，人也已经物质化，所以他要通过中华文化的精神文明来治疗他们的物质疲惫。

上个世纪60年代以后，后现代主义兴起，对于现代主义有很多批判。举个例子，有一个法国社会科学院的研究员，叫埃德加·莫兰，莫兰认为西方文明的福祉恰好包含了它的祸根，虽然科学发达、经济发达，可是也带来了祸根，独特的个人主义包含了自我中心的功利，个人主义代表了内心的闭锁和他的孤独。西方文明盲目追求经济发展，大家都为了赚钱，带来了道德和心理的迟钝，很少考虑追求怎么做人，不再考虑道德和心理的问题。它还造成了各种领域的割据，学这个的不管那个，互相没有沟通的，限制了人的智慧和能力。有时你只知道怎么做某个生意，别的生意你也不懂，国家的情况不太了解，对复杂的问题视而不见。他讲西方的科学技术促进了社会的进步，同时也带来了我们对环境和文化的破坏，造成了新的不平等，有钱人和没有钱人差距很大，造成了新式的奴隶。城市的污染和忙碌给人们带来了紧张和危害，人类正走向核生态死亡，他们觉得西方文化发展到今天问题非常严重。

另外美国一个著名学者叫理查·罗迪（Richard Rorty），他来过中国，对中国文化非常赞赏，认为中国文化很多方面是能够治疗西方文化的。他认为很多人都清楚地认识到，美国人追求的霸权主义和极端的科学主义，这个会给人类带来很严重的影响，使得人类丧失自我。还有一个波兰的社会学家，他写了一本书叫《现代性与大屠杀》，强调在西方，高度的文明和高度的野蛮其实是相通的。现代性是现代文明的结果，而现代文明的高度发展超越了人所能够调控的范围，发展起来以后会很难控制的，就造成了高度的野蛮。

很多有识之士、知识分子看到了西方的危机，特别是在2006年出版了一本《欧洲梦》，用美国梦和欧洲梦划分了两个时代。作者认为美国梦代表了一个历史阶段，这个历史阶段是不断发展的。所谓美国梦就是说在美国，每一个人都是可以自由发展你的财富，自由地去赚钱。一个人拥有的财富越多自由越广，不臣服于环境，个人聚敛的巨大财富又是成功的标志。在美国梦的笼罩下面大家拼命地挣钱，有了钱以后就过度地消费。纵容每一种欲望，浪费地球的丰饶。他们有了很多钱以后就很奢侈，有一个数据统计美国人只占了全世界人口的5%，可是他们每一年所耗费的世界能源是世界的1/3。有人统计如果我们中国每一个人都要过着像美国中产阶级的生活，那么就必须有七个地球向十三亿中国人提供这种美国式的生活。所以这样发展下去，美国梦的结果可以想象，穷人越来越多，富人越来越富。书的作者是个美国人，他说其实美国梦是一个分离的梦，把一些有钱人从没有钱的人中间分离出来，变成特殊的人。他是说人人都能够通过自己的努力获得个人的成功，可以发财，可是实际上是很少一部分人成功的梦，而不是大众的梦。它是把一小部分人从一大部分人里面精选出来，而不管其他大多数人的梦。他认为美国梦做到现在为止很难按照这样的方式再发展下去，提出我们应该进入到一个欧洲梦的阶段。

所谓欧洲梦是说一种新的对历史的看法，根据这种历史观，以物质为基础的现代发展观本身要受到修整，并不是不断地发展下去就是好，人类需要的是一个基于生活质量，而并不是无限财富积累的可持续的文明。什么叫生活质量？一方面是实际的生活条件，温饱，奔小康，有足够的实际生活条件；另外一方面，每一个公民个人主观的感觉到幸福，这个幸福感是非常有意思的。看了今天的《参考消息》，它对幸福感给了一个定义，说幸福感就是你所想达到的和所追求的东西和已经达到的两个东西之间的比例，这就是幸福感。如果你只要赚到五十万就觉得非常满足，那么你赚到五十万就觉得自己很幸福，完成了自己的心愿。可是你想赚五千万，赚到五十万的时候觉得自己很不幸，很失落。据报道，美国幸福感统计数据只占全世界的二十九位，虽然他有钱。

欧洲梦，是要每一个人要感觉到自己是幸福的，不在于追求那么多金钱，同时是保护生态的，使自己有一个美好的生活环境，和大自然保持平衡。他所谓的生活质量，是普遍的富裕，社会安全，有品位的生活，保证人们会有充分的自由，有时间、条件去追求各种精神生活。

其实这个也是马克思主义梦想，马克思说过，除了必须劳动的六个小时或者四个小时之外可以有第二职业，满足兴趣爱好。这样一种生活不是为了赚钱，去做钱的奴隶，而是为了自己欣赏这个生活。所以孔夫子讲得很对，"知之者不如好之者"，知道这件事情不如真的去喜欢它；"好之者不如乐之者"，喜欢它不如从它得到享受，这个东西真正使你快乐，使你得到了享受。你不是仅仅为了一般的生活去奔忙，而有时间来做你所喜欢做的事，能够得到享受的这样一些事情。从欧洲梦来讲，活得自由意味你能够和很多人和平相处，和很多人建立良好的关系，能够进入到不同的集体而得到别人的关爱，这就是很幸福的。不是说你跟大家都很对立，走到哪人家都在反对你，或者你在处心积虑地算计别人。所以欧洲梦就是说你要获得自由，意味着你能够进入到和他人彼此依赖的关系，能够和谐相处。一个人有途径进入越多的共同体，有更多的关系，那就有更多的选择权，和这些人相处学习到一点东西，跟那些人相处又学习到另外一些东西。这个关系就带来了一种包容性，包容性就带来一种安全，不会觉得人家在恨你算计你，这样就是一种平安的、有生活质量的行为。

欧洲梦的设想的两大支柱之一就是文化的多元主义。你自己的文化要发展，也要让别人发展他的文化。另外一个支柱就是全球的生态意识，保护自然的生态性，就将人性从物质主义的劳动里面解放了出来，成就一种新的人性，不是不断地去钻营、生存，而是新的人性。所以他的结论就是说欧洲梦追求的不是拼命扩大财富，而是去提高精神水平；不是追求扩大权力范围，而是去扩大人类相互理解。欧洲梦在西方很热，是第二次启蒙。第一次启蒙是大家要物质的提高和进步，不断地发展人类的能力。第二次启蒙是发展你的精神生活和思想，反对绝对化的个人主义。大家有兴趣可以看看《欧洲梦》这本书，它提出很多跟中国文化相似的问题。这个作者给中国读者的信，它里面引用了很多中国传统文化里面的想法，跟欧洲梦的思想是很一致的，是中国文化的一种表现。

从欧洲的情况来看，发生了这些问题以后他们也在寻求改进这些危机的方法。我分几点来论述。

第一点，他们提倡要找到新的出发点，返回到文化的源头，重新回到希腊。西方文化一步一步发展起来，你想倒回去重新走一遍是不可能的。但你如果想检查你在什么地方走错了，你就必须重新思考，在什么地方走岔了，所以才出现问题。现在重新回到希腊在西方是一个很普遍的趋势，重新回到希腊的文化，重新找到自己文化的源头。并不是说就这么回去就可以了，必须有新的认识，有新的参照的东西来比较才知道哪里走错了。所以我讲的第一趋势就是特别强调怎么回到自己文化的源头，找到新的参照性，对照、比较，重新认识自己。

法国的一个著名学者叫伊莲，她来过中国好几次，会讲中文，对中国文化非常了解。她就写过一篇文章，这是她的一篇很著名的文章，说为什么我们西方人研究哲学不能绕过中国？她认为我穿越中国是为了更好地阅读希腊。因为希腊的思想、历史我们都知道得太多了，太熟悉了，你会想到原来的路子，很难摆脱原来的路子。所以我今天要回到希腊，必须要以中国来作为参照。从中国来看希腊的问题在哪，有什么特点，这么一比较才能有新的认识。所以他们从三个方面解决他们西方文化的危机——第一方面就是回到他们文化的源头，同时以中国或者其他的文明作为参照，来重新了解他们自己文化的特色。她特别强调说选择这么一个遥远的视点，并不是因为好奇，而是觉得中国是一个有独立发展、有悠久历史的文化，从它来检阅我们西方的文化更能发现我们的错误和应该走的方向。她是要用一个他者，这样使得中国文化和西方文化的配合有了一个新的基础，新的出发点。

第二点，很多人说光是西方的发展还不够，所以必须要从非西方的文化里头真正吸收。不是作为一个他者反观，而是真正吸收一些非西方文化的特点。这样就必须要承认差别。文化霸权主义就是不承认差别，就觉得你应该照我这个做。要承认差别，这也是一个过程，因为西方人很难说尊重这个差别。比如说马可·波罗到中国的时候，他到处寻找独角兽。大家知道独角兽在西方是美好的象征，其实像我们的龙一样，并不是真正存在的。它像一个鹿，有一个非常美丽的角，马可·波罗认为中国是非常伟大的，一定是独角兽发源的地方，所以到处找，没有找到。没有找到怎么办，他就认为中国的犀牛就是独角兽，不过是一个很丑陋的独角兽。到了1993年，意大利的普罗利亚大学的艾柯教授，他是一个非常著名的小说家，他写过一本非常有名的小说叫《玫瑰之名》。他到北大来作过一个讲演，他说过去马可·波罗到中国来是要寻找我们的独角兽，可是今天我到中国来不是要寻找独角兽，我是要来了解中国的龙。你们龙就是龙，我们独角兽是一个象征，就是独角兽，我并不想让你这个变成另一个东西，不能强求一律，所以这就是一个中西混合的新特点。

我们要怀有善意，对对方不要瞧不起，觉得人家很落后，要有承认他人的善意的心态。欧洲矿物化研究院院长叫李比雄，他曾经引了现象学家胡塞尔《地球不转》这篇小文章里的一段话：我们看世界就是从我们自己开始，终结于我们所能看到的地平线结束。我们看到的世界很狭窄，不能懂得其他的文化和各种现象。李院长强调，我们要了解不同的文化。今天中国重新登上了世界的舞台，他们把中国想象成了一个幽灵，或者是来抢夺他们繁荣强盛的一个居心叵测的人。他们要么把中国想得很弱，昏昏欲睡的，是一个幽灵，要不就是把中国想成居心叵测繁荣强盛的人。他说其实并不是这样，今天中国人来敲响欧洲的大门就是让他们从梦里解放的文字，用中国完全不同的语言和文字重新开辟一个别样的世界，新的视野。

第三点，就讲西方的文化自觉和他们的方向，对未来的理解和追求。所以说欧洲对于他们自己的文化危机，一个是把其他的文化作为一种对照，来重新认识他们的文化，另一个，真正想向一些文化学习一些他们没有的东西，克服这些偏见。我们北京大学中文系在2000年举行了一个很大的国际会议，题目叫"多元之美"。美是多元的，不是一种，你们认为的美是美，我们认为的美也是美，多元性的。在这个多元之美的会上，很多国外来的学者都强调第三个千年会实现差别共存和相互尊重。中国的文化是一个巨大的资源，他们感觉到从中国能学到真正有用的东西，解决他们的问题。很多这样的书从那个时候出现了。比如一个到北大来讲学的教授写到通过孔子的思想看世界，也是一个新的视角。还有一个人编了一本书叫《早期中国和古代希腊》，他要了解希腊，可是他希望通过中国作为他者反观希腊，在对比中重新了解自己。

欧洲人批判欧洲中心梦，非常可贵。意大利罗马的知识大学有一个教授叫阿尔蒙多·利兹，他悟出来要改变西方中心梦的思想，必须经过一种苦修，非常苦的修炼。他写了一篇文章叫做《非殖民化学科的比较文学》，认为比较文学是非殖民化的学科。我们讲什么是比较文学，就是一种跨文化对话中的比较研究，如果不跨文化就不是比较研究。利兹认为比较文化代表着一种思考和考虑，一种自我批评和学习的形式，我们认为欧洲最高最大是不对的。我们多年都是宗主国，怎么样从这种狭隘的殖民者的身份和思想里解放出来，重新发扬我们的文化非常重要。我们必须要认为自己是属于一个后殖民的世界，在这个世界里前殖民者应该学会和前被殖民者一样生活、共存。这关系到一种自我批评和对自己和他人的改造，这是一种苦修。这点我觉得非常了不起，西方人开始有这种觉悟，由他们自己推翻欧洲中心梦，我觉得是非常可喜的一个现象。因为光是我们欧洲之外的人来批判这个欧洲中心梦没用，由意大利人来批判这种，是他们自己的解放，从殖民者的心态里的解放是非常可贵的。

下面，我们再讲讲文化自觉的经过。我们对于中国的文化自觉其实还有很大的差距，很大的问题。1998年，我在波士顿参加了一个世界哲学家大会，在这个会议上我曾经有一个发言，这个发言叫《和则生物，同则不继》。和，不同的东西和谐在一起互相相处，产生新的东西，如果同则是不能继续发展的。和，不同的东西在一起可以互相参照发展，如果同一个东西不断地叠加上去你是没有发展的。那个时候，一个美国很著名的汉学家叫苏瓦兹，他说我讲的很有道理，但是要提一个问题，你刚刚举的这个例子说明了要做一盘好菜必须要有油盐酱醋，这些东西要掺和在一起才能做好一盘菜，那么我要提一个问题，当你做这盘菜的时候谁是厨师，谁来决定放多少油、多少盐，这个菜才能做得好吃？当时我就没有回答出来这个问题。不管你是"和而不同"也好，"和则生物，同则不继"也好，哪个人来掌勺，什么人来做领导，有这个问题，而这个问题过去的确考虑得不够。慢慢地想这个问题，实际上我们现在在世界上所处的地位，我们不能不承认别人的游戏规则。

我们进入世界的时候，参加 WTO、WHO 等等，那都是人家已经弄好一些游戏规则。我们进去只能承认人家的游戏规则，否则就没有办法活动。如果我们用下围棋的方法来下象棋那是没法走的，所以游戏规则很重要。我们现在面临的游戏规则，决定游戏规则的人，掌勺的决定"和"和"同"的人。现在西方的世界已经形成了一定的游戏规则，所以当我们参加到这么一个大餐里面去的时候，各种游戏规则都已经安排好了，要参加就得对号入座，如果想用我们自己的一套打进去是不可能的。所以在全世界发号施令的还不是我们，还是那些强有力的国家。在这种情况下怎么办，我们自己不太能掌勺，要么我们不吃了，我们也不做菜了，不做饭了，要么就是融入人家的游戏规则，乖乖地就坐，这两种都不是我们愿意的。所以我们最好的方式应该就是我们以自己的方式进入别人的餐桌，我们承认你的游戏规则。我们承认你的规则，可是我们参加你这个游戏有我们自己的方式，有我们的不同的理解。我们不掌勺，可是我们可以决定这个菜用哪些材料，怎么做出来，这个我们是可以决定的。可是我们要听掌勺的人，要你做出一盘什么样的菜。这个问题非常复杂，我也没有想好怎么样很好处理这样的问题，我们参与了世界的这些方式，可以由我们自己的方式参与。

大家都要走现代化的路，这个现代化是多种现代化，中国的现代化有中国的路，日本现代化有日本的路，多元的多种的现代化。我们现在讨论这个问题，有的人说现代化不是多元的现代化，是现代化的多样化。这两个东西是不太一样的，一个是多元的现代化，现代化是有不同种。另外一个现代化只有一个，而现代化的表现可以是多元的。现代化的多样性是指现代化有不同的表现方式，不同的途径。我们是要走一种多元的现代化的道路还是走一种现代化里面的多样性道路，这是太大的问题。有多种不同的方式，麦当劳就是麦当劳，但是到中国就变味了，有中国人喜欢吃的麦当劳。我小孙子从美国回来，他就喜欢吃中国麦当劳的东西，美国的麦当劳他不喜欢吃，有点不同。肯德基更厉害，都中国化了。现代化是不是也多样化的，这个问题提出来大家可以考虑。

对于马克思主义也是一样的，大家可以思考，我们到底是要讲中国化的马克思主义呢，还是讲马克思主义的中国化，这个也是不一样的。如果说中国化的马克思主义，应该是马克思主义在中国变成我们中国自己的东西。如果说马克思主义的中国化，那马克思主义还是马克思主义，但是在中国的表现形式不同。一个是以马克思主义为主，一个是以中国文化为主。这个问题就更大了，因为讲到文化的未来，也想到这个问题，大家可以想想这个问题怎么办。

所以，关于文化的冲突和未来还是有很多问题值得我们探讨，今天我们中国在文化自觉问题上，还有很多问题想得还不是很透，自大的心理也是有的，比如大国心态，像奥运会大家很高兴，我也很高兴。中国可以扬眉吐气，高兴这是很自然的。可是中国就是一切都大，金牌就了不起了，到处去宣扬，而不提倡谦虚的精神，那也是让人家反感的。讲得太多了人家就觉得就你一个人包揽了，就你一个人的奥运会，那就离心离德了。中国的传统就是这样，中国的世界大国这种情结非常严重。我们和别人相处，特别是和那些黑人、拉丁美洲的人相处，会显示我们的大国心态，常常是看不起那些黑人、非洲人，觉得他们比我们差远了，像这种大国心态对于我们走向多元化是很大的阻碍，大国心态不是一种团结的多元化的心态。

再谈到国学热，现在有歪曲的理解，一切都要照搬，把中国过去的东西搬出来，把封建社会里面的一切，不加批判、不加现代诠释的文化拿来照搬。我是最反对让那些小孩念《弟子规》的，《弟子规》是封建社会的一种行为规范，人走路都要低眉顺眼的，跟在妈妈的后面，埋头走。让小孩培养这种行为规范，在世界上去怎么竞争，创造性都给压没了。我觉得这是很严重的问题，是国学兴起以后对国学不加现代诠释，不考虑世界的环境，一味地复旧地回归地宣传国学不行，特别是对于培养我们的后一代有不好的影响。这个问题非常地严重，也是在文化自觉方面的缺陷。如果我们对于文化自觉，对于我们自己的文化基因不了解，不加以现代化的诠释，对于今天世界的形势、脉络、中国文化在什么地位不清楚，你再发展，再多的孔子学院也不可能把中国文化带向世界。

余敦康 1930年5月生，湖北汉阳人。现任中国社会科学院宗教研究所研究员，博士生导师，中国社会科学院荣誉学部委员。1951年考入武汉大学哲学系，1952年院系调整，转入北京大学哲学系，1956年，北京大学哲学系研究生。1957年，下乡劳动改造三年后返校，从事资料工作。1970年，分配到湖北枣阳平林公社任中学教员，为期八年。1978年，调入中国社会科学院宗教研究所工作，历任助理研究员、副研究员、研究员。1987年调入北京大学思想家研究中心。1989年又返回中国社会科学院宗教研究所，任研究员至今。自1993年起至2002年，历任第八届和第九届全国政协委员。长期从事中国哲学史的研究工作，曾参与任继愈主编的《中国哲学发展史》先秦卷、秦汉卷和魏晋南北朝卷的写作，在各种刊物上发表论文多篇。已出版的著作有《何晏、王弼玄学新探》、《易学今昔》、《内圣与外王的贯通——北宋易学的现代诠释》、《中国哲学论集》、《易学与管理》(主编)等。

中庸的思维模式与价值理想

一、对"中庸"思想的重新认识

在中华民族漫长的历史发展进程中，创造了独具特色的传统文化，在博大精深的中国传统文化中，中庸思想占据了十分重要的位置。中庸是一部规模宏大、内涵丰富、系统完整的民族古典哲学体系，曾经广泛而深刻地影响了中国的历史。中庸在中国传统哲学史上有着举足轻重的地位，也是儒家思想中的一个重要范畴，是治国之道，又是修身之法。时至今日，依然影响着人们的思想和道德观。

对于中庸，人们存在很多误解。中庸曾被人们误解为是庸俗的中间路线、骑墙主义。有人认为中庸是静止的、单一的、不表态、模棱两可、折中、世故圆滑等等。中庸也被某些人认为是中国文化的缺点。"文革"时期曾经大肆批判中庸之道，认为是中庸之道阻碍了中国文化的进步乃至中国现代化的发展。因而重新品味一下中庸的价值，探讨一下作为价值理想的中庸是非常有必要的。

中庸之道是要求人们按照人的社会性要求，按认识、改造世界对人类素质的要求自觉地进行自我修养、自我监督、自我教育、自我完善，把自己培养成为具有理想人格，达到至善、至仁、至诚、至道、至德、至圣、合外内之道的理想人物，天下人共创"致中和天地位焉，万物育焉"的"太平和合世界"。

运用中庸的思维模式来考虑问题不容易走极端。中庸的思维模式是从哲学认知论角度来说的，它的价值理念是它的根本方法。中庸代表了中华民族古老的智慧，不了解中庸就不能了解儒家哲学的智慧，更无法了解中国的文化。

二、"中庸"思想的历史传承

中庸思想来源于中国原始社会的尚中思想。"中庸"这个概念由孔子首倡。孔子的思想或者说整个儒家的思想自始至终贯穿着"中庸"二字。孔子的孙子子思就把这些思想汇集为《中庸》一书。

"中庸"二字首见于《论语·雍也》："中庸之为德也，其至矣乎！民鲜久矣。"从字面上看，"中庸"是由"中"和"庸"两个概念合成。"中"作为一种哲学范畴和道德观念，最早出现于商代遗文《尚书·盘庚》里的"各设中于乃心"。从先秦典籍中可以看出，对"中"字的使用往往含有褒义。尚"中"思想是对正确合理的崇尚与追求，是自古就有的传统。孔子继承和发扬了前人的思想，提出了"中庸"。

《论语》卷二十·尧曰第二十。"尧曰"，即尧说的话。尧要把天子之位禅让给舜，对舜说："咨！尔舜！天之历数在尔躬，允执阙中。四海困穷，天禄永终。"其意是说：舜，你过来，现在我把天子之位传给你，把这个天命传到你身上。你要遵从天命的精神，做到"允执阙中"。"允执阙中"四个字非常重要。"允"是确实，"执"是坚持，"中"就是中道。要坚持"阙中"这一宗旨不动摇，如果你放弃了这个宗旨，发生了动摇，就会"四海困穷，天禄永终"，即老百姓遭殃、生活困难、政权崩溃，天命也就没了。

禹就根据舜的教导，把治国方略归结为十六个字："人心惟危，道心惟微，惟精惟一，允执厥中"，这句话出自《尚书·虞书·大禹谟》。谟就是战略的意思，即治理国家的方针、战略思想或者核心价值观。"人心惟危，道心惟微，惟精惟一，允执厥中"。简单说，是指人有两个心：一个是私心，一个是道心。"人心惟危"中的"人心"指的是私心。人有私心，这是很危险的。道心就是公心。公心是很微弱的。人经常在公心和私心二者之间犹豫不决，或者处于公私交战的境地。这时就要警惕自己的行为。"惟精惟一"，要做得精专。怎么才能做得精做得专一呢？要"允执厥中"，即老老实实把握一个中道。中道思想不是孔子发明的。孔子是"祖述尧舜，宪章文武"，从尧舜禹、汤文武那里继承而来，孔子做了一个总结。这样代代相传，到宋朝朱熹就把这套思想提炼为两个字：道统。

道统是孔门传授的心法，代表了中华民族的一种核心价值观。其精髓是十六个字："人心惟危，道心惟微，惟精惟一，允执厥中。"透过一个"中"字就可以了解中国文化了。现在讲儒家往往用一大串名词，如道德理性、心性修养。实际上它的哲学高度、思维模式、价值理想用"中"字就能够总结出来。

三、"中庸"与日常生活

何谓中庸呢？中庸是无过度又无不及的中间状态，不是取事物的一半。中庸是通过恰如其分地把握事物、协调矛盾来达到一种平衡与稳定，以实现最合理的和谐状态。用现在的话来讲就是既不要左也不要右，保持平常心。事情本来就是那样，不左不右才是中庸。比如做菜，盐放太多会咸，放少了会太淡，不咸不淡恰到好处。开车的时候，手握方向盘左右地来回转，这样才能保持车始终在正前方。这也是中庸。

上至国家的最高领导下到普通老百姓，其实都懂得中庸的道理。儒家的思想实际上很平常。比如，河南人最喜欢说的一个字：中。简洁，恰到好处。任何事情只要恰到好处，就符合我们每个人的口味，那就是最好的东西。有一篇文章叫《登徒子好色赋》。登徒子会审美，皇帝很奇怪，觉得登徒子的审美标准怎么那么好。于是问登徒子什么是美？登徒子回答：美就是不胖不瘦，不白不黑，不高不低，这就是美。登徒子的审美观点，其实也就是中庸。

四、"中庸"的治国方略

中国古代把"中"字提高到国家战略的思想高度上，这与当时的社会构成有关系。我们都是炎黄子孙。炎帝和黄帝是兄弟俩，可是开始两兄弟经常打仗。炎帝和黄帝中间又分出蛮夷戎狄等少数民族。中原地区则叫华夏。实际上华夏和蛮夷都来自于炎黄子孙。炎黄子孙为什么有时团结，有时候又离心离德？离心离德就是因为政策偏了。如果一碗水端平，炎黄子孙也就相安无事了。

《尚书·尧典》中就讲述了这个道理。尧在治国的时候，宣布了一条治国方略："克明俊德，以亲九族。九族既睦，平章百姓。百姓昭明，协和万邦。""克明俊德"，"克"就是能够，"俊德"就是美德。这个美德就是孔子说的"中庸之为德"的美德。尧的这个美德能够把九族团结为一家人。如果九族和睦、安定有序，也就协和万邦了，即一万个国家都和谐了。那么如何治理国家呢？关键是"克明俊德"，把"中"这个美德做好。各族都是我的子孙，彼此都是骨肉同胞，做到公平正义，这样就做到了允执厥中。否则的话，"天禄永终、四海困穷"，国家政权就保不住了。

夏禹在建立了夏朝四五百年后，夏朝最后一个皇帝夏桀暴虐横行，被商汤推翻；殷朝六百多年的天下，但是因为殷纣王残暴无道，被周文王、周武王推翻。殷纣王的耳朵听不进"中"字。他的叔叔箕子劝他，结果把箕子送去做奴隶。推翻殷朝后，周武王把箕子请来说：你是殷代的贤人，我非常尊重你，请你把你们的先主商汤王之所以辉煌，殷纣王之所以灭亡的经验教训好好总结一下告诉我，让周朝以史为鉴。箕子告诉周武王一个很重要的治国方略，就是《尚书》里提到的"洪范九畴"。"洪"就是大，"范"就是法。"洪范"就是大法的意思，"九畴"就是九个部门的法。"洪范九畴"是箕子对尧舜禹汤以来历代治国的经验所做的一个根本总结。周武王后来用"洪范九畴"治国，最终开创了西周辉煌的"成康之治"。"洪范九畴"关键是下面的几句话，第一句就是"皇建其有极，谓人参三才，此说是乎？""皇建"，就是建立皇权、国家政权。"其有极"，就是要有一个标准，即大中之道，无偏无颇。箕子总结殷代灭亡的教训，根据尧舜当时所说的"允执厥中"总结出的这个道理。王道就是不要偏，"无偏无党，王道荡荡；无党无偏，王道平平；无反无侧，王道正直。"治国的方针不能只偏向一个方面，偏向统治阶级不行，偏向被统治阶级也不行，要行中庸。

五、如何做到中庸

中庸说起来容易做起来难。《中庸》里说"天下国家可均也，爵禄可辞也，白刃可蹈也，中庸不可能也"。中庸很难做到。孔子教他最好的学生颜回守中庸，结果颜回只守了三个月就不中庸了。伟大的人往往就是中庸做得恰到好处。

中庸不是一个理论问题而是一个实践问题。中国人善于从各个方面，不同的角度按照中庸的方向前进，在生活实践中寻找中道。用现在的科学哲学的说法，不断试错。试错了再用其他方法，这叫摸着石头过河。不能莽撞过河，水太深踏下去就会淹死。要朝着一个预定的目标、价值理想前进。中国改革开放三十年，一下子创造了世界的奇迹，这是践行中庸的结果。俄罗斯休克疗法失败了，拉美改革失败了，朝鲜现在经济还比较落后。唯有中国这三十年来无过无不及，警惕"左"又防"右"，完全在践行着中庸之道，因此摆脱了贫困，这是确确实实的大智慧。

怎样让中庸智慧有所提高？一个最简单的方法就是"执两用中"，这是孔子的孙子子思说的。人的知识是有限的，不可能所有的事情都很清楚，会遇到各种各样的问题。孔子就曾说："有鄙夫问于我，空空如也，我叩其两端而竭焉。"这就好像有人问我，市场经济好还是计划经济好？我不是经济学家，我就不回答他，"空空如也"。我反过来问他什么是计划经济。他解释，计划经济就是一个管字，什么都管得死死的。什么是市场经济？一个放字，放得活活的。这两个都不好，放得活活的，乱七八糟没次序，市场就泛滥了，这次金融海啸就是放得太活的结果；管也不行，管得太死没有活力。所以在市场经济和计划经济二者之间找个中道，国家可以干预它，别让市场泛滥，同时要维持它的活力，使它能够自由地发展，两者相互结合最好。所以问问题的人自己就能得出答案。我"叩其两端而竭焉"二者之间取其中道。再举一些简单的例子说明"执两用中"。什么叫勇敢？要回答这个问题，你先说出勇敢的对立面，如怯懦。反过来说胆大，胆大也不叫勇敢，那叫莽撞。既不怯懦也不莽撞就是勇敢。再比如说友谊，什么叫很好的友谊？我去讨好别人，这是不是友谊？不是友谊。如果你架子很大很傲慢，是不是友谊？也不是友谊。在二者之间取其中道，友谊就是在谄媚和傲慢之间取其中道。比如教养孩子需要严格要求。可是严格要求过了头，孩子就会反抗你；有人对孩子什么要求都满足，过分满足就会演变成溺爱。溺爱也不是好的教育方法。正确的教育方法是，既严格要求又满足他的需要，二者之间求其中道。我们往往不是这样，不是"左"就是"右"，总找不着恰到好处的地方。

中庸也叫中和。中和是天下之根本，也是修道的目标。"中也者，天下之大本也；和也者，天下之达道也。"中庸认为，每个人都有一个平常心，这叫"喜怒哀乐之未发谓之中，发而皆中节谓之和"。喜怒哀乐是人固有的本性，任何事物都有各自的本性。在与外部环境相互作用、相互影响下会激发出人固有的各种本性。人要保持平常心，喜怒哀乐表现得要符合节度、符合规律、符合社会伦理、道德、法律的要求，这就叫中和。中庸之道特别注意保持一颗平常心。有了平常心，在接触外界的事物时就有相应的办法来处理；没有办法时就"执两用中"。对左、右、激进、不足、过、不及等正反两方面作全面考虑，量其轻重。

中庸要避免极端主义。戈尔巴乔夫、叶利钦把计划经济改成市场经济。结果叶利钦在位十年，俄罗斯经济低于过去一倍还不止，很多大企业都破产了，人民遭受了很多的痛苦。我们中国执行中庸之道。农村实行家庭联产承包责任制成功以后，逐步实行市场计划。市场经济好，但是国营企业、计划经济也不能一下取消，于是就实行双轨制。双轨制从20世纪80年代中期开始实行，一直到十四大才取消。在双轨制中，国营企业起到稳定经济的作用。市场经济、商品市场则把市场搞活，让一部分人先富起来同时带动其他人共同富裕起来。

中庸不是搞滑头，没原则，而是恰到好处。中庸是原则性和灵活性相结合。温家宝总理说过，我姓温，是个温和的人，但是我也有原则性。这两者的结合是中庸之道最高的本性。清华大学的校训有八个字：自强不息，厚德载物。"自强不息，厚德载物"是中华民族的精神，是中和的精神，也是中庸的精神。这个校训是上个世纪20年代清华校长请梁启超题的，出自《周易》。根据的是《周易》乾卦的精神。乾卦是天道，阳刚精神，永不停息地奋进。但是中国不是只这样的。中国还有另外一方面叫地道，就是坤卦。"地势坤，君子以厚德载物"，宽容、宽厚、包容、海纳百川的意思。所以中国精神一方面是自强不息，另一方面是厚德载物；一方面是阳刚之气，另一方面是阴柔温厚的宽容之气，二者相结合，即中庸的美德。

六、中庸与中国哲学基本精神

日本学者何岩南先生曾说过，中国哲学用一句话可以说明："极高明而道中庸。""极高明而道中庸"是中国哲学的根本精神。但是儒家、道家各有所偏。儒家是中庸有余，高明不足;道家是高明有余，而中庸不足。《老子》第一句话"道可道，非常道；名可名，非常名"，太高明了，但是高明有余而中庸不足。所以要把二者结合起来，这是我们努力的目标。西方则不同。西方追求绝对完美，这和他们的哲学思想有关系。西方根本的思想是逻辑，逻辑就是理性。从古希腊开始，世界就由逻辑支配，要把最高的理性找到。可是亚里士多德、柏拉图、苏格拉底一直都找不到最高的理性。基督教传进去后，上帝成了最高理性。西方自认为找到了最高理性，找到了所谓的普世价值。追求最高理性就是单边主义，最高的理性、规律被我所掌握，其他人就要听我的。最高理性变成了统治别人的工具。

中国不讲最高理性。中国追求的是中庸。后来西方也开始慢慢了解、学习中庸之道。举一个简单的例子，两个人争一个问题，彼此都认为自己正确，究竟谁对？中国的伟大、聪明之处就在这里，甲不要说自己完全对，乙也不要说自己完全对。甲乙俩人以尊重对方为前提，互相沟通、交流，达到一个双赢的结果，这就叫做中庸之道。

日常生活中每一个家庭都会吵架，家家都有一本难念的经。经难念的时候，就要学习中庸之道，不要搞大男子主义，也不要搞女权主义。西方老是为主义斗来斗去。中国没有男权主义，也没有女权主义，中国讲求中庸之道。正如王夫之所说的"乾坤并建"的宇宙生成发展论。世界是由两个原则共同组成的，既有乾又有坤，既有阳刚也有阴柔，既有男人也有女人。因此不能搞单边主义，应该乾坤共同来支撑。

我们每一个人，不仅要做事，更重要的是做人。做人做好以后，做事自然能够做好。做人的最高道德境界就是保持中庸。在追求个人利益的同时，要以不损害他人和社会的利益为限。只有人与人之间、社会与人之间的关系保持了一个适中点，整个社会阶层才能够和谐相处。这样，每个人在取得成功的同时，也享受到来自他人的尊重和关怀。

张祥龙 1949年生于香港九龙，"文革"后作为首届大学生考入北大哲学系，1992年2月获纽约州立布法罗（Buffalo）大学哲学博士。现为北京大学哲学系暨外国哲学研究所教授，博士生导师；现象学中心主任；国际中西哲学比较学会（ISCWP）前会长；专业方向为：东西方哲学比较、现代西方欧洲大陆哲学（以现象学为主）、儒家哲学。主要著作有《海德格尔思想与中国天道》、《海德格尔传》、《从现象学到孔夫子》、《西方哲学笔记》、《思想避难：全球化中的中国古代哲理》等，曾获"金岳霖学术奖"、中国教育部普通高等学校人文社会科学研究成果奖。

公羊《春秋》与儒家精神

　　《春秋》很独特，是一部非常奇异、独特的文本经典，在历史上命运跌宕起伏，曾经极其辉煌，几乎是人类思想史中最成功的文本，可以说正是《春秋》使儒家成为了中国文明的主流。

　　汉武帝尊儒，主要人物董仲舒就是解释《春秋》的其中一派——公羊派。董仲舒说动了汉武帝，儒家成为了国家主流意识形态，从此以后这个地位没有被动摇。然而从历史上看，《春秋》到了东汉就开始衰落，三国以后作用更是急剧下降，尤其是《公羊春秋》一派急剧衰落，几乎被人遗忘。到了清朝的后期社会大变革的时候，《公羊春秋》又浮现出来了，最典型的代表人物是康有为，他掀起了一场思想的革命，引导现代中国人的思想。康有为的托古改制，跟《公羊春秋》有很大关系。《公羊春秋》是一个比较困难的话题，一个很冷僻的学科，很少有人讲。当年朱熹就说春秋学比较难。朱熹博览群书，但他跟学生说你想研究儒家经典，研究什么经都可以，就是不要动《春秋》。朱熹说对于《春秋》，你一说话有些东西就会说不清楚。

　　今天解释春秋公羊派，从孔子开始的，看它如何改变中国的整个思想史甚至文化史。我先提一下《春秋》的背景，大家知道孔子周游列国十三年，最后政治上完全失败。孔子想征得某位当权者的信任，给他一块地方，他从这个小国开始复兴周朝的文化，或者是开创一个新的局面。但是最终没有统治者信任他，孔子回到鲁国已经六十八九岁，知道自己所剩的时间不多，于是做了好几件意义深远的事情，其中一件就是要编撰六经。六经在儒家也叫六艺：《诗》、《书》、《易》、《礼》、《乐》、《春秋》。前面五经或者五艺是原来就有的，起码材料在，孔子只是编辑删减解释，当然作用非常大，经过整理这些经文出现新的面貌；只有最后一个最特殊，叫做《春秋》，是他自己作的。孔子曾说他一生"述而不作，信而好古"，述就是传承圣贤文献，加一些解释，仅此而已。孔子不像老庄孟，自己写东西，例如老子完全是在写他对世界人生的看法。孔子不愿意这样，他有他的思考方式。晚年孔子实际进入到一种不寻常状态之中，所以才会出现一生述而不作，到晚年又作起来，这是一个值得关注的现象。

我先概括一下《春秋》的历史意义，今天研究《春秋》很重要的一点就是通过它才能够非常生动地理解孔子治学、为人的特点，还有就是儒家传承的特点。儒家有一个跟其他宗教哲学流派、思想流派非常不一样的地方，他从来不直接讲他对重要问题的看法，"子不语怪力乱神"。你读《论语》，学生问他人性是什么、人的含义是什么，他或者是不回答，或者根据当时的情景作一种点化似的回答。这是儒家非常特殊的地方。儒家它没有一个像《圣经》或者《阿含经》、《老子》、《庄子》这种意义上的经典。《论语》是弟子后来编撰的，孔子没有自己写一个经典。在孔子看来，老子等讲一番大道理，脱开了历史的情景，脱开了文化本身的脉络，是一种疏远。孔子要把他的思想见之于形式，这一形式首先是存在于历史情景之中的，不只是一个一个事件，而是整个事件相互的关联，这是儒家特别重要的特点。

黑格尔说儒家够不上真正的哲学，是一堆老生常谈，没有概念化的体系。但按西方的标准，儒家也不是宗教。现在学术界还在争论儒家是不是宗教，按西方的标准它不像是宗教，没有严格的教会组织，没有《圣经》，没有神，孔夫子只是被当做老师，又不被当做先知。但反过来，不能说儒家跟哲学宗教没有关系，它又是哲学又是宗教，在历史上起了无比巨大的作用。儒家总是处在西方范畴的中间，用西方的范畴去量它总是不合适。

儒家不去直接用概念明确的语言表达他的思想，他要把这个东西放在形式里，在《春秋》表现得最为突出。当然，我们现在对儒家的看法都是儒家成功以后的看法，体会不到儒家由一个民间的马上就要完蛋的学派，经过几百年到西汉一下子登上历史的最高峰，而且以后两千多年一直是独霸中华。中国历史上虽然儒释道共存、互补，但是儒家占据的主导地位一直没有动摇。后来的人觉得儒家天生就应该是主导，其实不是，儒家通过一系列的努力把这个事业做大，最后持久兴旺发达。

我们下面看《春秋》的历史地位。司马迁作《史记》，他在《报任安书》里讲，古者富贵而名磨灭，不可胜记，唯倜傥非常之人称焉。古来很富很贵的人，生前很多人都要追随追捧，但一死就没有人记得，名就磨灭了，而倜傥非常之人他们的名字能够留下来。什么是倜傥非常之人呢？盖文王拘而演《周易》；仲尼厄而作《春秋》；屈原放逐，乃赋《离骚》；左丘失明，厥有《国语》；孙子膑脚，《兵法》修列；不韦迁蜀，世传《吕览》；韩非囚秦，《说难》、《孤愤》；《诗》三百篇，大抵圣贤发愤之所为作也。

孔子为什么作《春秋》？厄而作《春秋》。厄就是倒霉、灾难。孔子好几次差点被人家害死，在他十三年的旅行过程中，两次最大的危险，一次是在匡，匡人把他视为恶人，要加害他。另外一个就是陈蔡之间，差一点也丧命。孔子受到了极大的困苦危险，在那种情况下发奋，最后做出成就。司马迁举的例子说什么是倜傥非常之人，就是不寻常，不寻常是靠他人生中本身的跌宕，但在这中间不沉沦，不绝望，然后奋起，激发起超常的能力，最后成就一番大事业。看他们的东西，了解他们的事迹，非常能激发自己的思想，所以这些人的名字就一代一代地传下来了。像司马迁，被施宫刑，耻辱极大，每天想到自己受的耻辱身上就出汗，难受得要命，但是在最难的时候，他讲这些人都是他的榜样，所以一定要写完《史记》，"究天人之际，通古今之变，成一家之言"。司马迁理解孔子好像是钻到孔子的心中去理解，所以他说孔子作《春秋》是厄而作《春秋》。

《孔子世家》是我们现在了解孔子人生最重要的文献，其中有一段讲孔子为什么作《春秋》。孔子到晚年有一种极其强烈的焦虑和悲怆，他感到他的一生好像是失败的，他最想干的是做周公一样的人，抱负极大。当时礼崩乐坏，他要复兴周礼，想做一个伟大的政治家，中年以后一直往这方面努力。他也曾经在鲁国做过几年的官，后来不得志，到别的国家寻求知己，但是没有当权者欣赏他。快七十岁的时候，他知道自己来日不多，开始了一个转变。

大家手上有一本《春秋公羊传注疏》,《春秋》经是孔子根据鲁国历史记载,把242年的历史以鲁国国君在位的顺序为线索:隐桓庄闵,僖文宣成,襄昭定哀。当时用竹简记历史,起码是一间房那么大的数量,他把它删了,最后变成了差不多一万八千字,现在是一万六千多字这么厚一本《春秋》经。孔子临死前感到很焦虑很恐惧,恐惧他一死他这个学派就完蛋,他所有的努力都付诸东流。他采取两个措施,一个是传《孝经》于曾子,二是传《春秋》于子夏。传子夏的时候一是传了《春秋》经,二是传了《春秋》经的解释,叫传,经和传成为一对。由子夏往下传,传到汉代的公羊寿,写成竹帛,变成了文字。传是口传的,到了公羊家,到了西汉,最后被写成了文字。

公羊学派从战国至西汉初的传授系统,据唐代徐彦在《公羊传疏》中引戴宏序云:"子夏传与公羊高,高传与其子平,平传与其子地,地传与其子敢,敢传与其子寿。至汉景帝时,寿乃共弟子胡毋子都著于竹帛。"这就是这段历史。汉何休解诂,何休是东汉人,他对《春秋公羊传》做了一个详细的解释,写了一本书,花了十七年。最后唐徐彦疏就是说唐朝徐彦这个学者给何休的解诂再作一些补充和解释,去解释整个的文本。这是三层,这是中国古代经典最常见的一个方式。

孔子晚年总是很焦虑,觉得自己快死了,但名最后不知能不能在历史上留下来。以前的学者说司马迁记得不太准确,孔子那么伟大,怎么会考虑他个人的名声呢?其实这我们理解他考虑的不是个人的名声,是他这个学派代表的真理,中国文化未来的一个光明前途。他坚信他开创的儒家能给世界带来真理,带来一个美好的世界。天不生仲尼,万古长如夜,孔仲尼要不出来,整个中国的历史、世界的历史就像一个漫漫长夜一样没有一点光明。孔子说他一定要奋力一搏,让这一派不被历史的潮流淹没,最后达到成功,这是《春秋》产生的背景。

其中有一个机缘,公羊家说孔子知道了一件事情,当时有一头麒麟被人打死了,孔子感到非常悲哀,最后被激发起来写《春秋》。在很短的时间内，一年或者一年之内的时间就写成。实际上在陈蔡之间受灾难的时候，孔子已经产生了要作《春秋》的想法，然后做了很多准备。据记载，当时麒麟出来，大家都不认识，把它打死。孔子博学，人们让孔子去看，孔子一看麒麟，马上痛哭失声。《春秋》经就是写到这一年，麒麟被打死那一年，哀公十四年。

我们看文献：十有四年，春，西狩获麟。（传）何以书？记异也。何异尔？非中国之兽也。然则孰狩之？薪采者也。薪采者则微者也，曷为以狩言之？大之也。曷为大之？为获麟大之也。曷为获麟大之？麟者仁兽也。有王者则至，无王者则不至。有以告者曰："有麕而角者。"孔子曰："孰为来哉！孰为来哉！"反袂拭面，涕沾袍。

这个地方提到西狩获麟，即鲁国的一个统治者春天去打猎，麟者仁兽也，北大西门办公楼前面有两个石麒麟，它是个独角兽，但是角上包着一块肉，所以它这个角是不顶人的，它很仁爱，没有暴力。麒麟不光是仁兽，而且是祥瑞，只有天下要太平的时候或者已经太平了繁荣了，麒麟要来，是儒家的信仰。但是麒麟来得非常不是时候，当时孔子或者儒家认为，天下大乱，礼崩乐坏，是个乱世，麒麟这时候来来得不是时候。有以告者曰："有麕而角者。"孔子曰："孰为来哉！孰为来哉！"就是孔子说你为什么来啊，这个乱世来得不对，人还不认识你，就像孔子自叹自己是个麒麟，他到这个世界上没人理解他。又悲哀麒麟又悲哀他自己，悲哀这个时代，悲哀中国文化。反袂拭面，涕沾袍。他反袂就是拿他的袖子擦眼泪，涕就是鼻涕，把他的袍子都沾湿了，非常难受。后面又说：西狩获麟，孔子曰："吾道穷矣。"我的人生想推行的大道走到了穷尽，完全是一个绝望的时代。就绝望了吗？不是，他是绝望之中又出了一个特别的新的希望，由这个希望最后燃起了写作《春秋》的愿望。《春秋》经的出现，最后给儒家带来了两千多年的繁荣。

再往下乐观的东西出来了，《春秋》何以始乎隐？他最后实际上非常乐观，如果我们认为《公羊传》确实是孔子传的，这里是又悲又喜的局面。君子何为为春秋，君子就是指的孔子，他为什么要作春秋？"拨乱世，反诸正，莫近诸《春秋》"，拨乱反正就是从这来的。《春秋》了不起，整个把中国从一个乱世往好的时代带。"则未知其为是欤？其诸君子乐道尧舜之道欤？末不亦乐乎尧舜之知君子也？制《春秋》之义以俟后圣，以君子之为，亦有乐乎此也。"后面快乐的东西出来了，孔子写了《春秋》引发后世的圣人出来，把中国变成一个起码是周殷最盛的时候，最好是回到尧舜禹的时代，他有快乐，有希望。

因麒麟之死，《春秋》经又被叫做《麟经》，这是司马迁解释孔子作《春秋》的原因。大致是从这个脉络走的，孔子晚年悲伤绝望，要让儒家和自己的思想传于后世，能够流传下去。

另外还有一个特点，司马迁在叙述《春秋》的创作因缘的时候几乎都要把孔子作《春秋》跟王挂上，这是今天我要讲的一个重点。司马迁在他的《史记》里有多处讲到《春秋》，说"《春秋》之义行，则天下乱臣贼子惧焉"。《春秋》的道理一行开了，天下的乱臣贼子，也是掌权的人，他们就害怕了。表面看莫名其妙，孔子当年写《春秋》的时候不过是一个民间思想家，做了几天官就不做了，无权无势，他怎么能来行王法？他怎么能够让乱臣贼子惧？孔子好像是通过《春秋》来做了一个王似的，这是《春秋》里面非常奇异的思想。

在司马迁之前的《孟子》里头，一讲到《春秋》孟子就激情澎湃。《孟子·滕文公下》："世衰道微，邪说暴行有作，臣弑其君者有之，子弑其父者有之，孔子惧，作《春秋》"，世衰道微，当时时代很衰败，大道很微小，国家和民族文化处在比较危难的时候，到处都是邪说暴行，臣杀君主，儿子杀了父亲。孔子恐惧这个局面，作这个《春秋》。《孟子·滕文公下》："《春秋》，天子之事也。是故孔子曰：'知我者，其惟《春秋》乎！罪我者，其惟《春秋》乎！'"《春秋》是天子之事，所以孔子说，你想了解我孔子吗？只有通过《春秋》，但你一旦了解我在《春秋》说过什么，你就要罪我，你就要说孔子。这很奇怪，《春秋》如果只是一本历史书，别人有什么可罪他的？实际上只能理解为在《春秋》里面，孔子行了天子之事。一个民间布衣思想家，居然敢行天子之事，是有罪的。孔子也知道这种危险，但是他敢担当，我就是要这么做。这是孟子和后来的司马迁他们解释孔子作《春秋》的原因。

这是很奇特的，弄不好就是一场笑话，你根本没那个位，非要那个名，这是不是自大狂、妄想狂？孔子为什么敢走这一着险棋，我先把这个问题提出来，下面再论述。

我们看一下后世人和当代人对《春秋》怎么看。《春秋》经出现了很多解释，刚刚说了《公羊》，还存在有《谷梁传》，还有《左传》，这些都在解释《春秋》经。在汉代的时候还有其他两个传，总共流行五个传。我们可以设想在先秦甚至汉代的某些时候曾经流行过更多的传，可见当时的人特别的重视。

大家看看《公羊传》的特异之处，比如宋代郑樵说："凡说《春秋》者，皆谓孔子寓褒贬于一字之间，以阴中时人，使人不可晓解 …… 此之谓欺人之学。"按照《公羊传》，《春秋》经里隐含着极其重要的我们叫孔夫子密码。光从文字上能有一种理解，但是更重要的是你要破解它的密码。《公羊传》认为《春秋》传的是微言大义，微言就是话语非常少，非常简约非常隐讳。《春秋》整个好像就是记载历史，不加任何评论，按照《公羊传》它不是纯叙述，里面是有褒贬，隐含着褒贬。这个人做得不对，这个人做得对，他不加评论。但是他叙述方式不一样，比如说称一个人称他的名字的时候，可能就是贬，称他的字的时候就是褒，或者不称名，这个叫微言大义。你不会读，这个密码你读不出来，觉得这就是一本很普通的记事书，可是你会读，一读里面处处都隐含着褒贬。后来总结出很多很多义，有很多破译的方式。一读到他称这个人的字，那是好的，一读到称他的名，就不好了，都有不同，很微妙。

到了宋代，认为《春秋》就是记历史，所以郑樵说："以春秋为褒贬者，是乱春秋者也。"朱熹则讲"圣人作《春秋》，不过直书其事，善恶自见。"朱熹是一个中间的位置，他说圣人作《春秋》，本身没有想褒贬，只不过直接去书写记载这些事情。历史本身就含有善恶，善恶自见。但毕竟朱熹承认《春秋》里面有善恶，以及对善恶的这种暴露，隐含的暴露，所以朱熹是处在公羊《春秋》和完全否定《春秋》有大义两者之间。也有其他极端的说法，清代袁谷芳《春秋书法论》说："《春秋》者，鲁史也。"即《春秋》就是鲁国的历史。"鲁史氏书之，孔子录而藏之，以传信于后世者也"，就是鲁国的史官把历史发生的事情记下来，孔子就是把它抄下来，然后藏起来，通过他的弟子们传给后世。这么看孔子不过是个抄书匠，所谓作《春秋》不过是抄了鲁国的一些历史放在那儿而已。新文化运动以后的中国学者大多都倾向于这种解释，把《春秋》完全平板化，阉割了孔学的生机。比如当代的杨伯峻先生，特别抬高《左传》，贬低《公羊传》，他说《春秋》本是鲁史本文，孔子不曾修改。这就更激进了，别人起码说孔子是抄下来的，抄的时候我抄这个不抄那个，杨伯峻先生则说孔子连选择都没有，就是整个照抄不误，拿过来做教科书。他还说《春秋》和孔丘有关，仅仅因为孔丘用《春秋》教授过弟子。按照他的说法《春秋》只是旧史的抄录，就是一个历史选本，被孔子用来做历史教本。这个看法甚至在现在的史学界还占主流，虽然不同的声音已经越来越多了。我今天讲的看法比较同情《春秋公羊传》，不是个多数派。

我觉得司马迁作《孔子世家》，如果司马迁讲的是对的，孔子晚年那么焦虑，那么担心他的学说在后世的命运，《春秋》是他最后的一次努力，他怎么能靠抄一个鲁国历史来献于后世呢？这不是笑话吗？想把自己的学说传下去，不管多么隐微，不管你多么不喜欢做，但是你如果只是抄别人的东西，你怎么能靠这个东西来把你的思想传下去，而且尤其是怎么能够期待这个东西最后激发出后来的弟子们和当时的知识分子来行你的这个礼智仁义信的大道呢？不可能。宋代以来流行的想法，根本考虑不到儒家当时处的历史情境以及孔子本人的历史情景。

《春秋》这个文本的特点就是写得特别隐微，特别隐蔽，特别简约。记一个事情，几个字，直接看，不但我们看不懂，古人也看不懂。如果没有别的东西再解释，把他前后左右的东西给补足了，这句话是根本读不通的。如果孔子要是去抄历史，没有经过自己的重新创造，不可设想他会写出这么一本《春秋》经。《春秋》经表面上看就是一个残本，每个东西记几个字，比如书曰："郑伯克段于鄢。"就这么几个字，从这个经文可以知道在隐公元年夏五月，郑伯这个人在鄢这个地方战胜段这个人，就这么一句话，没头没脑。郑伯是当时郑国的君主，但是段是谁呢？为什么他们当时发生这种冲突？都不知道，这就是《春秋》经的特点。原来记载的鲁国历史，一定前面要交代他们之间的矛盾怎么发生，然后怎么克他，克完了之后结果怎么样，清清楚楚。就像现在读《左传》，一句话，有一百倍的字数来解释它，你才清楚它的前因后果。所以《春秋》经，把别的全挖出去，挖出一块来放这儿。如果孔子要传信于后世，他怎么会这么做，吃饱了撑的，他是故意让人不懂的？怎么传信于后世？没法传。

有些学者不考虑到历史情境，自己觉得好像还挺有道理，实际极其不合历史逻辑。大家了解儒家，不要很容易就听信于现在流行的一些讲法，当然你也不用完全听信我的，你要自己去读文本，然后得到某些重要的体会。孔子是极其不寻常的一个人，很多人不了解他，觉得一个老夫子循规蹈矩，一辈子就是想复兴周礼，老顽固，整天教学生这么几个历史文献。现在还说孔子教导大家让世界和平，和而不同，孔子就是和事老，大谬不然。如果孔子只是个和事老，整天讲那种意义上的和，当时他地位很低，儒家地位也并不高，竞争者多了，怎么皇上最后立了五经博士，代表官方意识形态？他没有点独特的吸引人的地方是不可能的。

孔子这个人，仔细读《论语》，可以看出他是内在极其不守常规的。他表面非常守常规，但他自己的革命性思想都隐含在里面。所以后来孟子赞孔子就赞一句话，"孔子，圣之时者也"。这个时是中国哲学、中国文化最突出的一个哲理特点，基本意思就是说时机已到。不光是等待时机，还要领会这个时的哲理，把自己训练成一个能够与时偕行的人。现在改称与时俱进，我就不喜欢，你怎么知道总是进的，应该还有退的时候。偕行是跟着时一块走，进到时里头，感受到时的波浪推动力、逆向力。儒家要改变世界，但是它要顺时而行，在时事中把它调到一个更好的状态。

时间的源头在哪里？是阴阳，阴阳相合一定会生出气，"万物负阴抱阳，充气以为和"，这气首先是时气，真入了时，能够与时偕行，儒家就会得天下。这个绝对不是机会主义，与时偕行就像《正气歌》里讲的，"时穷节乃见，一一垂丹青"。你的时候到了就得杀身成仁，你控制不了。时就是知天命，时让你怎么做你就怎么做，但是你这个做反过来又能构造这个时。

《春秋》完全是一个时间化文本，表现为历史，而且通过它的特殊的表现方式，使得历史时间逐渐变得越来越有利于儒家，最后成功。孔子不离这个世间，随时而行，这么污秽这么肮脏的一个世界，不能与它同流合污，要转化。怎么转化呢，不是靠立一个更超越的原则，而是要你在这里面本身的转化。

昔者孔子有云："吾志在《春秋》，行在《孝经》。"这是说孔子晚年，一个是传《孝经》，一个是传《春秋》，此二学者，圣人之极致，治世之要务也。何休最尊崇春秋，但是他说《春秋》经里，以及传《春秋》的传，当中多非常异议可怪之论。

为什么非常异议可怪？第一，《春秋》是孔子自作的第一本书，这本身就比较非常。第二，孔子作又不同于古今中外其他作品的作，他完全是以述的方式进行的。《论语》里他自己讲他自己述而不作，作《春秋》好像违背了他的平常的治学或者思想风格，但是也没有完全违背，但是他这个作完全靠述进行，一句评论也没有，一句抒发自己学说的也没有。述和作联合在一起，这个是世界哲理和宗教文献史上极其罕见的。述和作，孔子这里是完全合一，作的时候靠述，述里面有作，有微言大义，这是他另外一个很特异的地方。第三，《春秋》经有很多哲学上的特点，我叫它既非普遍主义又非特殊主义。普遍主义就是说认为他讲的这个真理是普遍适用的。一个数学家他认为2+2=4，他当然认为2+2=4适用于一切情况，再如马克思主义真理放之四海而皆准，信马克思的人认为这是一个普遍真理，到哪都适用。可是《春秋》经不是，《春秋》经认为没有那种普遍适用的原则和真理。真理总是特殊的，总是相对的。相对主义也不是，按照公羊家，孔子阐发的春秋大义，其他民族信得越多越好，这是有根本道理的，但它不是普遍化标准，让人以外在的方式去遵守。他又不是普遍的，又不只是特殊的，它主要是在情境中实践出来的。

我们哲学界里有很多人不理解，哪有这么一种真理，真理要么就是普遍的，要么就是特殊的，没有非普遍非特殊。但回头想想，东方哲学占主流的，他们的真理都是非普遍主义又非特殊主义。大家对佛教可能比较熟悉一点，佛教中观，"不生亦不灭，不常亦不断，不一亦不异，不来亦不出"，意思是说既不是一，就是普遍化的东西，也不是多，既不是常也不是不常。真正的真理又不是 A 又不是非 A，在它们俩中间，在他们两个之前，那是真正的真理，缘起性空的真理。儒家跟佛教这点是相合的，所以当时从丝绸之路传来了这么多的道理，只有大乘佛学最后在中国站住了脚，开花结果，就是因为它思想的最深处跟儒家有共同点，虽然表述非常不一样。

第四个特点，这个书最为怪的就是它的表述方式，它的表述被后人惊叹为微、约、隐、诡，好像怕人家读懂似的。书本来是愿意让人都读懂的，但这本书就怕你直接读懂。孔子有意为之，故意把它做成这么一个微、约、隐、诡的文本。他把原来的历史给挖下去好多东西，留这么一个残本。本来找到原来鲁国的历史，一对就对出来了，但现在这个旧史找不到了，秦朝一把火全部烧光。所以，真正能传下来的文本是什么文本？就是你得有信徒，得有人真信，以生命来传你。儒家四书五经为什么传下来了，因为有人信它，把它藏在土地里头，还有的就靠记忆，口传。

刚才说有五个人给《春秋》作传，是因为孔子传给这五个人还是说他们感兴趣而作传？五传里头有两类，一类是有师传的，比如说《公羊传》和《谷梁传》，都声称是从孔子来的。公羊家有一个记述的传承历史，谷梁家也有，这是一派。还有另外的一类比如说《左传》，还有其两个传属于哪一类都可能，但其他两传早就消失了。《左传》是个典型，它不自称有一个师传的历史，但是他自称在为《春秋》经作传，这就是所谓"左丘失明，厥有《国语》"那个写国语的人，也作了《左传》。按照公羊家的讲法，《左传》不是在传《春秋》，极力贬低《左传》。他们说左丘明是鲁国人，能够接触到鲁国历史，他作了一个史书，后来人为了让他这个史书传下去，就把它附到《春秋》经上。后世中国的史学界认为《左传》的价值高得多，

《公羊传》和《谷梁传》给了一些附加的事实，但补充不如《左传》多，《公羊传》都是问答，要彰显《春秋》经的大义。《左传》对于后来中国文学、散文、史学的影响是极其深远的，而《公羊》和《谷梁》，研究得很少。

《春秋》是个残本，怎么理解这个残本。所谓残本，有两个意思，一个是像现在的考古比如说近几十年的一个重大考古发现，郭店竹简，从当年的楚国现在湖北郭店这个地方挖出来，里面有《老子》，有一些儒家的经典，这些儒家经典以前从来没有见过。这个残本有两个，一个是郭店竹简里挖出来儒家的本子，这些本子不是一个完整的本子，我们可以叫它残缺本，残缺不全的本。竹简掉了，中间丢了，有的丢得多，有的丢得少，只能靠别的方法补。但是一般情况下真正的残本是补不足的，东西丢了就丢了。还有一个残本就是《春秋》经的残本，这个残不是说残缺不全，表面上残缺不全，实际上是完整的。它就像一个谜面，谜面是个残缺的，故意做成谜面，引发你的兴趣，是可解读的。

这个文本的特点恰恰反映了孔子的思想方式和教学风格。孔子讲"不愤不启，不悱不发"。孔子教学生的时候教一个知识，学生刚开始可能不懂，但是他想自己学，想到快懂了还没懂，听老师讲。愤和悱，跟心有关，思想直冒泡，但是还没有出来，就在那个关头的时候，孔子来给他启一下发一下，点破一下，一下子就豁然贯通。如果是到了这个时机，愤起的时候，一旦启发，你告诉他一下就反三回来，举一反三这个词就是这么来的。孔子教学法就不跟你们多讲，讲个大纲，回去憋去，到最后你冒泡了，我才给你点一下。《春秋》这个文本就反映了孔子教学法，你想了解《春秋》吗？你把它当事实来读，你把它当历史哲学原则来读，没门，读不了。我就把这个文本做成这个样子，逼着你去愤去悱，然后通过传去让你启让你发，这是他这个残本我理解的原意。孔子故意造残，让你猜谜语，改变你的思想方式，让你体会儒家的心法。

真正的心法就是时，儒家靠什么传承？靠思想，靠应时的思想。孔子要靠文本和口传来激发出学生最深刻的理解和创造性的思想，这个学生如果培养出来这种能力，总能够举一反三，适合当时情境实践在历史之中，这就是孔子的希望。最后董仲舒就是这样，后人说董仲舒把儒家改得面目全非，其实董仲舒没有把儒家最重要的东西丢掉，他阐述了儒家，最后让儒家得了天下，这个恰恰是其所要达到的。董仲舒就是被这个文本激发出来的，激发出你的时机化的知识、智慧和能力，没有枉费夫子当年的一番苦心。

时机化是有融会贯通的能力吗？简单讲时机化的能力就是你学到的东西，你的知识，能到现实的情境之中把它以最现实的方式呈现出来。不光是契合，还要创造。只是符合现在这个要求，那就是机会主义，时机化弄不好就是机会主义。孔子里头要契合时代要求，满足时代要求，但不是说已经有一个确定的说法、目标，然后去适合，而是说你能进到这个时里头，本身跟这个时是相应的。他和这个时之间有一个互相的感应振荡，最后产生了一个更美好的状态，这是儒家时的要害。

阴阳相交生气，最原本的阴阳碰到一起，相交就是元气，人靠元气才有生命。我理解的这个气首先是时气，不是那种物质性的、精神性的、实体性的气，而是最根本的时气。阴阳的结构最后生出来时，而时体现在孔子的晚年的思想中，他要赢得历史的时机，而这个历史时机，不能把现实的原则应用到历史的情境，只是去符合的。

理解《春秋》最困难的地方就是在这，后人很多不理解《春秋》也是因为这个残本。科举考试从隋朝正式开始，一千多年，在中国历史上发挥了无比重大的作用。有人说是秦汉以后就是专制体制，其实不只是专制，有专制的一面，还有思想自由、言论自由，而且不靠武力，而是靠思想、靠文化、靠哲理来治天下。中国历史上从古至今有一个传统，军人地位永远没有文人高，修身齐家治国平天下，这是儒家儒者儒士的使命，科举制最清楚地反映这个。只有通过科举考试才能做大官，做到宰相，一人之下，万人之上。宋代王安石变法，他理解不了《春秋》的残本性，他把春秋叫"断烂朝报"。朝报就是宫廷里官场上大家互相通内部参考消息。他意思就是说《春秋》记了一些历史事件，但记得很不全，很残，所以叫烂案。先秦有竹简，竹简原来按顺序都是绑好的，最后绑的这个绳子断了，所以这些简就错乱了，有的还丢了，所以这些本子不全，读不通。王安石说《春秋》没什么价值，当权的时候把它从科举考试里拿出去了，不考。

我们再来看《春秋》的文字与口传二象性。我刚才讲了《春秋》的经是用文字写出来的，但是原来的传是口说的。原来的传并不是孔子先写了经，然后后人比如子夏公羊家族写传来解释这个经。公羊家的一个看法我觉得是对的，《公羊传》分为经和传，一是书面，一是口传。按照公羊家这个口传源自孔子，然后传给子夏，后边再传。有人讲口传这个是无法否认的，现在大量的记载都讲到口传的问题。但是经那边是不是书面的，这个有争论。比如有一位提出政治儒学的学者蒋庆，他说这两个在先秦都是口传的，我觉得还不是。现在按照我和很多学者的意见，先秦一直到汉代，经文是有书面的，传是口传。为什么会出现不同的传，因为最早是孔子传子夏，子夏再传，可能传几个学生，有的没传下去，有人传下去了。口传非常严格，要求你背得一个字不差。但你可以设想，在流传过程中某种改变是不可避免的，尤其口传的。经文抄本还有小错误，错误越积越多，口传很可能因记忆出错，再传的时候要有一些改变。孔子出这么一步棋是很危险的，口传最后形成了不同的流派，公羊、谷梁等不同的流派。现在我们认定的《春秋》，按照经、传在先秦按书面口传一直维持了几百年。

书面口传二象性，为什么一定要二象，为什么不把经写得详细一些，让人能读懂？或者把经和传都见诸文字，这样不是保险吗？当时完全可以做到，但孔子没有采取这个方式。像佛家经典最早都是纯粹口传，不让你写文字，也有很多考虑。比如释迦牟尼一开始不但不许写成文字，而且不许用当时最流行最正统的梵文，只让弟子用当地语言来传。释迦牟尼非常严格，谁把它变成梵文谁就是罪人，认为这个东西不能写，写下来谁都能看，就不神圣了。经典就可能被别人篡改或者偷走，这是另外一种考虑。孔子走的是中道，经文写下来，传只能口传，到了西汉被写到文字，然后儒家得了天下。公羊家衰落两千年，我看来就跟他把传写成了文字有关。原来孔子设计的结构，是一个激发思想的结构，是两个轮子，必须两个轮子才能走，一个轮子没了，独轮车走不了。所以历史上公羊家的生命力无法应对新的时代的要求。

历史上别人也有一些猜测，比如司马迁《史记》说"七十子之徒口授其传旨，有刺讥褒讳之文，不可以书见也。"意思就是说孔子有七十个弟子，即三千弟子，贤人七十。实际上没有传七十个人，只传给子夏，可能还有别的几个人。他传的时候他怕里面有些东西有讥刺，对当政者有很深的批评，又写了一些让人忌讳的话，所以孔子不敢把它写下来。写下来会惹祸，还会给他后来的弟子惹祸。所以他把不能写下来的变成口传，能写下来的写在经里头。为什么搞成二象性呢？因为要避害，有些东西是不好说，要偷偷传，密传。我觉得这个解释不成立，这一点我也受到蒋庆先生的影响。蒋庆先生第一本书叫《公羊学引论》，我认为他是新文化运动以来大陆学者或者中国学者里头，几乎是第一个真正的儒者。你说港台新儒家有很多儒者，但是他们实际上已经完全跟从西方思想框架，认为西方的民主自由是外王，是儒家必须接受的，儒家保留的只是心性。蒋庆不同意，他说儒家的思想，包括政治的、知识的没有过时，还有很多值得挖掘的地方。蒋庆先生讲孔子没有避害的问题，一是他已经晚年了，他写出来怕什么，又没当官，是鲁国的国老，别人都很尊重他，写出来怎么骂当权者都没关系。另外，春秋跟秦朝以后非常不一样，秦朝是没有思想言论自由，焚书坑儒，家里藏书都是要杀头的。孔子时代思想自由是无限的，百家争鸣，各种奇怪的说法到处都是。孔子讲一些批评当政者的不合时宜的话，不会给他马上造成什么重大的灾害。

我同意蒋庆的看法，但我认为有一个思路还需要挖掘，就是说孔子造这个二象性，是出自思想传承本身的需要，不是一个偶然的东西。他造这个是有意为之，恰恰是为了让儒家在后世能够以他希望的方式传承。为什么文本只有以这种方式才能够有长久的生命力，二象性是根本，它总有一个被隐藏的纬度，你有一个公开的纬度，不公开没人知道你，这个学派马上就完蛋，但是这个学派全公开了，这个学派还得完蛋。这块是一阳一阴，一定要有隐藏的那一部分。这个现象在历史上成功的哲学宗教流派大量存在，基督教、西方哲学包括柏拉图、亚里士多德，只要是最有影响的思想家，一定要有这么个纬度。怎么能不被人驳倒，总有新的东西出来呢？柏拉图在教书的时候，他写了一些东西给学生看，这是公开的，还有一部分是跟学生讲的，不是外传的，你做笔记可以，不许外传，有口传的这一面。罗马人打过来，希腊文明完蛋，留下来的是文本，口传部分就没有了。近代以来，比如德国图丁根学派，说柏拉图还有另外一面，叫不成文学说。他们根据柏拉图弟子尤其是亚里士多德，从里面保存的一些东西释出柏拉图当时的一些重要的教义，最后出来一个不成文学说。

只要是成功的大的宗教和哲学家，哲学在他之后一定分好多派，分派的其中一个原因就是因为这个学说它总有隐藏的部分。分派对这个宗教既好又不好，但是实际上好的要多于不好的，因为它有各种不同的适应历史情境的方式。现在最大的基督教派是天主教、新教，其实历史上基督教流派多如牛毛。

孔子一生干什么，除了做这么几天官以外他就是教学生，整天搞的就是这点文本，《诗》、《书》、《乐》、《礼》、《易》，《春秋》还没作，但是《春秋》当时那些材料他可能用过。他对文本的流传的情况一定是特别有体会的。孔子是一个极其聪明、极其情境化的一个人，他能想到这个文本流传以后会有什么样的命运。口书二象性是一个很重要的方式，孔子是有意为之的。其他宗教成功，出现了很多密传的纬度也好，不同的流派也好，很多情况下不一定是当时有意为之。孔子把《春秋》写成了现在这个方式，口传一定要分开，它的思想效果就很不一样。

讲了半天《春秋》大义，这个大义到底是什么？历史上公羊家也有各种不同的说法，我个人最欣赏的是董仲舒的《春秋繁露》。董仲舒写的东西很多丢掉了，后人把能找到的都收集起来，就是他的《春秋繁露》。里面有很多公羊家的思想，因为董仲舒是传公羊《春秋》成就最大的一位。

所谓微言表示的大义，何休的表达对后世影响非常大，他表达得非常简略：三科九旨。汉代《公羊》学家谓《春秋》书法有三科九旨。即于三段中寓九种旨意。《公羊传·隐公元年》"隐公第一"唐徐彦疏："问曰：'《春秋说》云：《春秋》设三科九旨，其义如何？'答曰：'何氏（何休）之意以为三科九旨，正是一物。若揔言之，谓之三科，科者，段也；若析而言之，谓之九旨，旨者，意也，言三个科段之内，有此九种之意。故何氏作《文谥例》云：三科九旨者，新周、故宋，以《春秋》当新王，此一科三旨也。又云：所见异辞，所闻异辞，所传闻异辞，二科六旨也。又内其国而外诸夏，内诸夏而外夷狄，是三科九旨也。'"

这个实际上就是新王说的一个表达，这是《春秋》的非常意义。孔子通过作《春秋》，他发布了一个新消息，当时世间极乱，礼崩乐坏，大家都很绝望，世道一天不如一天。这时候他告诉大家不要绝望，有一个新的希望出现了，"以《春秋》当新亡"。《春秋》当新王，意指一个新的朝代出现了。

当时周天子叫周王，周朝退居为前朝，周朝前面的殷朝退居为前前朝。按照当时《春秋》的意思，一个新朝代出现，前面两个朝代不能让它完全消失，要通三统，三个朝代同时让它存在。以前中国政治从根上是讲和的，过去、现在、未来三个纬度一定要交织，它才能够成为一个真实的时间。新朝的天子如果不把前朝两个王室的后裔封到一个地方，给他一个小公国让他管理，服装、习惯、礼仪完全遵从以前那个时代，这个新天子就没有合法性。如果周武王不封殷朝和夏朝的后裔，周武王夺了天下只不过是一个造反者，没得天命，所以周武王灭商朝最先做的事情之一就是马上封殷朝的后裔。宋国就是殷朝王室的国家，代表殷朝那一统。同时还要封夏国，杞人忧天那个国，就是夏朝后裔。夏朝后裔之前还有舜的后裔，或者尧的后裔，虽然不属于这三统了，但是后边还有九皇。如果说前两统的后裔享受总理级待遇，再前朝的就享受比如部长级待遇，九皇的待遇低一点，但也有个小国，有自己的独立性，维持自己的文化、传统。只有这样，整个天下才能和而不同，周朝的天下才能待得久，这是中国古代的政治传统，从来不赶尽杀绝。你要赶尽杀绝你这个天下没有合法性，坐不稳。秦朝完全要把这个东西破掉，汉把这个东西恢复，猛封前朝的人找不着了也要封。一直到清朝康熙的时候前朝后裔多少儿孙全找到去封，当然那时候已经不给你实权，但是让你食那个俸禄，税收给你免掉了，这是一个特点。

这代表一个很深的历史文化哲理思想，充满了时间的含义。他们都知道这个新王也会过去的，没有谁是永恒的，后来这叫五行说，这个是三统说。五行金木水火土也附会到王朝上，秦朝被认为是水，土克水，汉朝就说我们是土，是黄色。过去、现在、未来，在中国古代政治生活、文化生活中交织起来，代表一种很深刻的哲理的时间化思想。

二科，所见所闻也是充满了时间的感受和立场。孔子作《春秋》他所见到最近的几个鲁公，刚才说是《春秋》一共写了十二个公，离他最近的三个公，昭、定、哀，就算他的所见，离他最近。所闻就更远了，再往前的四个公是所闻。再往前五个公是所传，这个所闻是听人讲，传就更远了。这三个阶段在《春秋》里面是不一样的，我刚才讲了微言大义，叙述中隐含着褒贬。当时楚国之类的算边缘地区，都不算华夏，把它说成蛮夷，很不客气，最后到这称为楚子了。这个时代虽然已经到《春秋》，礼崩乐坏，如隐公被他弟弟桓公所杀。儒家讲亲亲原则，在这一科里头表现得很明显，但是这个亲亲又不胡来，他要让人从绝望中越来越有希望，代表了一个朝向未来的事业，这是第二科。

我们看第三科，"内其国而外诸夏，内诸夏而外夷狄"。内其国，这个国是鲁国，诸夏就是中国的华夏民族，比如晋国、卫国、蔡国等。周天子建立周朝的时候分封的这些华夏诸国，里面大部分是周王室的成员，还有一大部分是当时的功臣，像齐国就是姜子牙封在那儿，鲁国是周公。诸夏就是华夏，和那些夷狄不一样。首先他重视的是鲁国的历史，《春秋》据鲁史写的，然后写诸夏，内诸夏而外夷狄。这是空间加时间，有一个亲疏关系，首先立足这个。最远的，谈他们的时候从来不避讳，该夸就夸，该骂就骂。对自己国家不能完全不讲，坏事也要讲，但是要避讳，要讲得合法、隐讳，从这个来体现儒家的历史观。他的哲理思想，充满了时间、空间、文化的自觉。

蒋庆先生把《春秋》大义总结为以下几说：

张三世说，即把这三个时代的思想彰大起来，后来三世就变成了聚乱世，小康，大同。所以礼运篇讲小康和大同虽然只讲了两个不同的时代，但是实际上它还隐含着一个比小康更差的，就是乱世。

然后是刚才提到的《春秋》新王说，第三个是孔子改制说，即孔子做王要改制，用一套新的办法让天下太平。改制有一些内容，写得很琐碎，但是很必要。比如结婚的礼仪，改制后就一定要亲迎，新郎娶媳妇一定要自己去接这个媳妇，不能派别人去接。在这之前，一个国君娶一个媳妇，因为很忙，就派大臣到另外一个国家娶另外一个国君的女儿，为自己的太子找媳妇，派一个大臣到另外一个国家迎这个媳妇，后来出了事，惨痛教训。亲迎出现什么问题？鲁隐公被他弟弟杀就是出现在这个问题上。鲁隐公的父亲鲁惠公给隐公娶媳妇，鲁隐公自己没去，派一个大臣去了。这个大臣不是个东西，告诉鲁惠公，说你的儿媳妇特别漂亮，这个鲁惠公也不是个家伙，他去看了以后他觉得漂亮就娶了。娶了以后生了鲁桓公，隐公的弟弟。鲁惠公喜欢这个老婆，想把政权不给鲁隐公给鲁桓公，但是他太小，所以后来没办法惠公死的时候鲁隐公接位。鲁隐公实际上是非常善良一个人，他一直想我替我弟弟守着这个位置，弟弟长大就把自己的位置给他。这时有个大臣来挑拨，跟鲁隐公说你弟弟是你的威胁，我替你把他杀了。鲁隐公一听就捂着耳朵说胡说八道，我就准备把我这个位置给他的，这个大臣一听鲁隐公不听他的计谋他就害怕了，因为假如鲁隐公真把这个位置让给他弟弟，而他弟弟又知道他出过这么一个坏主意，一定也饶不了他。他就跑到他弟弟那去说，你哥哥根本不会传你位，还想谋杀你，赶快咱们先动手把他杀了。所以这个家伙就跟鲁桓公合谋把鲁隐公杀了。这就是不亲迎，如果说鲁隐公当年自己去娶媳妇，去亲迎，就不会出现这个事。现在读着好像就是这么一个习俗，里面都有历史的教训。当然还有很重要的就是改日历改月历，一个新朝出现，你的日历要改。日历也合称为三统，比如夏朝以一月为一年的第一个月份，商朝以十二月为第一月，周朝以十一月为第一月，再出现一个新朝就应该回到商朝的模式。所以孔子在《论语》里面说我们要行夏之时，一直到现在我们都用的夏时，阴历。每个朝代不改日历，没有新，这极其重要，因为时间的节奏决定天命。

孔子另一个学说是认为天子不是高于百姓高于国家，它只是一个名位而已，天子不为百姓办事，我们有权推翻他。后来孟子大力发展这个意思，以民为本。"闻诛一夫纣矣，未闻弑君也。"这话后来朱元璋听了气得要死，说孟子要是在现在我这就把他杀了。

还有就是天人感应说，天和人有一种根本的相互感应，这个思想到董仲舒那儿被极大地发扬，用它来制约君主。说秦汉以后专制，这里头不是西方意义的专制，即一个人决定整个的命运，什么事都是他说了算。我们有科举制，有时候皇上具体事让宰相让大臣办，皇上之上还有天，天人感应，天人合一。天人感应是什么意思？皇上干了坏事，老天爷用自然灾害来警告他，地震、冻雨、风暴，不正常的都是老天爷在警告你。中国这几年好几个大的自然灾害，要是当年的汉代皇帝信《春秋》的，马上下罪己诏，是我没有把国家治理好，老天爷才会这么惩罚我。有君王愿意绝食而死，以谢天下。君王解释权是在儒家这儿，这个自然灾害到底是针对谁的，是怎么回事，董仲舒是这方面的专家，但是他说得太过了，把君王惹了，差点没把他给杀了。

这些蒋先生总结的，让大家感受一下。《春秋》里面讲的微言大义很曲折地表示出来，我们来看它到底曲折到什么程度。举个例子，孔子通过《春秋》，以非常隐微的方式宣告了一个新时代的出现。另外还有一个说法，实际上孔子宣告了这个新朝代的出现，但孔子本人就是王。这个学说是说《春秋》之时天下已经没有真正的王了，西周的时候周天子是有权威的，既有文化的权威，又有军事的政治的权威。周天子每年都要大会诸侯来朝拜天子，哪个诸侯不来，周天子完全可以统领其他诸侯来讨伐他。西周三四百年，天下基本上很和谐的，后代到了周幽王，出现了褒姒，娶了她以后几年不笑，后来周幽王说谁要是能让她笑，我就给他重赏。一个奸臣给他出一个主意，烽火戏诸侯，最后完蛋了。到了东周的时候他说天下已经没有真正的王，礼崩乐坏，王道不行，所以时代召唤一个新王的出现，重振乾坤，给世界新的希望和新的秩序。孔子作《春秋》的第一个大义就是应时代与人心的趋向，向中华民族和世界宣告，这个新王已经通过《春秋》而出现，周朝已经成为了前朝，殷朝成了前前朝，因此成了新的三统，这就是所谓的新王说。

后来儒家得了天下以后，古文经学家和汉以后的儒家对《春秋》新王说都认为是异端邪说。孔子怎么会呢？孔子这么一个循规蹈矩，要复兴周礼的人怎么会干这么大逆不道的事，自己宣布自己当王？但是今文经学家也会反驳这些人，就是如果没有这个新王，我们儒家能得天下吗？就靠你们这些俗儒抄点古书，我们儒家就能够兴旺？这是一个很大的公案，我不作评论，但是个人认为孔子新王说确实是从孔子那儿来的，不是后人伪造的。孔子需要这么一个学说来让儒家发扬光大，但是他一定要用很曲折的方式，口文二象性来表达。

《春秋》经里几乎很难找到明显的孔子新王说痕迹。我们找一处跟它有关系的，时有六年，春王正月，鲁宣公十六年夏天，下面讲陈州突然发生火灾，把房子乐器烧了。为什么要记一个灾祸，这个记灾是不寻常的，外灾不书，此何也书。什么叫外灾？就是说鲁国之外的，鲁国之外的这种火灾一般都不记，要记也记不过来。只有鲁国王室的宫殿他记一记而已。这儿为什么记啊？宣公代表了周朝，他的宫殿被烧了，乐器被烧掉了，当然好像是个很不好的事，可是这是当做一个好事情记的。按照公羊家的解释，烧了以后它是一个标志，代表前朝已经退位了，它成了一个新的前朝了，所以叫新州也。多么隐微啊！周和殷朝的后裔成了前朝，这是一个很隐微的地方，能证明大义确实是存在的。

孔子本人就是这个新王，这是《公羊传》里最异议可怪的。《论语》里头支持两边的说法都有，一是孔子完全遵从周文化，克己复礼，述而不作，不在其位，不谋其政，讲究正名，君君臣臣父父子子，绝对不会干这种表面上是篡位的事情。但在《论语》里头也有一些支持新王说的，仔细读《论语》，什么都读得出来。孔子有时候口气大得害怕，他用文来代表周朝文化，他说老天爷如果没有把这个文丧掉，那我孔子就是应天命的。你们这些坏蛋谁能加害我？特别自信。还说给我一个小地方，我就在东方复兴周朝文化。还有一个解释，把那个"吾其为东周"，变成一个问号，我还会在东方恢复周朝文化吗？意思是我根本不会，我要建立一个新的朝代。

孔子从早年一直到他回到鲁国，到他起这个心写《春秋》，他一直是我们说的第一个孔子，也就是汉代以后两千年大家心目中的孔子，一个至圣先师，谆谆教导。历史上不能称孔丘的，直称其名不尊重。尊重孔子或者称仲尼，天不生仲尼，万古长如夜，称他的字就是表示尊重，再称孔子，子更是尊重，称孔圣人，圣人更尊重了。文化大革命批林批孔，实际上是第一个孔子。第二个孔子特别出新，革命，也就是公羊家讲的这个孔子。怎么会有这么大的区别？有一些公羊家包括蒋庆，用孔子思想分阶段来解释这个问题。他说孔子一开始是从周的，想复兴周文化，后来一再失败，到晚年他的心有一个重大的变化，在晚年时期孔子精神在经过极度的煎熬后，九转丹肠，炉火纯青，于是由天道反人道，由内圣通外王，达到天人合一、内外一理的圣王境界。此时孔子不再复周礼，而是当新王，改周制，创新制，不再依旧述而不作，而是自创灵经，《春秋》经就叫灵经。这个表面上还是说得通的，我也基本上同意，但还能够说得更深一些，就是说他的思想方式从早年就有这个可能，他到晚年看得更清楚，他要不出这么一个奇招，自立为王，某种意义上真是自立为王，但这不是一个普通的山大王自立，有很多后面的背景，也有很深的哲理意识、文化意识。

东西方创立伟大宗教和哲学传统的人实际上都跟这个为王说有关系。释迦牟尼刚出生，马上有人预言他将来要做王，而且预言他或者是做全印度的王，或者是做转法轮王。他父亲想让他做全印度的王，因为他父亲统治的国家太小了，老让人家欺负。他父亲一直怕他去转法轮，就创立一个新宗教，离开家庭。他父亲给他最好的待遇，不让他看见人间的苦难，不让他离世，去追求玄虚真理。他父亲给他盖了很豪华的宫殿，他又娶了一位非常美貌的公主，生了一个很好的孩子。最后，他还是看到生老病死，发现人世无常，最后成了转法轮王。还有柏拉图，说哲学家应该当王，其中有影射他的老师苏格拉底，他认为哲学家该当王，像苏格拉底到人间来做王的，但是不被人间理解。耶稣也是应了拯救犹太人的王的意愿出现的，最后他通过上十字架和死后复活来深化和升华了这个王的意思。

古代的哲学，跟后来的不太一样，那时候所谓哲理思想都要实现，不像后来的哲学家，我就做个思想家，就发表著作，能够传承下去就很满意了。那时候不是，柏拉图、苏格拉底、耶稣、释迦牟尼、孔子都有这个意思。我的思想既然是真理，就要让它拯救百姓，最后开发出一个伟大的新时代。孔子的新王说就此而言也不那么荒谬，要视野扩大了看。

新王说确实很怪异，所以他不直接写在《春秋》经里头，而是通过《公羊传》，很隐微地把新王说传给弟子。这主要是为了他后来儒家的传承获得一种直接的身体性。一个学说也好，一个学派也好，带有宗教的团体也好，他想往下传承，都要获得某种所谓身体性，这里我用了一个现代词。现代西方哲学对身体的含义做了更深刻的理解，实际上就是说你不能限于所谓的实践，理论跟实践完全打通，能够让你的弟子们一代一代把它当做一个不二的真理往下传，比他的生命还重要。整个的学派从创立者到后面，他们传了一个活的生命，大家整个组成了一个活的身体，这叫儒家，这叫基督教。每个有重大影响的宗教或者团体，你没有这个灵魂，让后面继承你的人觉得这就是真理，这就是身体性，这是精神和肉体的结合。思想进入到历史的脉络中，不断地通过人的活生生的血肉和生命一代一代地传承。儒家最看重这个，看重家庭，最好的人最出色的人是光宗耀祖，把家族的身体传下去。最不好最差劲的断子绝孙，家族的身体没了，也没有人祭祀你了，不烧香不拜你了，祖庙都没有了。

通过口传，通过孔子新王说，让儒家才有了一个活的理，光是仁义礼智信，光是诗书易礼乐，很美好，但是孔子宣传了一辈子也没人信，就他那些弟子还跟着他。他怎么让他的弟子觉得这里面有一个极其重要、高过他生命的真理？我们的老师不止是一个老师，是新王，世界的王。但是这个话不能直说，直说也没意思，一定要口传，口传是什么？只有这个老师考察这个弟子，考他的心智善良，特别诚恳，特别愿意传承儒家，最后告诉你。我来传你我们孔门最重要的要义、心法。弟子事先斋戒三天，斋戒一个月，不许吃肉，不许近女色，然后把这些弟子带到旷野里去，先发誓，绝对不许外露，然后跟着老师一句一句教他以前他的老师教他的孔子新王说，《春秋》经到底是怎么回事。谁都能读《春秋》经，他不懂里面最重要的意思，他没那密码，我现在告诉你那密码。孔子新王说是第一密码，最重要，弟子肯定他被激荡得不但是心潮澎湃，而且天地变色，人生进入一个新的世界。我跟的这个儒家，我跟的孔子给我带来了这么不寻常的、这么伟大光辉灿烂的真理。他要真服，就服了，他以后就是传承之人了，他再往下传。口说，从我的口入你的耳，马上消失，记到心里去。

儒家的这些弟子一代一代忠实不二，舍身忘己传孔子。后来好像儒家整天就知道做官，真儒家没有得天下的时候，他在奋斗的时候是儒。秦始皇烧书，儒家恨透了秦始皇，把书藏在孔壁里头。陈胜吴广造反，孔子的第几代孙子孔复抱着孔子的牌位参加陈胜造反，最后为他而死。儒家是有血性，儒家传承的东西不是一套古代文献。光是一套儒史，那有什么生命，让你为之心潮澎湃的，让你献出几代人生？儒家就靠这个，往下传，有生命，然后感染了别人，最后感染了汉代的皇帝。

怎么理解素王？孔子现实中没有帝王之位，后来有一些公羊家或者是什么人解释说孔子没有王的位，但是他有王的德，他是做了一个素王。这个王不是现实中的王，他有这个王的德，但是没位。我理解的不然，要是光凭自己的道德思想的优越孔子做了新王，不足以构成后世传承中儒家传承的身体性。孔子是有位的，这个位也是真实的，他有权威，他能够让乱臣贼子惧，他通过褒贬，把历史的公正实现在历史中。我的基本理解结论就是孔子他确实是要做王，这个王确实又不是现实中的王，但是他又不止是一个精神道德中的王，他有在历史中实现他的能力和可能，具体体现在他们儒家传承的儒家团体身上。有血脉的，有活的生命在这的，这是传承。我们中国在最核心处还缺少灵魂性的东西，到底咱们中国该信什么，现在各种意识形态都在争论，有的说自由主义，有的说社会民主主义，儒家出来了，基督教也出来了，佛家也出来了，都想填补这个空缺。中原逐鹿，鹿死谁手还没有定，最后中国到底未来以什么样的思想为主导为灵魂，这个还不定。我的意思就是说如果没有一个灵魂性的东西，国家表面上经济再强大，军事再强大，行政再强大，实际上它经不住折腾。

我觉得素王是有生命的一个素王，德获得了生命才是德，素以为绚兮，实际上素字是一幅画，那时候画画，先把彩色的画上，最后填白，把没有画到的地方用白色填满，这就叫描素，加素，一加上这个素整个画就变得特别绚烂多彩。这个诗前面是形容一个美女，子夏问曰："巧笑倩兮，美目盼兮，素以为绚兮。"何谓也？ 子曰："绘事后素。"他问孔子什么意思，最后就把这个意思理解为儒家的礼使得人生一下子就绚烂多姿美好起来，就像那个画最后一描白。实际上这个素王的素就是这样，由于有了这个王，儒家的经典最后一下子被填白，它的所有的好处，它的美好的地方，现实的能力一下都展现出来了。

《春秋》从古至今在很多学者看来，都认为《春秋》是通其他五经的，尤其是乐经、礼经是通的。所读《春秋》不光是读历史，它通过这个东西给予其的儒家经典一个灵魂。这个地方就要来把这个意思通过讨论缘和时体现出来。在我看来前五艺里头最重要的是哪个？我个人看来乐是最重要的，虽然乐经恰恰丢了。乐是孔子的灵魂，《论语》里头有几处记孔子对音乐的看法，而且他对诗的看法实际上跟他对乐的看法是完全贯通的，"兴于诗，立于礼，成于乐。"最后成就于乐，乐是根本。六艺我看来乐顶头，是孔子的思想源头，然后用《春秋》来作结，它的作用是把前面五经的思想全部激活，然后再回到乐。所以《春秋》经里面又充满了乐感，音乐是一个时间的艺术。

音乐它就靠这个完全时机化的音调的高低来打动你，向你展示一个特别美好的精神境界，人生体验。最深刻的音乐大家都有这种感受，不论是西洋音乐或者中国音乐，把你的精神境界，你的心情一下子改换了，这是孔子最重视的。孔子的学说整个思想根就在这儿，他就想找一种人间关系，找一种教育方式，能够通过它一下子把信徒也好，把老百姓也好，把当政者也好，一下子升华到一个不寻常的、被打动的又非常美好的境界中。由这通过礼乐教化，再引申、再教化，变成君子、仁者，最后变成圣王，这是他非常重要的一个思路。

孔子认为人间关系最近乎音乐的就是亲子关系，母亲跟儿女之间那种生死与共，不思而得。根本不用怎么学母亲就知道怎么爱儿子，儿女小时候也知道怎么爱母亲，爱父亲。他说母亲跟子女说话的时候充满了歌唱声，充满了黏性，柔情蜜意，语言表达方式充满了重复。孔子的思想就是说音乐最耐重复最需要重复，诗作为最原初的把音乐引进语言，它充满了音乐性，你去读《诗经》，充满了音乐性，大量的重复、押韵。当场引发出你的美感甚至是很深刻的精神感受，兴于诗，让它起心，把你的心发现了，然后才能立于礼，最后成于乐。

《春秋》之所以用口传，和文字相对，也是为了引发出它更深刻的潜对象化的，那种原发的人生感受、精神感受、历史感受，然后儒家的思想实现出来。

我们看隐公元年卷一，元年春王正月，后来董仲舒公羊学用大量的篇幅来说这六个字，因为它是整个《春秋》的起兴之处。比如"关关雎鸠，在河之洲"这是整个诗经的起兴处，然后"窈窕淑女，君子好逑"才能够被理解。您一上来就窈窕淑女君子好逑，那就是男追女，就是情欲了。何等地跟这个情欲不相关，但是又何等地跟内在的隐约相关，春天在河边，两只鸟在叫，但是有这一句，你才逐渐慢慢明白，君子怎么才能够真君子啊，后面又用参差荇菜，左右流之，窈窕淑女，寤寐求之，君子怎么求不着，辗转反侧，你不辗转反侧，不痛苦能成君子吗？一追那个女孩子就追着了，靠权势怎么样，那不行，人家女孩子就不窈窕了。窈窕就是说让你感得到她的魅力又抓不着得不到，越这样越窈窕，做梦也想白天也想，说不定你还得不着，但是最后也可能得着。钟鼓乐之，琴瑟友之，一旦你得到了，了不得了。据说这个诗是引的周文王和他的夫人，一旦结合生出来什么人，周武王，周公，整个中国的历史后来就是一个新面貌，阴阳相合，生出了新的一代，这么美好。所以元年春王正月里头跟这个都有呼应。

元年好像表面上讲的是隐公元年，中国不是按基督什么计年，也不是按孔元什么计年。现在说孔元多少年，那是一种记法，没有多样性。中国从根上就是充满了时间性，四时，你不能一个劲地往下数，都有循环的。每一个公上来重新记，中国从来都是这样，皇上有时候不过瘾，康熙换好几个年号，他老喜欢从元开始。中国人特别喜欢起头："苟日新，日日新，又日新。"这个起头特别重要，鲁隐公元年，表面是这个，意思深着呢，元年春王正月。他记的这一年，下面应该记事，当然这个没记。元年的元后来公羊家解释说有深意，意思是要开个新头，新王出现了。我们说既然新王出现了，得有具体的体现，要有身体性。元年很重要，新王出现一定要重新调，元是什么，就是开头、发端，而且非常原本的。所以元者源也，这些谐音。我们看春、正月、王，王的地位比元要低，元后头，在年后面，时间后面，在四时后面。这更重要，一个新的朝代如果不感受到元重新起的那个新发的力量，一种给你带来的新的时代气息，你长久不了。这个元年春王正月，和这个新王说实际上息息相通。

我写书从来都说西元，它这个公好像是公共的，大家都应该承认的，这就是耶稣诞辰，它怎么叫公元？它叫西元或者耶元2009年。西方人的特点就是特别线性思维，一旦起头以后就一直往下走，不再往下循环，最后一直要到世界末日。中国不一样，时间是有内在结构的，过去未来现在相交，一个公生和死相交，一死就完了，再一个新的公上来叫新的年。所以《春秋》宣示了新的朝代出现完全符合这个思想特点。元是代表中国人的时间观和存在观，阴阳相交，生出生气，所以它是有内在的生命结构、文学结构，像音乐一样，经常要重复，回到源头，发出越来越深的和声。耶元或者西元实际上是死者之年，本身没有内在的生命力。中国的元才最能叫公元，从《春秋》来讲，因为它是一个一个公，十二公，它总是跟活的人的生命直接相关。到《春秋》以后传的就是孔子的元年，孔子的弟子们对这个元不断地体会，然后把孔子的学说以最活生生的艺术化的方式实现在历史的情景之中。我们这个是真正的公元年，而且是有内在的、动态的、非线性的结构。

最后想讲一下《春秋》里时的意思。时，日是自然时间最重要的来源，《春秋》就是看太阳的位置，早晚都是太阳的位置。一个人种的庄稼让它生长，这是土，下面是寸，生命脉搏的跳动，它就是尺度。这个不只是物理的尺度，是生命的尺度，到什么时候生命才能出现、才能保持。这个时间一看既是自然的，又是生命的，又是农业的，又是人间的，是使人生和生命和文化得以出现存在甚至是得以和谐美好的尺度最根本的结构，这是时。所以这个时字延伸到诗，诗基本是这个结构，只不过是跟语言有关了。当代的哲学家海德格尔，特别认为诗和原本的思是一样的，最原本的思想不是概念化的，一个命题一个命题的，而是最原本的诗。这个诗兴于思，它已经让存在的意思出现了，但是还没有对象化，直接打动你、感染你，让这个意思不胫而走。所以儒家、道家的诗教礼教乐教特别重视风，诗创造反映的是一种风，风气，但是不只是风气，它是原本的那种时间结构、意义结构。诗引出风，用风才能够"上以风化下，下以风刺上"，儒家的要害就是找到一个人类关系和教育方式，能够让人间最美好的东西风行天下，不胫而走。不靠武力，甚至也不一定靠法律系统，也不靠宗教的教条，而是靠一种艺术化但是扎根人性深处的东西来改变世界，格物致知，正心诚意，修身齐家治国平天下。

再举几个例子，看看《春秋》的时意。刚才讲元就是最原本的时，元年春，又要体现为四时。四时在中国古代文化中占有极崇高的位置。你去读《黄帝内经》，四时好像就是时的代表，中国人理解的时首先是四时，它是循环的，是有变化的。还能反映在政治上，春天国君应该做什么，夏天做什么，秋天做什么。春天绝不能杀人，春天即便有罪的人要到秋决，等到秋天才能杀，春天杀人伤时气，国家要有灾难。每个时令，所以中国以前的传统节日统统是时机化的，西方的节日都是宗教化、政治化的。中国古代谁有国庆日，哪个朝代都有自己建国的时候，人家从来不庆，不认为那有什么重要的。中国传统节日，从春节开始数，春节、十五、元宵节，二月二龙抬头，四月四，连数字都有重复的，你看五月五、七月七、九月九、八月十五，都有讲究的。孔子这么伟大，我们也知道孔子生日哪天，也不立孔子生日为国家节日。当然我们大家都参与推动把教师节改成9月28号，孔子诞辰，这比较好。历史上没这个，中国人整个一个时化的文化。冯友兰先生用西方哲学构架来套中国的，老子讲的道是世界的总规律，是一种根本的实体了，50年代争了半天，这个实体是精神实体还是物质实体呢，老子是唯心论还是唯物论呢，其实不相干的，对理解老子毫无帮助，还有坏处，把老子原来道的时义全都遮蔽了。

《春秋》公羊传解释时有各种表现，首先《春秋》经特别爱记灾疫，哪下了暴雪，哪出了蝗虫，哪地震了，都要记下来。要按现在来讲记中国政史就不会这么记，从这反映孔子相信人从根上是一个时间化的存在者，跟天地之间没有什么隔阂，天地时间的表现跟他有关系，可能是很音乐很曲折，但是跟他有关系。他在记人间事情的时候也有一个时的问题，他夸奖事情，办得好就是时的，不好的就是不时的，违反了原本的时。这是《春秋》里面，大家读的时候会一再碰到。时就像和谐的音，不时就像不太和谐的音。

我们再读一段，郑伯克段于鄢，这记的肯定是不时，表面上是一个客观的叙述，但是里面蕴含着谴责的意思。再往后，隐公二年，无骇率师入极，无骇是谁？展无骇也，姓展，叫无骇，何以不氏，为什么不称他的姓氏展无骇？展无骇干了一件坏事，他灭了一个国家，孔子最恨灭人国，因为他破坏了周礼，破坏了和而不同的结构。秦始皇最恨儒家，因为秦始皇要让天下成为一块，郡县制，不再承认那些所谓分封的，不承认文化多元，不承认国家相对独立，可是孔子恰恰是这样。看中国近代历史，受秦代以来郡县制的影响，不是大一统，大一统是指周朝的情况，大家都遵周天子，国家是一统的，统一的，但是又分成很多小国，比联邦制还深刻。每个国家有不同的文化，和而不同，给思想、政治、人的生存形态的多样性、自由留下了很多空间、缝隙。孔子最恨灭人国，《春秋》里谁灭别人的国一定谴责他。这个地方为什么他谴责展无骇而且谴责得特别厉害，说他是第一个灭人国的，其实他不是第一个。何休注的，意思是说他不是第一个灭人国的，但是说他是在《春秋》经里面出现的第一个灭人国的，所以要痛贬。

"此灭也，其言入何？内大恶，讳也。"展无骇是鲁国的将军，带着鲁国的兵把极给灭了，他是灭了国。为什么不叫灭国，叫入国，入极端。经里头写的无骇率师入极，好像是我进入占领了然后我又退出来了，这个词就和缓得多。明明是要痛贬展无骇，又用了一个对他有利的词，下面解释了为什么：内大恶，讳也。因为他是鲁国的将军，《春秋》经要为他避讳，要把坏话说得好听点，不说他灭极，说他入极。短短一个记载里包括多少隐微曲折的东西。鲁僖公二十七年秋，他这记了一条，公子遂率师入杞这个国家，这个地方贬不贬呢，时不时呢？基本中性，公子遂率着鲁国的军队进入杞，他确实没有占领人家的国，就是进入惩罚一下就完了，杞这个国家没灭亡。有点时的意思，因为那年春，杞国国君跟蒙会碰到鲁君的时候很无礼，用的是夷狄之礼，侮辱了鲁君，所以惩罚是为了维护周礼，又没有灭人家。记载的方式和无侅率师入极记述的方式一样，但是包含的意思不一样。称了公子遂，那就说明没贬，展无侅前头没有称他公子，也没称他官职，那就是贬，真微妙。整个《春秋》里头经常是这样，说还是不说都有意思，纯粹一个阴阳关系。我说它的时的表现，这又是一个表现，总是出在这种和声对位之中。

最后我举个例子，十二公就像十二个乐章，除了最后一公，每一章都以元春开始，元年春王正月。这个意思极其丰富，公羊学家做了各种各样的阐发，我非常欣赏。和孔子对诗对音乐的态度内在相通，里面充满乐感、时间感，每一个乐章都是以元春开始，喜气洋洋，而以公薨的悲哀结束，就是他死了。我们来看隐公是怎么死的，"冬十有一月壬辰，公薨"，隐公死了，非常简约，《公羊传》就要解释，何以不述葬啊，公死了为什么不告诉我们他什么时候葬的，葬在哪？隐之也。隐瞒了一些东西，隐瞒了极大的哀痛。为什么要隐，弑也，儿子杀了父亲，绝对是非正义的，大逆不道的。何休说他是被桓公所杀。弑何以不入葬？为什么这样就不记载他的葬礼呢？以为无臣子也，如果这个君主被不正义地杀害了，臣子有责任去为他复仇，去把他那个仇人绳之以法，可是这个时候没人为隐公复仇，接位者就是他的仇人。君弑，臣不讨贼，非臣也。这个贼正是当时的鲁君桓公和公子狄，那也要讨吗？他已经成了鲁公了，要不要讨？按照公羊学，也要讨，按照《左传》肯定不能讨了。非臣也，子不复仇非子也。臣不去讨这个贼，你就不是臣子，父亲死了儿子不复仇，不是儿子。这就是著名的大复仇说。"何以不地，为隐言也"。为什么不说他在哪被杀的？不忍去说它。隐公虽然不是一个伟大的君主，但起码是个善良的人，结果不得好死。孔子不忍去说，太痛苦了，这种隐忍的笔法表示出他的沉痛。元年春，王正月，但是没有一个正月去记一件事，十一年的正月都空白着，不记事，为什么？隐将以让故桓，故不有其正月也，这是什么意思？就是说隐公这个人是好人，他想把这个君位让给桓公，但是却被该死的公子狄挑拨，桓公杀了隐公，这里太不正义了，我要用《春秋》行王法，我要讨贼。现实中没人讨，我在这儿讨，所以正月里不再记事了，隐公十一年正月不记事，空白。用这个空白表示极大的谴责、悲哀，这就是《春秋》笔法。

只有公薨这两个字就引出这么多东西，当年传公羊《春秋》传给弟子的时候，弟子能不心潮澎湃吗？好家伙的，孔夫子的密码真是厉害。后面这么多东西，大复仇说，何等奇怪的说法，按孔子当时的情境，他讲的公羊学首先要保持原意，孔子的大复仇说不是西方人讲的，他是为了在人间不只是保留正义，而且是要保留最原本的，充满了原意的人间关系。儒家为什么一定要讲亲亲，大家读《论语》，里面有一个叶公问孔子，告诉孔子说我们这有一个特正直的人，他爸爸偷了羊，他儿子起来告发他爸爸，多正直，大义灭亲。孔子怎么回答？说我们那儿的人的正直可跟你这不一样，父亲偷了羊，儿子为他隐瞒，儿子偷了羊，父亲替他隐瞒，"父子相隐，直在其中隐"，父子互相隐瞒，正直就在其中。一个儿子因为父亲偷了羊就去告发父亲，把最原本的源破坏了，你那点好绝对比不上源的好，你把根刨了，把人间正义的根刨了，这里面有很深的思想。所以《春秋》赞同大复仇，他里面后来记的最有名的伍子胥报复仇杀的是谁？杀的是楚平王，那是他君主，日夜要报仇。跑到吴国，一心复仇，最后率兵把楚国打败，占了他的国都，楚宣王死了，把尸体挖出来鞭尸三百。好像是过分了，不合儒家中庸之道，《春秋》经按照公羊学，伍子胥做得对，褒。人间如果还没这点元气，全都按法律，按外在的规律走，完了，不要儒家了，人不是人了，是机器人了。人要有原本时间关系，原本的亲子关系，这是儒家时的用意和表现。

我希望大家体会到孔子不是一个教书匠，不是一个循规蹈矩的人，也不止是至圣先师。至圣先师没错，但是孔子是极其智慧、时机化的，敢于出新的，而且出新出得恰到好处。孔子一定要回到源头再出新，儒家后来能够吸引这么多聪明的人，在中国历史上占了主导地位，不是偶然的。

许抗生 1937年生，江苏武进县人，北京大学哲学系、宗教学系教授、博士生导师。兼任中国哲学史学会理事、中国教育家协会理事、中国文化书院导师。长期从事中国哲学史的教学与研究工作，主要著作有：《帛书老子注释与研究》、《老子与道家》（有韩文译本）、《老子与中国的佛道两教》（日文版）、《三国两晋玄佛道思想简论》（有大陆和台湾版）、《先秦名家研究》、《中国的法家》、《老子评传》、《魏晋南北朝哲学思想研究概论》、《僧肇评传》。主编《魏晋玄学史》、《中国传统道德·教育修养卷》等。

孟子思想解读

　　冯友兰先生说讲课有两种讲法，一种叫照着讲，一种叫接着讲。所谓接着讲，就是发挥孟子的思想但不见得是孟子本人的思想。比如宋明理学，是接着前面的儒家孔孟、董仲舒讲，实际上是对儒家的发挥、创新。冯先生讲心理学时，他又将程朱理学融入进去，加以发挥，这叫接着讲。照着讲就是冯友兰先生写的《中国哲学史》，就是孔子曾讲过什么，孟子说过什么。所以我想还是要先照着讲，先要弄明白孟子究竟讲过些什么，在了解孟子的思想后，可以自己去发挥。

　　孟子在儒家的地位很高，仅次于孔子。孔子是圣人，他是亚圣。最早是东汉经学家赵岐（约108—201）给孟子起了亚圣这个名字。他作了一个《孟子注》，里面谈到孟子有亚圣之才。三国的时候有一个叫徐幹的在《中论序》里提到亚圣有两个，一个是孟子，一个是荀子，可见当时人们并没有只把孟子一个人当亚圣。后来唐代韩愈已经明确提到孔孟之道。说孔孟之道是先王之道，从尧舜传到文武，传到周公孔子，再传到孟子，孟子之后，不得余传。这样孟子的地位就得到了提高。南宋大儒学家朱熹把《礼记》里面的《大学》、《中庸》和《论语》、《孟子》并成四书加以注解，作成《四书集注》。四书五经放到一起，孟子的思想地位被提高了。真正确定孟子为亚圣是在元代。

　　为什么孟子思想的地位在儒家传统里会定得如此之高呢？我自己理解很可能是他将孔子思想加以发展，建立起了一个比较完整的儒家体系。

某种意义上说，虽然孔子建立起了仁学思想体系，但是整个的哲学思想体系还不是很完整。在哲学上面，孔子还没有多大的阐说，孟子将儒家的仁学加以哲学上的论证，于是建立起了完整的儒学思想体系。孟子和荀子使得孔子的思想有两个方面的发展。孔子有两个主要思想，一个是仁，一个是礼。仁的思想发展比较充分的是孟子，礼的思想发展比较充分的是荀子。荀子提出不仅要礼教还要法治，礼法双行，王霸并用。孟子强调孔子的仁学思想。推行仁政，而不赞成搞暴力、搞法治。这是孔子思想两个方面的发展，一个向仁方向发展，一个向礼方向发展。向仁的方向发展就是向内心发展，因此提出人性论，孟子提出人性善的观点。荀子主张"隆礼"，提倡礼治，但又赋予礼以新的内涵，同时也吸收了法家的法治思想，形成了以法治来充实礼治的新学说。他说："礼者，贵贱有等，长幼有差，贫富轻重皆有称(相称)者也。"(《荀子·富国》)他提出人性是恶的，因此要通过教化、法治来改变人性之恶。这是儒家孔子之后两条不同道路的发展。谭嗣同在《仁学》中曾说："二千年来之政，秦政也，皆大盗也；二千来之学，荀学也，皆乡愿也。"他认为，中国近两千多年的学问皆荀学也。因为无论哪个朝代都在推行王霸并用、礼法双行，实际上讲的都是荀子的思想，这也有一定的道理。但是官方的统治思想是孔孟思想并不是荀子思想。

一、孟子生平及所处的时代

孟子名轲，字子舆，战国时期邹国(今山东邹城)人。他的生卒年代历来众说纷纭，没有定论，一般认为他大约生于周烈王四年(前372)，卒于周赧王二十六年(前289)。孟子是在战国中期诸子蜂起、百家争鸣的时代高潮中涌现出来的著名的思想家。他学识渊博，思路敏捷，能言善辩，并在与各派论敌的论辩中，捍卫和发展了孔子创立的早期儒家学说，成为儒家学派的主要奠基人之一。由他的思想和孔子的思想结合而成的"孔孟之道",构成了中国儒家思想的核心。

孟子出生于战国中期与鲁国毗邻的小诸侯国邹国。关于他的身世,后人所知很少。据东汉赵岐的《孟子章句·题辞》所记,孟子可能是春秋时期鲁国公室宗亲"三桓"家族之一的孟孙氏的后代。由于家族的逐步衰微,孟子的先辈迁居到邹国,传到孟子父亲一代时,可能已经成了一般的平常人家。

据说孟子的母亲非常重视用儒家思想教育孟子。据《列女传》记载,母子二人最早住在墓地附近,年少善于模仿的孟子就整天学着别人"嬉游为墓间事,踊跃筑埋",孟母觉得这种环境不利于孩子的成长,于是就搬迁到集市附近;没想到孟子又天天"嬉戏为贾人炫卖之事",孟母只好再次搬家,迁居到国家教育机构学宫旁边;在学宫那种读书演礼的浓郁氛围的影响下,孟子也在平日的嬉游中学着"设俎豆,揖让进退"。孟母觉得这才是适合孟子成长的良好居处,于是定居下来。孟母三迁的故事并不一定完全真实可信,但却可以看出在孟子少年时代的成长过程中,孟母的教育发挥了极大的作用,对其学业和思想的发展都产生了重要的影响。

孟子长大后,也和孔子一样周游列国。他先后到了齐国、卫国和其他一些国家,但是他的治国思想都没有得到重视。他的思想被认为不实用。孟子的抱负很大,说当今之世要治平天下,舍我其谁。由于时代处于一个大动荡、大变革的时代,他的这个抱负无法实现。战国中期,大规模的兼并战争,形成了战国七雄的局面。据说秦国和赵国的长平之役,秦国坑杀赵军四十万,可见战争规模非常大。这是一个用战争、武力解决问题的时代,韩非子说"当今之世,争于气力",就是看谁的力量强,谁就能称霸。所以孔子、孟子宣传道德教化的一套,没有哪个君主肯采用。各个国家为了推行富国强兵的政策,都采用法家的思想。比如秦国的商鞅变法,楚国的吴起变法,齐国用孙膑、田忌来富国强兵。这是一个大变革的时代,大动荡时期。这个变革在我国的历史上是非常重要的,虽说法家有法家的问题,但是法家在推动中国历史进度上是起着非常大的作用的。商鞅变法变主要包括：在经济上面，废除公有的井田制，实行土地私有制，出现了小农经济。自耕农、佃农都产生于这个时期。在春秋前"普天之下，莫非王土"，商鞅把公有的井田制废除，实行私有化。春秋战国之交，铁器用于农业生产可以深耕细作，开垦荒地，可以离开井田，因此才有自耕农、地主经济的产生。这是生产力发展的必然结果。第二个重要变法是废除了分封制，建立了中央集权的郡县制。分封制在周朝时期是周王室把疆域土地划分给诸侯的社会制度。在分封制下，国家土地不完全是周王室的，而是分别由获得封地的诸侯所有，他们拥有分封土地的所有资源和收益，只需向周王室缴纳一定的进贡即可尽义务。分封制是世袭制度，一代一代传下去，这阻碍了时代发展。因此商鞅实行中央集权的郡县制。郡守都是皇帝外派，废除了世袭制度。以后很多人比如柳宗元、王夫之都论证这是非常大的进步。法家还有一个重要的贡献就是发展农业生产、兴修水利。此外，法家还强调"依断于法，君臣所共守之"。王子犯法，与庶民同罪，在法律面前不讲亲疏、不讲贵贱。同时主张耕战，发展农业生产，"战"即用暴力统一天下。法家在当时采取了比较激进的改革。孟子当然不赞成法家的思想。按照冯先生的说法，孟子是地主阶级中的保守派。我倒认为他是改革中的温和派。

孟子七十余岁时，无力再去游说诸侯，于是带领其弟子万章、公孙丑等人回到家乡邹国。此后，孟子专心讲学，并集中精力与万章、公孙丑等弟子"序《诗》、《书》，述仲尼之意，作《孟子》七篇"（《史记·孟子荀卿列传》）。

二、孟子的政治思想

作为战国中期最杰出的思想家之一，孟子的思想学说集中体现在《孟子》一书中。《孟子》是由孟子与其弟子万章、公孙丑等人共同编定的说理性散文著作，共七篇，以记录孟子游说诸侯、应对诸子、教导门人等的言论为主。《孟子》所记从各个不同的层面全面地展现了孟子的思想学说，被后儒列为"四书"之一，成为继《论语》之后的又一部最为重要的儒家经典。

孟子的整个思想体系的理论基础是"性善论"，也就是认为人人都具有先天的、与生俱来的善良本性。关于人性问题，孔子曾有提及，他说，"性相近也，习相远也"（《论语·阳货》）。孟子阐述人性本善，是从"人皆有不忍人之心"的经验感性出发来立论的。

以性善论为基础，孟子发展了孔子的仁政德治思想，形成了他的仁政王道学说。孟子仁政的思想是继承了孔子而来。孔子的仁政思想是通过以仁的内在要求来解释礼这种外在规范的合理性，从而求得维护礼并形成合于礼的政治秩序，强调的是德治和礼治，即"道之以德，齐之以礼"（《论语·为政》）。孟子以仁释礼的逻辑程式，直截了当地从仁的内在要求出发，以性善论为逻辑起点，来展开其仁政王道学说。孟子要用他的政治思想来解决统一天下，王天下的问题。主张用王道之治，先王之道，就是孔子的仁政来解决当时的战难、统一的问题。因此孟子明确提出统一天下由两种方法，一种是霸道，一种是王道，这就是王霸之辩。霸道是以暴力服人，法家就主张霸道。王道是用德来教化人。用暴力来解决，虽然形式上使人屈服，但是心不服。王道，是使人心悦诚服。所以孟子这一点是看得很远的。运用道德教化，提高大家的道德、良心，才能真正达到统一，真正能够治理好社会。所以他说："以力假仁者霸，霸必有大国，以德行仁者王，王不待大。汤以七十里，文王以百里。以力服人者，非心服也，力不赡也；以德服人者，中心悦而诚服也，如七十子之服孔子也。"孟子认为他的王道是从尧舜传下来的，尧舜传到文武，文武传到孔子，这是先王之道，所以称他为王道。而霸道是春秋时期，大的诸侯国用战争来解决问题。孔子说："孔子之徒，不讲五霸。"所以孟子口不离尧舜之道。那有一个问题要解决，周武王用王道，但是他把纣王杀掉了，不也是用了武力吗？这个在夏国的时候，汤用的也是王道，可是他用暴力把夏桀废掉了，这个怎么说呢？孟子说杀掉纣王、夏桀，因为这两个王并不是在真正的君主，名义上是君主实际上折害了仁义，是残贼，把他杀掉就是杀掉一夫也，一个普通老百姓，不是杀掉自己的领导，这叫真助，应当杀的。因此王道也并不是不动武。就像老子所说，兵是不祥之器，但是不得已而用之。

如何推行王道？齐襄王问："德，何如可以王矣？"孟子曰："保民而王，莫之府御也。"为什么保民才能王呢？这是因为民为邦本。孟子曰："民为贵，社稷次之，君为轻。是故得乎丘民而为天子。"民是根本，社稷次之。社是土地神，同时也可代表国家的。天子祭神，天子的重要性远远不及前者。因为要得到老百姓的支持才能成为天子。而且民是不可以改变的，社稷和天子都是可以改变的。天子不好好当天子，也可以把他废除。比如夏桀商纣。但是老百姓无法废除，所以只有保护老百姓，老百姓拥护你才可以王天下，这个道理非常重要。直到近代还在强调民为邦本的思想。有人说这是民族思想的萌芽。按照这一思想下去，天子也是可以变置的，杀一夫非弑君，但百姓是不可以变置的。这是对《尚书·五子之歌》"民唯邦本，本固邦宁"思想的发挥。

孟子还提出一个国家的巩固，不是靠山势险要，也不是靠自己的兵车有多少，关键在于得到大多数人的支持的观点。他提出"得道多助，失道寡助"。这个道当然指的是仁道。实行仁道就可以得到大多数老百姓的支持。如果失道，用暴力就得不到老百姓的支持。"寡助之至，亲戚畔之。"如果失道，最后连亲戚都会反对。因此要得到老百姓的支持，一定要用仁义之道，要用仁道治理社会。这是孟子的政治思想。

三、孟子的经济思想

在经济上，孟子主张"制民之产"，恢复井田制和"什一而税"，最终实现"保民而王"。国家的经济政策必须优先考虑人民群众的利益，让老百姓有自己耕种的土地。因此孟子主张要推行"井田制"。国家以民为本，民以食为天，所以要解决老百姓的穿衣吃饭问题，只有把老百姓的穿衣吃饭问题解决了，才能推行王道之治。

实行王道仁政首先从土地实行井田制开始。制民之产即井田制，是王道之治的经济基础。孟子对梁惠王说："不违农时，谷不可胜食也；数罟不入洿池，鱼鳖不可胜食也；斧斤以时入山林，材木不可胜用也。谷与鱼鳖不可胜食，材木不可胜用，是使民养生丧死无憾也。养生丧死无憾，王道之始也。"孟子认为，征用劳力要分清时节，不要误了农活，否则，就产不出足够的粮食，全国的百姓自然要挨饿，没有粮食也养不出精兵强将，国家安全就会受到威胁。"五亩之宅，树之以桑，五十者可以衣帛矣；鸡豚狗彘之畜，无失其时，七十者可以食肉矣；百亩之田，勿夺其时，数口之家可以无饥矣；谨庠序之教，申之以孝悌之义，颁白者不负戴于道路矣。七十者衣帛食肉，黎民不饥不寒，然而不王者，未之有也。"这叫做治民之产。孟子又说："无恒产者无恒心"，如果老百姓没有自己的恒产就没有恒心，则老百姓什么坏事都会做出来，放僻邪侈等等事情都会做出来。因为穿不暖、吃不饱，则偷抢都可以做。如果一个统治者，不解决老百姓吃穿生产问题，使老百姓有恒心，则老百姓犯了罪是统治者自己的责任。这叫做罔民，陷害老百姓。所以首先要让老百姓有产业。这个产业还要"仰足以事父母，俯足以畜妻子，岁终身苦，凶年不免于死亡，然后驱而之善，故民之从之也轻"，对老百姓进行仁义道德的教化，这样百姓才能心悦诚服。礼仪道德一定要有经济基础。这个思想和管子的"仓廪实而知礼节，衣食足而知荣辱"的思想是一致的。这是法家的思想，但是根本主张是相通的。孟子主张，首先要解决经济问题才能谈王政，这是王政之始。

既然讲恒产者有恒心，那如何推行恒产呢？他说："夫仁政，必自经界始。经界不正，井底不均，谷禄不平。是故暴君污吏必慢其经界。经界既正，分田制禄可坐而定也。"仁政必须要从经界开始，必须要划定土地的界限。从这可以隐约看出孟子是反对商鞅的改革。他要维护井田制。他所维护的井田制是什么样的呢？他说："方田而井，井九百亩，其中为公田，八家皆私百亩，同养公田。公事毕，然后敢治私事。"这叫做九一而助，劳役地租的地主经济。如果说孟子是主张地主经济的话，他也是温和派。商鞅根本不要井田，直接把土地分给农民。农民直接租地主土地，废除劳役，因此与商鞅变法比较，孟子是温和派。

孟子主张的井田制虽说是西周下来的先王之道，但是现在也很难判断是非。有人说这是孟子的乌托邦，现实中不会存在。西周的井田制是计量土地的一个单位，而且土地是公有的，这个土地是一个井，每农户种一百亩。商鞅变法主张土地私有，允许买卖，这就会有一个土地兼并问题。这是地主经济社会，准许土地私有，自由买卖，一定时期之后土地太集中，农民没有土地，两极分化，最后造成农民起义，不断的农民起义都是土地兼并造成的。而孟子的思想似乎可以避免土地兼并。后来的一些人，如董仲舒、宋代的理学家张载提倡恢复井田，可能是看到土地兼并这个矛盾不好解决，所以都想恢复井田但是恢复不了。如果按商鞅变法来办，以后社会可能要出大乱子。这些思想冯友兰先生有非常精彩的分析，大家可以去看看。

四、孟子的伦理思想与人性善说

孟子王道仁政的伦理思想根据。孟子说"人皆有不忍人之心"。不忍人之心，是有不忍人之政，从人性论上找出依据。不忍人之心，始有不忍人之政。先王之所以能实行仁政是因为他有不忍人之心。即他的心不想伤害人家，有恻隐之心。恻隐即可怜，同情心，不忍去伤害人家。先王有这个心，一般的人也有这个心。这种恻隐之心从哪来的呢？孟子举出一个例子。他说："以谓人皆有不忍人之心者，今人乍见孺子将入于井，皆有怵惕恻隐之心。""怵惕"即惊吓，看到小孩要落到井里去了，人人得心都紧张起来，有恻隐之心。这种心从哪里来的？"非是内尝结交于孺子之父母然后如此也，又非是所以欲要求美誉于乡党朋友也，又非所以恶有不仁之声而然也"。"由是观之，无恻隐之心，非人也"。这种恻隐之心，是人人都有，本来就有，就像人有四肢一样，本来就有，并不是外面加给的，是固有的，出于一种先天的本能。

到底有没有这种心，还值得研究。举个例子比如说一个人在高空作业，他自己还没感觉到，下面看到高空作业的人的心就扑通扑通地跳。这种心不仅在人身上，在高等动物身上也有。我看过一个电视节目。有一头大象病倒后，象群在这头大象旁边走了几圈才依依不舍地走了。杀鸡给猴看，猴子不忍看到杀鸡，那么在猴子身上也有不忍之心。这种本能在高等动物的身上也有。动物长期生活在一起就形成了这种心理，后来得到遗传下来。孟子说这是一个"端"，是一个起点，可以在后来发扬起来也可以丢失。他认为这个起点有与没有，是人和动物的差别。动物没有道德心。他说人与动物的差别是很小的。君子存之，小人去之。孟子进一步推测，这种恻隐之心如果没有则是非人，并进一步说："无恻隐之心非人也，无羞恶之心非人也，无辞让之心非人也，无是非之心非人也。"他认为羞恶之心也是人的本能，辞让的心也是本能，用道德良心来区分人和动物。但是告子提出"生之谓性"，生这种本能就是性。因此"食色，性也"，吃饭、男女之情就是本性。孟子说不对，如果生之谓性，食色谓性，那么就像羊之性就是牛之性，牛之性就是人之性，人和动物就没有区别。用生命的本能来说人的性，人和动物就没有区别了。他要找出人和动物区别的本质在于人有道德，这不是自然生理的本能，这也是有道理的。但是他把羞恶之心、辞让之心、是非之心也看做是人从来就有的，这恐怕就有问题。恻隐之心可以承认，但是羞恶之心是否是天生的，这个不好说。有的小孩就没有羞恶之心，需要通过后天教育养成。所以孟子从恻隐之心人皆有之推到羞恶、辞让、是非之心也是人本有的是有问题的。有的东西可以推导出来，有的是不能推导出来的。

仁义礼智四端也可以推广到整个社会。如果不推广扩充这个心就会丢失的，"小人丢之"。所以必须要有道德修养。不是有个端点就可以的。

这和荀子的差别在哪儿呢？荀子承认食色性也，但是心之向往并不是可得的。顺着它没有节制地发展下去就是恶的。欲望不能无限膨胀，无限膨胀就是恶的，所以荀子说人性是恶的，因此需要礼仪教化，需要法治使人收敛。而孟子是说一个端点，这个端点可以保存扩充，因为有这个端点，所以人性是善的。这是孟子和荀子的差别。

仁义礼智四端扩充成仁义礼智四个品德。"仁也者人也"，仁就是做人的道理。做人的道理就是仁爱之道。"合而言之道也。"把"仁"与"人"合在一起就是仁道。仁就是人的意思，就是人的本性。没有这个本性，人就不是人。同时孟子又进一步提出"亲亲仁也"。孟子认为"孝悌，仁之本也"，所以儒家的仁爱思想是建立在亲亲的家庭伦理基础之上。孟子进一步说，"仁之实，事亲是也。"然后推己及人，"亲亲而民，仁民而爱物。强恕而行，求仁莫近也。"努力按照恕道而行，这就是求仁最好的方法。那什么是义呢？"义，人之正路也。""义，路也。"义，就是要按照仁爱这条路做，是人人应该走的大路。这就是正义。"义之实，从兄是也。"义的本质还是从家庭出发。"敬长，义也。""人之心同然者何也，谓理也，义也。""非其有而取之非义也"，所以要以义取之。然后看看礼是什么。仁者爱人，有礼者敬人。"恭敬之心，礼也。"因此礼义可以连用。按照礼来做就是义。"智"好像不是一个道德品德问题。孟子讲道："仁之实，事亲是也；义之实，从兄是也；智之实，知斯二者弗去是也。"知道仁和义保持不要去掉就是"智"，是对于仁和义的理解。冯友兰先生说是对仁义的自觉。因此我认为智不是一个道德品行。"礼之实，节文斯二者是也。"礼是修饰仁和义的。冯先生说礼是按照仁义来做一些具体的规定。所以归根结底仁义是根本。智是对二者的认识和自觉，礼是化为日常生活中的具体规定。这是仁义礼智四者的关系，孟子对此都有专门的论述。

孟子特别强调孔子的"忠信"。"忠"，"与人谋而不忠乎"，忠就是竭力为别人办事情。因为从仁爱出发就要竭力为别人办事情。同时又要讲信用。因为我们讲五仁"父子有亲，君臣有交，夫妇有别，长幼有序，朋友有信"，朋友之交一定要讲信，信是非常重要的。四端里没有信。后来董仲舒就明确提出"五常"，仁义礼智信，把信放在"五常"里。信还是很重要的，尤其是在我们当前社会里。到了明清之际，有一些学者提出要把信放在"五常"之首，这与明清时期商品经济开始发展起来不无关系。可是孟子有一个说法："大人者，言不必信，行不必果，唯义所在。"以义来肯定、否定一切。大人说话不必讲信，并不是每一句话都要实现。如果你哪句话不符合义，可以不兑现；如果你的行为不符合义就不应当再去做，所以"大人者，言不必信，行不必果，惟义所在"。孔子讲言要有信。但是孟子认为，不是所有的言都要讲信。如果讲的是一句错话也一定要实现吗？这是值得我们再进一步思考和讨论的。

孟子"诚"的思想。"诚者，天之道；思诚者，人之道也。"人的本性是实实在在的率性，这就是诚。所以诚也非常重要。诚实，诚诚恳恳，实实在在，从仁爱出发，这就是诚。诚本来就是天给我的善良的心，是本有的。所以在韩国讲课的时候我也讲过，是不是可以把"智"拿下来，五德可以变成"仁义礼诚信"。智是对五德的自觉和了解，是道德的认知问题。这些观点需要进一步探讨。

孟子道德修养的思想。一个是反求诸己。因为四心是本有，不应当把它丢掉，要把它扩充起来，需要反求诸己，把自己本有的良知良能扩充起来。孟子举个例子说："仁者如射，射者，正己而后发，发而不中，不怨胜己者，反求诸己而已矣。"所以道德教化不要去说别人不好，要问问自己是否能够保持住原来的本心，是否把自己的本心发扬光大起来了，这是根本。"行有不得者，反求诸己。"行不通需要反过来想想自己是不是把仁爱之心丢掉了。所以"学问之道无他，求其放心而已"。把放出去的心、丢掉的心找回来，这就是修养的学问之道，这是第一点。第二点，"养心莫善于寡欲"。寡欲的思想是从老子来的。老子首先提出"见素抱朴，少私寡欲"。人的本性是素朴的，要懂得满足。孟子也提出"养心莫善于寡欲"的"存心"、"养心"的说法。如果欲望太多，贪得无厌，就无法修养道德。

孟子对其他各家的批评。孟子对墨家、杨朱、农家、法家都有批评。

孟子很能辩，但是他曾说："杨朱、墨翟之言盈天下，天下之言，不归杨则归墨。""杨子取为我，拔一毛而利天下，不为也。墨子兼爱，摩顶放踵利天下，为之。"儒家认为爱有亲疏贵贱之分。因此孟子批评杨朱是无君，只爱自己。墨子只讲平等，那父子之间的辈分没有了，是无君无父，禽兽不如。这个批评很厉害。他批评法家，"故善战者服上刑，连诸侯者次之，辟草莱、任土地者次之。"法家主张开荒扩展农业生产。孟子还批评战国时期著名的农学家、思想家许行。许行提出"君民共耕"，提倡皇帝和老百姓一道耕作。孟子在与农家许行的辩论中，反对君民共耕的贤君观，而肯定社会分工的意义。他说："有大人之事，有小人之事，且一人之身，而百工之所为备，如必自为而后用之，是率天下而路也。"这句话的含义是，君子有君子的职责，小人有小人的职责，君子是劳心者，小人是劳力者。劳心者治人，劳力者治于人。劳心者治人，劳力者治于人。劳心劳力的分工是天下的通义，所以统治者不应当劳动。孟子的说法有合理的地方。但在当时生产力低下的时候，脑力劳动和体力劳动肯定是分开的，只有生产力高度发展的共产主义脑力劳动和体力劳动的区别才去掉了。不过许行的思想在当时也是无法实现的。

历史证明，孟子的思想对于后世有深远的、积极的影响。可以说，整个儒家思想对后世产生的影响，都包含有孟子思想的影响在内。总之，孟子继孔子之踵，不仅以"孔孟之道"共同参与了儒家思想核心学说的建构，而且也共同对中华民族独特文化心理结构的形成产生了巨大而深远的影响。

孙家洲 1955年生，山东人，中国人民大学历史学院教授、博士生导师。现任中国人民大学历史学院院长，曾任中国人民大学国学院常务副院长。主要社会兼职：中国秦汉史研究会副会长、北京师范大学兼职教授。主要研究方向为先秦秦汉史、思想文化史。主要著述有：《韩信评传》、《命运与性格的对话——再品〈史记〉的人物、故实、思想》、《两汉政治文化窥要》、《插图本中国古代思想史·秦汉卷》、《史说心语》、《刘邦与汉初三杰》、《额济纳汉简释文校本》、《秦汉法律文化研究》。已经发表史学论文七十余篇。曾经荣获中国人民大学"十大教学标兵"称号。

《史记》导读
—— 兼论汉武帝的治国用人之道

一、汉武帝及其时代

公元前140年，年仅16岁的刘彻即位做了皇帝，他就是我国历史上赫赫有名的汉武帝。汉武帝在历史上和秦始皇齐名。毛泽东主席早年间在他的词作《沁园春·雪》里边就讲到了"秦皇汉武，略输文采"。甚至直到前不久，我们在电视屏幕上也看到了两部同样以汉武帝及其时代为取材内容的历史剧。这说明汉武帝的魅力直到现在依然是光彩照人。那么怎样看待这个时代？我想是不是用这么几句话来概括：

第一，这是一个奋发进取、功业显赫的时代；第二，这是一个创设制度、垂范后世的时代；第三，这是一个注目域外、走向世界的时代；第四这是一个鼎盛之下潜伏着危机的时代。这是我对汉武帝这个时代的一个总体的概括。

二、汉武帝即位之初的形势

第一个问题要讲的就是汉武帝即位之初他所面临的局势。这是历史提供给汉武帝的一个活动的舞台，具体说来，汉武帝即位之初他所继承的是汉初文景之治的全部的成果，这个文景之治给他提供的有正面的也有反面的社会现实。要讲到正面的现实，首先表现为当时社会经济的繁荣，对此司马迁在《史记·平准书》里面有一段非常经典的论述，汉兴七十余年，如果不遇到自然灾害，那么一定是"家给人足，都鄙廪庾皆满，而府库余货财，京师之钱累巨万。贯朽而不可校，太仓之粟陈陈相因，充溢露积于外，至腐败不可食"。在一个以农业立国的国家，粮食和钱的富有，这是国家强盛、社会富裕的主要标志。在这一点上，可谓文景之治所体现的经济功能。特别是当它和汉初的那种局面，也就是刘邦刚开国的那个局面，所谓的"自天子不能具醇驷，而将相或乘牛车"，那样经济困顿的局面相比较，我们不得不说汉武帝面临的经济形势是比以前要好得多了。

第二个有利的影响，就是经过文景之治这么长的一段时间，整个社会呈现出社会安定、政治清明、人心所向这样的一种总体的局面。这跟汉初统治者推行了一系列轻徭薄赋的政策有关，也与汉初接连废除了许多秦朝的酷苛法令，特别是其中的妖言令、挟书律、诽谤令等等，导致了言路通畅、人心喜悦。在这种情况之下，汉代的朝廷是得到了多数人的拥戴的，这里面可以举一个具体的事例。在远离都城的边远地区，当着地方官要来公布朝廷的政令的时候，许多老人包括残疾人，不顾身体不好，要扶着拐杖过来参加，一定要来听一下皇帝的"德音"是如何讲的，他们祈祷千万要让自己多活几年，不要死得太快，为的是看到更好的社会的到来。由此可见，汉武帝刘彻即位之初，他所面临着有他有利的一面，但是同时文景之治留给他的历史遗产，也有不利的一面。

不利的一面也可以从两个层面来理解，第一个层面就是对内，在对内方面国家的控制能力是较弱的。这可以从这么几个方面来理解：一个是当时的一部分地方豪强，叫做"豪强兼并之徒，武断于乡曲"，国家对他们的控制是很少有效的。再一个就是达官贵人的奢侈浮华，也就是所谓的"自宗室有土，公卿大夫以下，争于奢侈，室庐舆服僭于上，无限度"。奢侈浮华到了什么程度呢？搞僭越，甚至有的大臣敢僭越于上，也就是僭用皇帝的一些礼仪规范，这种情况到了无限度的程度。那么由此可见，对内控制机能的薄弱，是文景之治时期出现的一个严重的社会问题。问题的第二个方面，就体现在国家的对外发展方面，或者就叫做综合国势方面，表现出了一种弱势地位。特别是在汉代和匈奴的关系上，更表现出汉室受匈奴的凌辱。这一点当然有着它深刻的历史背景，自从汉立国开始，崛起于北方的匈奴就凭借它的军事优势，不断对中原施加军事侵略与政治压力。汉高祖刘邦曾经几乎被匈奴俘虏，这就是历史上有名的"白登之围"，后来无奈之下奉行了和亲政策。这个和亲政策和我们后来所提出的一个口号"民族平等"是毫不相干的，这个和亲是以汉王朝的忍让与屈辱为代价才得以实现的，即便是在和亲这种格局之下，匈奴对中原依然时常有侵犯之举。

那么，我们想一下，汉武帝即位的时候，他面临的就是这样的一个局面。我们可以这么讲，文景之治时期奉行的"无为"政治，它有助于经济与社会的恢复和发展，它可以导致社会的安宁，但是它不会导致一个大有作为的时代的到来。面临着这样的局面，该不该改革以求治？汉武帝本人是个有为雄主，他当然愿意改革，这体现在他到晚年对大将军卫青所讲的一番话，他说"汉家庶事草创，加四夷侵凌中国，朕不变更制度，后世无法"。那么在他心中看来，汉初的那个局面也是因循苟且的局面，他把建立制度让后世子孙有所遵循，当做自己的一种使命来看待，所以汉武帝时代的大变动、大变革时代的到来绝非偶然，既是时代提出的问题，也是当时君臣共有的一种理念。

三、缔造盛世的艰苦努力

（一）"罢黜百家，独尊儒术"

汉武帝缔造盛世的艰苦努力。第一个方面，就应该讲到，独尊儒术，确立了国家的主流意识形态。汉初的文景之治时期，推行的是黄老的"无为而治"政治，在这种政治之下，它使得各家学派有了复苏的空间，所以汉初学术界的总体面貌是各家学派经历了秦的劫难之后，开始复苏，其中也有儒家学说不断恢复和在社会上的地位不断得到提升。对此我们可以举出这么几个事例有助于大家思考问题。

汉高祖刘邦本人本来是瞧不起儒学的，但是当着他立国之后，他却不得不借助于儒学来稳定国家的统治。其中叔孙通是当时一位很有远见，也是很懂得权变之术的儒士人物。那么他就对汉高祖刘邦讲了一番话，说儒学之士，在进取的时代没有太多的用武之地，但是到了国家建立之后，到了守成时期，却必须借助于儒学之士。所以他自己奏请允许他到鲁地去征召一部分鲁地的儒生和他自己的弟子一起来制定朝仪，维护朝廷上的君臣等级秩序。这个提请得到了刘邦的同意。后来这个朝仪制定完了之后，刘邦大为高兴，因为他真正享受到了身为皇帝的尊严。

同样的，在这个时期先后有儒家贾谊等人不断地建言献策，都是在强调仁义教化的重要，强调儒家的诗书之教的重要，这对当时的统治者的影响是越来越大。在这种背景之下，于是就有了董仲舒在著名的《天人三策》中提出了一个建议，"臣愚以为诸不在六艺之科、孔子之术者，皆绝其道，勿使并进"，后人把这个建议概括为"罢黜百家，独尊儒术"。汉武帝采纳了他的建议。从此儒家学说由原来的诸子中的一家，被国家定为国家的一个主导的统治意识，使得全国有了一个统一的思想文化体系，这在中国历史上是一件大事。之所以这样做的原因，在董仲舒当时的建言中，他说得非常明确，就是提倡思想的统一。他认为有了思想的统一才可以和政治的统一相匹配，有利于维护国家的安定和发展。那么，同样是统一思想，董仲舒和汉武帝是成功了，与之形成鲜明对照的是秦始皇早年间也曾经想要统一思想，他用的是焚书坑儒之术，用的是残暴的手段，秦始皇是失败的。为什么会有这个区别？就是因为汉武帝在推行儒术的时候，他用的是一种诱导的、温和的、循序渐进的方式，而不是依靠国家的行政暴力手段。他的独尊儒术主要的途径是把儒家的经典定为五经，并且作为官方教学的固定的文本。再一个就是开设太学，在太学里面聘请儒家经师做教官，当时称之为博士，在那听课的学生称之为博士弟子，东汉时期改称为太学生。太学生学的都是儒家经典。太学生经过学习之后，还有个考试程序，只要考试通过了，就可以做官。

所以，汉武帝独尊儒术的主要方式是垄断教育，进而控制仕途。他不强行要求大家不许读儒家以外的书，现实告诉读书人的是，你读儒家之外的书在国家官场里边谋不到一官半职，而你读儒家的经典就可以当官。他通过这种方式确立了儒学在社会上的优势地位。当然，汉代的独尊儒术还有另一面，那就是采用霸王之道。这是汉代统治者非常留意的一个实际的统治术，表面上说尊崇儒家，但是在实际统治的时候却又采用霸道的一些东西。所谓霸道，王霸之辩在战国时代的百家争鸣中就早已经出现。霸道所指的具体内容主流上是指法家的治国之术。那么这样也就是说，法家之学并没有从政治舞台完全退出，在独尊儒术这种体系之下，它依然在发挥着很大的实际的作用，这是汉武帝时代第一个重大的变革。

（二）加强中央集权

第二个重大的变革发生在中央与地方的关系上，具体来说就是要加强中央集权，削弱地方势力。当时的地方势力可以分为三个层面，第一个层面是诸侯王，当时受封的宗室诸侯王；第二个层面是受封的侯这一级；第三个层面是属于社会势力，具体来说就是地方豪强和一部分游侠。那么对这三部分势力汉武帝分别采取了一些措施，来给予制裁，使他们完全服从于中央集权的这种统治之下。

首先我们来看一下对诸侯王国他是如何处置的。汉初的同姓诸侯王国曾经势力很强大，由此导致了和中央的分庭抗礼，最后爆发了吴楚七国之乱。当这场叛乱被平定之后，当时的汉景帝也就是汉武帝的父亲，就已经做过一些削弱地方势力的努力。那么汉武帝在这个基础之上，继续做出了一些规定，特别强调的是在这方面——依然是我们要重视他的制度性的规定。这个制度就是建立了很多法律法规，来限制削弱诸侯王的权威，来降低他们的势力。

举几个法律，第一个要讲的法律就叫做推恩令。在一个诸侯王国，原来诸侯王去世之后，他的嫡长子作为继承人，继承了他父亲的所有领土和权势，他的其他弟弟是得不到任何好处的。到了汉武帝这个时期，汉武帝的文学侍从名臣之一主父偃提出了一个推恩令。它的内容是经过报请皇帝同意，诸侯王可以把自己封地的领土划分为若干部分，封立他的子弟为侯。这些侯国的名分要由中央确定，而侯国的领土来自于原来的诸侯王国，这些侯国一旦确立，那么它的隶属关系不再隶属于原来的王国所有，而转属附近的汉代的郡，也就是说改属中央直辖领导，搞了这么一个体制出来。汉武帝非常明白这个建议的用意所在，马上就予以采纳，结果在推恩——也就是把恩泽推广开来——这样一个非常好听的名义之下，使得诸侯王国名义上没有进行任何的削藩，但却使他的领土很快地由大变小，从根本上导致王国势力的衰弱。这是非常有名的一个法令。

除此之外，还有左官律、附益法、阿党法等新的规定的出台。譬如说其中的阿党法，根据后世学者的注解，所谓阿党法讲的是"诸侯王有罪，傅、相不举奏，为阿党"。阿党是重罪，在诸侯王国出任傅和相的高级官员，他本来是诸侯王属下的官员，当然他是由中央朝廷所委派，他应该是诸侯王的辅佐之臣，但是在这个法令的严格限制之下，如果诸侯王有任何的不轨行为，那么傅、相没有事先发现，没有向中央朝廷举报，就要被按照阿党之罪处置。那么出于切身利益的考虑，任何出任诸侯王国傅、相的人，他所要关注的第一件大事，不是治国而是首先监督好诸侯王，有了异动得赶紧报告。所以诸侯王国经过汉武帝这个时期的若干立法的限制，他们的势力大减，他们的社会地位和影响也锐减，以至于发展到有的人就和一般的富室无异，没有多少权势可言。汉武帝更明确规定，不许他们实际管理国家政务，这样，诸侯王国的问题基本上在汉武帝时代得到解决。另外汉武帝对侯国也力行制裁之术，其实侯国本来没有多少独立性可言，但是汉武帝运用各种方式，裁废侯国。

那么对地方豪强和一部分游侠势力，汉武帝也毫不犹豫地给予制裁。用的是一个常用的方式，就是任用酷吏法外用刑，很快收到了整治的效果。这样在汉武帝当政时期，地方势力受到了很大的打击，地方权力收归中央。

（三）收权与"中朝"制度

第三个方面的改革就是把中央的权力收归皇帝个人所有，具体来说，就是削夺丞相的权力，把朝廷大权集中到皇帝个人手中。

在汉初的政治格局中，丞相拥有较高的地位，也拥有较多的实权，这种局面本来是吸取了秦朝的教训。秦始皇厉行暴政，使得丞相制度不能正常履行它的社会职能，当时的丞相李斯都见不到皇帝，结果导致的是政治的混乱。针对这种历史的教训，汉初的统治者做了调整，给丞相一定的地位和实权。但是在汉武帝这个时代，他认为皇帝和丞相之间在实权上的矛盾和斗争，不利于他的集权式统治。所以他要利用皇权，削夺丞相的权力，之所以能够发生这种局面，与汉武帝早年他和丞相田蚡之间的明争暗斗也直接相关。丞相田蚡在当时又是外戚又是丞相，利用着他这双重身份，专横跋扈，他任命官吏，只要他喜欢的可以从平民百姓一直任命到郡守一级的高级官员。有一次他和汉武帝在一起讨论任命官员的事务的时候，从早上开始谈起，一直谈到太阳偏西，他所建议要任命的官员还没有谈完。汉武帝情急之下说了一句话，说"君除吏尽未？吾亦欲除吏"，就是你任命官员任命完了没有，我也要任命几个官员。那么由此可见，围绕着人事权力之争，在皇帝和丞相之间确实有矛盾有斗争。汉武帝是一个权势欲极强的人，所以他用了许多方法来削弱相权，用的方法有临时权宜性的，更重要的是制度方面的。

所谓的临时权宜性的东西，一个最残酷的事情就是汉武帝的晚年接连杀了五个丞相。有一位大臣公孙贺，本来是一个武将，跟着卫青、霍去病征伐匈奴有功而被封侯。汉武帝在杀了三个丞相之后，突然任命他来做丞相，就在封拜之日，这位公孙贺痛哭流涕坚决不敢接这个印绶，一再要求皇帝收回成命。结果皇帝也为之动容，跟着落泪，但还是要强制他接受这个任命，皇帝起身而去，把他扔在那儿了。没办法，他只好接了丞相官印，接了官印之后依然大哭不止。其他的朝臣问他做丞相是个好事呀——其实我听着这意思有一点幸灾乐祸——说为什么你那么痛苦？结果他回答说"主上圣明，臣不足以称，恐负重责，从是殆矣"，就是我们的君主太伟大了，我们做臣子的跟人家不匹配，做个副手也不够，所以我现在开始就感觉到危险已经到来了。

那么要讲到制度方面的，就是汉武帝设置了一个新的机构，称做"中朝"，和以丞相、御史大夫为首的宫廷系统相对立。那么丞相、御史大夫为首的这个系统被称之为外朝。在中朝出现之前，丞相就是政府的行政首脑，他参与国家方针大计的决策过程，但是等到中朝一出现，真正得到皇帝信任的和皇帝一起参与决策的是中朝的官员，而不再是以丞相为首的合法的政府系统的官员。原来的合法政府官员被排斥出决策圈之外，成为一个政务的执行机构，那么真正的宰相职权落入了中朝官手中。中朝官员的构成起初是皇帝的文学侍从之臣，被称之为"天子宾客"，也就是司马相如、东方朔、枚皋、严安、主父偃等这批人，后来汉武帝把这个制度更加完善化，吸收了一部分朝廷的大臣来参与，给他们若干"加官"，有了"加官"就可以成为中朝官的构成部分。由此可见，到汉武帝这个时期，他动用了不同的手段，使得丞相的实权被剥夺。这是中国专制皇权这种独裁程度越来越高，这是具有里程碑的一件事情，他把大权确实是有效地掌握在自己的手中。

（四）建立和完善选官制度

他推行改革的第四个方面，那就是建立和完善选官制度，强化监察职能。那么汉初的官员来源主要是靠军功，立有军功的人就得到高官厚禄。到汉武帝这个时期，那批军功贵族已经被历史规律所淘汰。那么通过什么途径来选取官员，也就是官员后备军的主要途径何在？汉武帝这个时期做了许多制度上的创新，最主要的是把察举制度定型化。汉武帝为了把察举制度有力地贯彻下去，他自己曾经下了很大力量给予关注。有一年他下令让郡守一级的官员向朝廷举荐人才，具体来说就是孝廉，察举孝廉。

可是有的郡一个人都没有举荐上来。汉武帝为此大怒。他说，身为在官位上的官员，你如果不举荐贤人，不举荐孝廉就是失职，就应该被罢免，所以说不举孝的，他说应该按照"大不敬"的罪名来论处；那个不举廉的，按照武帝的诏书中的规定，就应该按照"不胜任"来论处。大不敬和不胜任，至少要给予免官的处分，也就是他用这种以免官相威胁的方式要求他的地方大员们一定要力行推荐人才，给中央朝廷提供人才，履行他们应尽的职责。这是制度建设的这个层面。从此之后察举制就成为汉代取官的一个主流途径，它保证了生活在社会下层的一批优秀人才，通过合法的、稳定的渠道，源源不断地进入官场，提高了汉代官场的官吏的素质，并且察举制对后来中国的影响意义也是非常重大。

（五）开疆拓土

第五个改革涉及开疆拓土。西汉前期在对外发展方面明显地是一种守势，这里面有他不得已的一面。汉家立国之初经济非常困难，要想搞大规模的军事征伐是不可能的。但是到了汉武帝这个时代情况不一样了。所以，汉武帝在位五十三年间，其中有战争的年头算起来大概有三十多年。这些战争是拓地于四方。简单说来，北征匈奴，西通西域，东定朝鲜，南平两越，把中国的版图向四周扩充了相当大的一部分。那么，我们不仅要注意他拓地这一方面，更重要的是我们还要看到他拓地是有个中心的。他是以反击匈奴为他的中心所在，这是一个全国性的战略部署，东定朝鲜和西通西域，都是他反击匈奴战略上的一盘棋中的一个棋子，分别被称做"断匈奴左臂"、"断匈奴右臂"。

征发匈奴开通西域的过程之中，他有了一个意外的收获，就是把汉家和亚洲以外的地区连接起来，这是中国在历史上第一次真正地走向了世界。张骞通西域是丝绸之路开通的一个历史前提。但是张骞通西域的目的、本来的动机何在呢？他是受汉武帝的指派，要去西域寻求与匈奴有夙仇的大月氏国，和汉家夹击匈奴，由此才导致了丝绸之路的开通。那么丝绸之路开通以后，它的影响所及就远远不只限于汉代的境土之内了。东西方文化第一次通过丝绸之路建立起沟通与联络，这是影响世界史发展的一个大事。

（六）经济改革

第六个方面的改革，就应该讲到汉武帝这个时期的经济领域的改革。这个经济领域的改革，同样我们可以从两个方面来理解。因为这个改革的核心或者主要的趋向，就是要搞经济上的中央集权，要把一切天下的财力集中到中央。

为什么会出现这种局面？有两个因素可供我们考虑。一个因素就是汉武帝时期长年累月的边境战争，耗费了大量的国家府库，文景之治时期积累下来大量钱财都已经被浩大的军费开支所冲击，已经没有钱了，所以他急需开辟财源。于是汉武帝时期大刀阔斧地推行了一系列国营垄断经济的政策和法规。其中，以盐铁官营为核心。当然，还推行了一些别的制度。盐铁在当时是百姓生产和生活所必需，但是个体小农以自己一家的人力、物力又无法单独生产，所以他必须仰赖于社会的供给，他需要购买。这样一来，盐铁业就是当时最主要的获利丰厚的产业。汉武帝把它由原来的允许民间私营的这种政策调整为由官府垄断，在出产盐铁的地区分设盐官与铁官，把生产和经营纳入了官方垄断的体系之内，收入归国库所有，用于军费的支出。

四、盛世下的危机

中国古代被称为盛世的有几个时代，通常作为一般规律，盛世往往有被过分夸耀的一面。美国著名汉学家孔飞力，他说什么是盛世呢？盛世是人们的一种惯用的称谓，是对德政的一种护符，是对官方文书的一种装饰。他还讲到一个观点，说对于百姓而言，盛世带给他们的真实的感受究竟如何呢，这是我们现在的人最难断言的。由此我想，对汉武盛世的历史故事，我们也应该注意这个角度。什么角度呢？一个是不要被官方文书所蒙蔽，也就是我们要超出这个之上；再一个我们看待盛世的问题，要关注从社会底层、从百姓的自身感受来看盛世。那么在这个视野之下，我想汉武帝时期的盛世，是在盛世的光环之下掩盖着许多社会问题，甚至有的是社会危机。究竟是哪几个问题呢？

（一）兵连祸结

第一个问题表现在兵连祸结，百姓因此受尽困苦。汉武帝的军事征发，是建立强国优势的必要的组成部分，但是同时它所产生的负面影响也是极为明显的。最大的问题就是战争所需要的人力物力最终都要转嫁到百姓的头上，那么为此生活在汉武帝统治下的臣民，他们付出的代价实在是太过于残酷。贾捐之的一番话"寇贼并起，军旅数发，父战死于前，子斗伤于后，女子乘亭鄣，孤儿号于道，老母寡妇饮泣巷哭，遥设虚祭，想魂乎万里之外"。父子都上阵，或死或伤，女的被动员起来去守边防，孤儿寡母在家里，他们要给自己的阵亡的亲人祭祀都找不着亲人的尸首，只好遥拜，这是一种何等残酷的局面。所以战争给人民带来的灾难我们要清楚地看到。

（二）穷奢极欲

第二个方面就是汉武帝过着穷奢极欲的生活，加大了政府的经济开支，导致了民众生活的困苦。在这一方面我们举几个例子：一个是汉武帝是非常喜欢搞大型的土木建筑工程的。汉初建的宫殿很少，因为萧何建了个未央宫太过壮丽还受到汉高祖刘邦的批评，此后文景时期基本没有宫殿建筑的出现。但是到了汉武帝这个时期，好大喜功，大兴土木，兴建了若干宫殿群。汉武帝把原有的甘泉宫加以扩大，又兴建了建章宫、明光宫，都是规模非常宏大。汉武帝甚至把他兴建的建章宫、明光宫还有未央宫三个宫殿在空中建成了相连的阁道。汉武帝率领着他的一批后宫佳丽游走其间，可以不经过地面的道路，这是何等浩大的工程，要费多少人力物力。所以武帝时期的社会危机有的是属于与国家有关的举措，有的纯粹是汉武帝出于专制君主一人的私欲。此外，汉武帝还喜欢求仙。为了求仙他被许多方士骗过，但是乐此不疲。国家再穷，汉武帝还是要想办法搜刮民脂民膏，供养这批方士。其中的栾大，汉武帝封他做五利将军、天道将军、地道将军，还封了侯，并把自己的女儿卫长公主下嫁给这位栾大。到了这种程度，花钱花得是太多了。所以，汉武帝时期经济的困境与长期的战争有关，也与这种专制君主个人奢侈腐化的生活直接相关。

（三）戾太子兵变

第三个危机是爆发在统治集团上层，表现的形式是戾太子兵变。其实这也是汉武帝晚年一个最大的政治惨案。戾太子刘据因为被人所排斥，这种排斥的产生，与汉武帝不愿意交出自己的权力也直接相关。汉武帝做了那么长时间的皇帝，他的太子做继承人时间也很长。到后来以至于被人诬陷，说是他要用巫蛊之术来陷害皇帝，结果皇帝对他就产生了怀疑。太子要面见皇帝给予解释，皇帝根本不给他这样的机会。太子在情急之下起兵来捍卫自己的生命，结果汉武帝下令征讨平叛，一场长安城之内的上层军事滥杀就由此展开。一场战乱下来，当时几千人被杀，朝廷百官牵扯其中的有很多人，事后朝廷位置半空。在追查处理案件的过程中，各地又有上万人被株连，这是当时的一大惨案。它直接动摇了汉武帝后期的统治，这是政治上的危机。

（四）轮台之诏

秦始皇和汉武帝，在很多方面有相似之处，但是秦始皇最后导致了亡国。而汉武帝尽管他的晚年出现了这样的社会矛盾、政治问题，但是汉武帝却把他的政权平稳地过渡给他的后继者，靠的什么呢？应该强调的就是汉武帝到了晚年依然不糊涂，靠的一个"轮台之诏"，就是由大臣主要是桑弘羊等人奏请在西域的轮台这个地方继续屯田，并且为此要向百姓每人多征收三十钱的赋税，用于支持这项旷日持久的边疆屯戍。汉武帝下这个诏书，针对着这个奏请下的诏书，历史上称之为"轮台之诏"。

轮台之诏的要害是说他自己对以往多年的征伐很有悔恨之心，一方面是不得不打仗，但是战争带来的社会的危机，他意识到了，所以他说现在不是再进行战争的时候了，应该是恢复重视农业生产的传统，鼓励农民重新休养生息。这标志着国家的发展重点，从原来的扩疆拓土回归到正常的经济建设。尽管这个诏书公布之后不久，汉武帝本人就去世了，在他有生之年没有看到这个诏书直接产生的作用，但是他的后继者却因为有了这个诏书的存在，他们就可以名正言顺地把国家的施政大纲向和平建设这方面转轨。所以，出现了一个恢复发展时期，此后才了汉代的第二个盛世——汉宣帝时期的盛世。所以汉武帝有秦始皇之失，而没有秦始皇之败，关键就在于他还能够审时度势，及时地调整统治政策向着一个正确的方向转轨。在这我们再次看到一个尽管是垂暮的，但却是对时局了然于胸的有为之主的形象。

五、司马迁与《史记》

《史记》，原名《太史公书》，是西汉时期伟大的历史学家司马迁编纂的第一部纪传体通史著作，也是历史散文的典范之作。它的记事范围，上起传说中的黄帝时代，下迄汉武帝晚年，对大约三千年的历史作了全面、系统的梳理和记载。叙事内容涉及社会生活的方方面面，堪称一部百科全书式的古典巨著。《史记》列"正史"之首，又与《资治通鉴》并尊为"史学双璧"，它的崇高地位和巨大影响，在号称"浩如烟海"、"汗牛充栋"的古代史学典籍之中，是罕有其匹的。鲁迅赞美《史记》为"史家之绝唱，无韵之《离骚》"。

司马迁，字子长，西汉左冯翊夏阳（今陕西韩城）人。有关其活动的记载止于汉武帝征和年间。司马迁出生在一个有史学传统的家庭。其父司马谈官居太史令，是西汉前期著名的学者，曾"学天官于唐都，受《易》于杨何，习道论于黄子"。司马谈所著"论六家要旨"一文，纵论阴阳、儒、墨、名、法、道德六家各自的优劣短长，其中对道家持完全肯定的态度，说他是黄老学派的信徒当无疑义。司马谈的思想和批判精神，无疑对司马迁的思想和治学态度产生过影响，但司马迁本人接受儒学熏陶的印记则更为明显。司马谈重病垂死之际，执司马迁之手涕泣嘱托，希望他能够远承孔子作《春秋》的传统，近接自己的未竟事业，写出一部无愧于"今汉兴，海内一统"大业的史学巨著。由此而言，司马迁的著述事业，开始于完成父亲的遗愿。

司马迁在青少年时代，分别师从经学大师董仲舒、孔安国，学习公羊派《春秋》和古文《尚书》。这对年轻的司马迁提高学术修养有明显的影响。司马迁二十岁时开始了自己的壮游生活，社会活动丰富了司马迁在历史、地理、人文风俗、人物典故等方面的知识积累，扩大了他的胸襟和视野。

元封三年（前108），司马迁继任为太史令。太初元年（前104），司马迁开始撰著《史记》。正当司马迁全神贯注于《史记》著述之时，一场意外的灾难却突然降临到他的身上。天汉三年（前98），勇将李陵出击匈奴、兵败降敌的消息传来，在都城长安立即形成了一股巨大的政治冲击波。在朝廷大臣对李陵一片痛诋的声浪之中，司马迁却提出了不同的看法。司马迁认为李陵"常思奋不顾身以殉国家之急"，推崇他是"奇士"，"有国士之风"，"虽古名将不过也"。他指出李陵领兵远征，是"出万死不顾一生之计，赴公家之难"，而且作战神勇，"提步卒不满五千，深践戎马之地，足历王庭，垂饵虎口，横挑强胡"，迫使匈奴倾全国之兵前来围攻。李陵孤军深入，"转斗千里，矢尽道穷，救兵不至"，战败实非其罪。司马迁甚至根据李陵的一贯表现与为人风格，推测他的降敌应该另有隐情，或许是为了立非常之功于匈奴腹心，以此向汉家朝廷补偿自己的战败之过。

司马迁之所以为李陵辩护，与他的侠义性情有关。先前在李陵的捷报传来时，"汉公卿王侯皆奉觞上寿"，祝贺皇帝任命了一位名将；而等到李陵败降的消息传来，大臣们的态度立刻大变，"全躯保妻子之臣随而媒蘖其短"，对这种不惜落井下石以求自保的官场习气，司马迁作为一个性情中人，感觉"诚私心痛之"。他根本不会同流合污，甚至不允许自己以沉默而求自保。他看到了汉武帝"为之食不甘味，听朝不怡"、"惨凄怛悼"的苦恼，当汉武帝征询他的意见之时，司马迁把自己的见解坦然相告。没有想到的是，汉武帝勃然大怒，给司马迁强加上诋毁贰师将军李广利、为李陵游说两项罪名，将他逮捕下狱。审案的官员，又给他罗织了"诬上"的罪名。

司马迁绝望了，请听他稍后致信知交好友任安追溯当时心态的一段话："家贫，财赂不足以自赎，交游莫救，左右亲近不为一言。身非木石，独与法吏为伍，深幽囹圄之中，谁可告愬者！"结果他被处以"宫刑"。宫刑施于男子，就是割去生殖器，使其丧失生育能力，由此又被称为"腐刑"。这是仅次于死刑的酷刑，而且带有明显的人格污辱色彩。惨遭宫刑，对于司马迁而言，除去生理上的阉割剧痛之外，更加难以承受的是心理上的摧残蹂躏。士人素重"知耻"观念，司马迁排列了人生"受辱"的序列，称之为"最下腐刑，极矣"。他的精神已经到了崩溃的边缘，"是以肠一日而九回，居则忽忽若有所亡，出则不知所如往。每念斯耻，汗未尝不发背沾衣也"。他不止一次地想到结束自己的生命，但是，想到寄托了自己人生追求的历史巨著草创未就，"适会此祸，惜其不成，是以就极刑而无愠色"。他毅然忍受了奇耻大辱而生存下来。他以"西伯拘而演《周易》；仲尼厄而作《春秋》；屈原放逐，乃赋《离骚》"来鼓励自己，决意"隐忍苟活"以完成自己的著作。太始元年（前96）出狱之后，司马迁以"中人"之身升为中书令，可以伴侍皇帝、出入宫闱，就官场地位而言比太史令为高，但司马迁的心中之痛从来没有衰息，他认定自己只是"刑余之人"、"埽除之隶"。他把生命的全部活力，都投入到创作之中，发愤著书数年，终于有了结果。

被摧残的痛苦记忆，化为体悟世态炎凉、鞭挞社会黑暗、揭露专制罪恶的精神动力。司马迁的不幸遭遇，成就了《史记》独特的审美观和批判精神。《史记》许多篇章中流露出的愤激之情，只有与司马迁的人生悲剧相联系，才可以得到正确解读。

六、《史记》的特点

秉笔直书的优良传统，先秦时期就有史官在坚守，以至于不惜付出生命的代价。司马迁在君主专制体制已经确立之后，把它发扬光大，需要更大的胆识与勇气。班固尽管对司马迁的学术思想有所批评，但对《史记》的"实录"精神却是推崇备至："善序事理，辨而不华，质而不俚，其文直，其事核，不虚美，不隐恶，故谓之实录。"

对开国皇帝刘邦，司马迁一方面描述了他的恢弘大度、知人善任，另一方面也如实地记载了他的"无赖"习气、诡诈之术。特别是在楚汉之争中，刘邦为了自己逃命，可以把自己的子女推到车下，可以命部将代死以换取逃跑的时机，可以在项羽以"烹杀"其父要挟投降的时刻，大言："吾与项羽俱北面受命怀王，曰'约为兄弟'，吾翁即若翁，必欲烹而翁，则幸分我一杯羹。"这尽管是政治家的权变之计，但总是令人感觉他背离了人的本性。以至于把他与失败的英雄项羽相比较，读者大多会被导向为对项羽惋惜、对刘邦憎恨的思维定式。至于他滥杀功臣、折辱萧何的行径，同样令人产生反感。

对当朝皇帝汉武帝的失德之举，司马迁也敢于记录，并予以嘲讽、抨击。汉武帝重用酷吏，造成了严刑滥杀的负面作用。《史记·酷吏列传》给他们的群体定位是皇帝的鹰犬，一句"此皆以酷烈为声"，道出了酷吏服务于专制皇权的本质属性。司马迁还把汉武帝晚年发生的大规模民变附记于其后，标明酷吏政治的结果是导致社会动乱。这样的批评是深刻的。耿直之臣汲黯得不到重用，曲学阿世的公孙弘却以布衣而为丞相，司马迁借用汲黯之语"陛下内多欲而外施仁义，奈何欲效唐虞之治乎"是对武帝的辛辣讽刺。汉武帝宠信方士、追求长生不老的荒唐行径，更成为嘲讽的对象。装神弄鬼的李少君病死之后，"天子以为化去不死……而海上燕齐怪迂之方士多更来言神事矣"。另一位方士栾大得宠，汉武帝甚至把公主嫁为其妻，"见数月，佩六印，贵震天下，而海上燕齐之间，莫不扼捥而自言有禁方、能神仙矣"。一再受骗之后，"天子益怠厌方士之怪迂语矣，然羁縻不绝，冀遇其真。自此之后，方上言神祠者弥众，然其效可睹矣"。一代有为雄主，受人愚弄，以至于如此昏聩可笑。仅此一点，司马迁就无情地打碎了汉武帝头上的"明君"光环。

司马迁著史，绝不自甘做一个客观的记述者，而是以他的人生阅历和炽热的感情，去解读历史，褒贬人物，去创立自己的"一家之言"。任何时代的史论史评，往往会有作者的感情寄托，或者干脆是有感而发；也容易在有意无意之间，触发现实政治的某些敏感的神经。司马迁的《史记》有相当一部分属于"当代史"，发表评论总不能不有所顾忌。所以，对汉代历史和人物的评议，司马迁常用较为隐讳的方式表达，这就是后世学者总结出来的"寓论断于叙事"的方法。读史者只有稍微留意体悟，就不难发现作者的真意所在。如，汉高祖刘邦诛杀开国元勋韩信，并加以两度"谋反"的罪名，对此司马迁是极为反感的，但这在当时是"钦定"罪案，司马迁无法公开为韩信平反昭雪，只好运用各种方法，来突出韩信的首功地位，记载案情有疑点的蛛丝马迹，留下若干闪烁其辞的当事人言论，再加之可以见仁见智的史家论赞，使人对韩信由钦佩、同情而产生代鸣不平之念，而对刘邦、吕后、萧何等人则形成鄙夷之情。这些因素的叠加，就为后人给韩信做翻案文章，准备了充分的条件。

司马迁并不满足于这种曲折地宣泄情感的方式，只要稍离文网，他都不吝于将真情实感赤裸裸地表达出来，或慷慨激昂、或扼腕叹息、或冷嘲热讽，无不入木三分，感人肺腑。譬如，司马迁仰慕齐相晏婴的功业和人品，在其列传的赞语中就直抒胸臆："假令晏子而在，余虽为之执鞭，所忻慕焉。"后世著史者很少有人如此坦诚地表达自己的情感。正如李长之先生的评论："他那根本的一点内心的宝藏，那便是他那浓挚、奔溢、冲决、对一切在同情着的感情。"司马迁的议论，不管是以何种方式发出，都是真情流露，并能够广泛地引起读者的心灵震颤和共鸣，或许正是《史记》独具感染力的内在原因之一。

七、《史记》的人物特色

司马迁著史，是以人物为中心而展开的。他把历史记述和文学描写两种不同的方法，有机地结合到一起，使之相得益彰，各尽其妙。《史记》的人物传记大多有完整的故事情节和个人魅力，有的可以被视为短篇历史小说。正是在这个意义上，《史记》被称为传记文学的开创之作。司马迁写人，虽涉身世阅历，但尤为着力表现的却是人物的性格特征和丰富的内心世界，注意在矛盾冲突之中，塑造富有传奇性的人物形象，并揭示人物的性格与命运如何息息相关。

《史记》对项羽的形象塑造最有代表性。一篇《项羽本纪》，突出描写了他威武刚强、光明磊落而又刚愎自用的性格。主要通过起兵、巨鹿之战、鸿门宴、垓下之战四个关键环节，展现项羽充满豪气与悲剧色彩的一生，并揭示他成败兴亡的各种因素。特别是"鸿门宴"一节，把项羽的率真守信与刘邦的权诈多变有意作了对比性描写，确实有令人击节叫绝的效果。

再如《廉颇蔺相如列传》，描写了蔺相如的书生意气、外交才干，特别是他为了国家利益而忍辱负重的大政治家气度；也写了廉颇的武勇刚强、寻衅闹事、知过则改。以"负荆请罪"为高潮的"将相和"，情节起伏曲折，过程扣人心弦，文字张弛有度，人物性格鲜明突出。

司马迁笔下的另一个重要人物是魏公子信陵君。有一天，信陵君在家里设下酒宴，请了一批达官贵人到场。信陵君对大家说，我有一位重要的客人，你们再等一会儿，随后亲自驾车到侯嬴的住处。侯嬴在干吗呢，在守城门，一个七十岁的老头当老兵守城门。信陵君对侯嬴说，老先生请跟我上车，我请你到家里赴酒宴，上车之后又把上座给了侯嬴。侯嬴对信陵君说，我有个朋友在市井里，是个屠夫，我去你家之前要去看我这个朋友去。侯嬴的这个朋友就是朱亥，一个后来也为信陵君建功立业的人。信陵君马上说："好，听你的。"驾着车就去了市井之上。

信陵君到了市井之上，人们都来围观，因为魏公子太有威望，现在车上拉着一个老头，也不知是什么人，老头让他去那他就去哪。到朱亥住处，侯嬴下车，故意跟朱亥聊天，其实也没什么事，就是耗时间。他一面聊天，一面回过头来用余光扫一下信陵君，考核一下信陵君是不是真的尊重自己。信陵君站在那，驻首站立，一点都没有不耐烦的意思。侯嬴一看，信陵君果真是尊重我的，上车就跟他上家里去了。满屋的贵客都在等，以为是来了多大个人物，结果来了个守城门的老兵。信陵君就说，这是我们国家的大贤人，我今天郑重请他来见面。酒席上信陵君毕恭毕敬，侯嬴一点都不客套，也不致谢，大模大样地接受信陵君的敬意，然后悄悄跟信陵君说，我今天给你做足了面子，意思是说我这样做让大家都意识到你信陵君是一个真正尊重贤人的人。

后来发生了件大事，秦军把赵国都城邯郸包围了，情势非常危急，赵国就派人来向魏国求援。魏安釐王决定派十万大军前往救赵，但就在军队要出发的时候，秦王派了一个使者前来，对魏安釐王说我这次灭赵势在必得，如果你敢救赵，我灭完赵回来就把你们魏国给灭了，吓得魏安釐王赶紧下令大军在边境驻扎，不再前进，救赵一事形同虚设。赵国也有一个著名的公子：平原君赵胜，信陵君的妹妹嫁给了赵胜做夫人。赵胜派使者向信陵君求救，说你魏国大军不前进，赵国危在旦夕，务必请魏公子设法出面。信陵君没有办法，他不是国王，而且魏安釐王本来对信陵君就有猜忌，因为信陵君的威信太高了。信陵君没有办法，只好召集自己有限的一点人马，决定跟秦国拼命去，表示一下自己的心意。

信陵君出兵这件事情让侯嬴知道了。侯嬴过来找信陵君，轻描淡写地说，你要领有限的兵力去拼命，我年岁已高，就不去了。信陵君感觉奇怪，我那么尊重你，关键时刻你怎么跑了。信陵君领着人马走在去赵国路上时，突然觉得侯嬴的行为有点反常，必定有高明的计谋。信陵君就一个人驾车回去找侯嬴。侯嬴说我知道你会回来找我，你领这么一点人，无异于自投死路，有什么实际意义呢，除了表明你是个人之外。你应该取到魏王调兵的虎符，把魏国的大军给夺过来。你找一个人，如姬夫人，只要你出面，如姬夫人必然能把虎符给盗来。如姬夫人的父亲被人所杀，让魏安釐王替她抓捕这个人复仇，可是居然没有抓到。如姬改请信陵君帮忙，信陵君让他的门人出面，很快就把这个人杀掉了，提着首级见如姬夫人，如姬夫人非常感激。如姬夫人非常得魏安釐王宠爱，就趁魏安釐王睡觉之机把虎符盗出来了，交给了信陵君。

侯嬴继续给信陵君出主意，说你带着这个符到前方军营，把晋鄙的军权给夺下来。但晋鄙是多年的老将，也很有谋略，他见到这个虎符会有所怀疑，如果不听命，你只能把他杀了。我给你派个人，就是力大无穷的朱亥。侯嬴说完后，信陵君很难过，因为晋鄙是一代名将，可是现在也没有办法。侯嬴看到信陵君有所犹豫，怕他到了军营之中不忍杀老将晋鄙。就和信陵君约定，我用自杀来为你送行，说着就自杀了。后来信陵君到达前方军营，晋鄙果然见符不信，因为只有虎符而不见魏安釐王的文书。信陵君没有办法，给朱亥使了个眼神，朱亥藏了一个四十斤的大锤，扬起家伙就把晋鄙杀了。信陵君最后挑选了八万军队直奔赵国，把秦的远征军打退了，救了赵国。这个故事中，侯嬴的自杀让信陵君愧对侯嬴，如果信陵君最后下不了手，侯嬴就白死了，所以侯嬴这样的人既有谋略又刚烈，用自己换得了政治大局的转变。再说信陵君救了赵国，但魏安釐王大怒，所以信陵君救赵之后，把魏国军队送了回去，自己回不去，在赵国做了客人。

在赵国，信陵君同样非常尊重贤者，有两位门人，叫毛公、薛公，当时很有贤者的名声，但一个是赌徒，一个是卖姜的人。信陵君想跟两位交友，但别看这两位是社会底层的人，却很讲自尊。名满天下的信陵君去拜访他们，不见。结果信陵君化名前来拜访，放下身价与人交往，三个人一起痛饮畅谈，成为莫逆之交。之后，信陵君才亮明了自己的身份。这个事情传扬开来，不同的人有了不同的反应，平原君赵胜和自己的夫人说，我原来很敬重信陵君，但现在发现他很堕落，在赵国不和贤人大夫交往，而是与市井之徒交往，这算什么。赵胜的夫人把这些话转告了信陵君。信陵君说，我原以为赵胜是个人物，就冲他这句话，他还真不是什么人物。他不知道什么叫尊重贤者，我决定不再和赵胜来往。赵胜知道后，赶紧道歉。

后来发生了一件事，可见毛公和薛公确实有政治见解。秦军包围了魏国，当时有人劝信陵君，你的祖国被包围了，赶紧回去救你的国家吧。信陵君因为对魏安釐王不满，就说这个事不要跟我谈，只要谈救魏的事，我一律不见。这个时候毛公和薛公来劝信陵君，说信陵君你之所以名满天下，是因为你背后有你的祖国，魏安釐王不用你，是他的失误，现在你的国家面临灭顶之灾，如果你不回去救援，那么天下人都会耻笑你，你再也不会有这么高的威望。信陵君一听，有道理，赶紧回去救魏。他一回去，各国救兵就马上赶到，因为信陵君的威望太高，所以不仅把秦兵打退了，而且魏军还乘机进入了秦国的领土，信陵君的事业达到了另一个高峰。人们为什么这样尊重信陵君，那是因为信陵君真正尊重贤人，这是一个让我感动的司马迁笔下的人物。

战国时代有一个特殊的学派叫纵横家学派，活动在这一时期的纵横家都是靠自己的聪明才智，暗中操纵着列国间的战和，很有社会能量。对纵横家人物的评价因人而异。《孟子》中曾提到："景春曰：公孙衍、张仪，岂不诚大丈夫哉！一怒而诸侯惧，安居而天下熄。"但孟子不同意这种观点，孟子笔下："富贵不能淫，贫贱不能移，威武不能屈：此之谓大丈夫"，孟子是从道德角度说的，但景春的观点代表了社会上大多数的意见。司马迁笔下为两位纵横家的代表人物立传，就是苏秦和张仪。司马迁是一个特别爱才的人，对于有才华的人给予特别的褒奖，所以在《张仪列传》的序里，司马迁特别说明张仪等人承受的骂名太多了，我是出于肯定他们的才华、贡献，所以给他们分别立传。可以看出司马迁给人立传的一个标准就是重才爱才。

当然，司马迁由于受时代的局限，在《张仪列传》和《苏秦列传》里用的材料是不可靠的，所以我们看《史记》的《张仪列传》和《苏秦列传》里面用的游说之词，很多都不是他们自己的，都是后人的委托之作。但司马迁通过对这两个人物的描述，却传神地表达了纵横家人物的思想特点以及为人处世的基本风格。我各举一个例子来说明。

张仪小时候很穷苦，后来跑到楚国去，给楚国一个丞相做家臣，地位很低。有一天丞相家丢了一颗玉币，认定是张仪偷的，说是因为张仪贫而无信，这东西肯定是他偷的，就把他痛打一顿，直到昏死过去，然后抬到他家里去。他夫人等到张仪一醒来，就说这都是你到处游说夺取功名害的，你要不是想凭游说来获取一官半职，又何至于受此凌辱。张仪张嘴就说，你看我的舌头还在吗，他夫人笑着说："在！"张仪说："足已。"这说的是纵横家的一个信念，凭三寸不烂之舌，取富贵如探囊取物耳。大史学家就用这样一个小故事，描述了张仪为代表的纵横家人物的内心世界。

再讲个苏秦的故事。苏秦游说到秦国，被秦王狠狠地恶心了几句，落魄回家，他父母不搭理他，他嫂子在做饭不搭理他，他妻子正常织布，也不跟他打招呼。苏秦一看自己在外面碰了壁，回家也没人搭理，心灰意冷，就发了一个狠话，这既是秦王害我，也是我自己学艺不精，又花了几年学揣摩之术，就是纵横家游说的很多技术。当他再次出去时成功了，很多国君都对他很尊敬，甚至说苏秦佩六国相印，其实没有佩六国相印，是为了表示敬重。这时他再度回家，发现情况变了，父母大老远出来接他，嫂子和夫人都对他很恭敬。他就问了一句他嫂子，说你为什么上次对我这么冷漠，这次对我这么好，他嫂子跟他说了句大实话，上次回来无权无势，这次回来可不得了，我哪能不敬重你。苏秦感叹，"此一人之身，富贵则亲戚畏惧之，贫贱则轻易之，况众人乎！"士位利禄不能轻视。这句话谈说了世间的一个现象，但可以折射出纵横家的一个信条，就是人不能不讲究官位利禄，有了官位利禄你才能施展你的才华。

持同样世界观的人在司马迁笔下还有很多。司马迁在《李斯列传》里面提到，李斯没有飞黄腾达的时候，他对老鼠有一个观察。我们看到老鼠多了，但不会产生太多的感悟。他说仓中鼠，即生活在粮仓中的老鼠，吃的是很多的粮食，脑满肠肥，见到人也不害怕；但你再看那厕中鼠，生活在肮脏之处，吃的是肮脏的东西，一身瘦骨，见到来人赶紧逃避。都是老鼠，地位就不一样。所以李斯就感叹道，人跟老鼠一样，一定要做仓中鼠，而不能做厕中鼠。我并不认可这是普遍的价值观，但在物欲横流的社会里，它至少反映了一部分真实。对那些想尽一切办法向社会上层攀登的人，我们要表示一些理解。

我们再看看司马迁笔下另外一个智慧的人物——范蠡。范蠡辅佐越王勾践打败了吴国，最后做到春秋五霸最后一霸。范蠡选择了急流勇退，向勾践辞职，勾践大吃一惊，说我们同甘共苦，刚刚胜利，刚要一起分享胜利的果实，你为什么要走，不再与我合作？如果你非走不可，我宁可先杀了你。勾践这个挽留人才的方法可是够绝的了，但范蠡回答说：大王行大王的意志，微臣行微臣的意志，你现在若是不杀我，我可就要走了。范蠡后来还写信劝好朋友文种也走，说越王这个人可以共患难，但不可以同富贵，我们在这里继续干下去，没有好结果。文种不听，留下来继续为国服务，最后被杀。范蠡则泛舟于五湖之上，史书上记载他经商后曾经三次暴富，然后三次散尽家财，用从政的智慧来经商。

范蠡住在陶地时，生了个小儿子。小儿子从小生长在富贵之中，养成了花钱如流水的习惯，而范蠡的大儿子小时候受过苦，知道挣钱的艰难。这时范蠡的二儿子在楚国因杀了人而被抓了起来。范蠡认为，家里有千金财产的孩子，是不应该在大庭广众面前被处死的。于是就要求他的小儿子，去楚国探视一下，看能不能救出哥哥。

长子听说了，要求让他去办。范蠡不答应，长子觉得很委屈，感到范蠡不相信他，认为自己无能，就要闹着自杀。范蠡没办法，叹息了一声，只好让长子带了两万两黄金去了楚国，并写了一封信给他从前在楚国的好朋友庄先生。

范长子到了楚国，见到庄先生，把父亲的信及两万黄金给了他。庄先生收下信和黄金后对他说："你赶快离开楚国，即使你弟弟被放出来也不要问为什么。"庄先生是个耿直讲信誉的人，虽穷困潦倒，但上至楚王下至百姓都很尊重他。范蠡的长子却担心把钱送给他，不会起什么作用，所以他没有听从庄先生的话立刻离开，而是继续留在楚国，并用私带的钱去贿赂楚王身边的人。

庄先生找到一个适当的机会对楚王说：某星出现在某个位置，对楚国不利，要他施恩德以避害。楚王听信了庄先生的话，准备大赦天下。楚王身边的人听到这个消息，赶紧告诉范长子。范长子认为只要大赦，他弟弟肯定会被释放，白白给庄先生那么多钱实在太可惜了，于是他又去见庄先生，想把那些黄金要回来。庄先生见到他很吃惊，问他为什么不走。范长子说："楚王准备大赦，我弟弟没事了，特来向你辞别。"庄先生一听就明白了他的意思，就把黄金还给了他。范长子很庆幸这次既救了弟弟，又没有失去黄金。

庄先生对范蠡长子的所作所为，觉得很羞愤，于是又去见楚王，对他说："我听别人议论，这次你大赦天下，完全是因为陶朱公儿子的缘故。"楚王很生气，我大赦天下，完全是为了施恩德，怎么会因为他的儿子呢？于是就把范蠡的二儿子杀了，杀了之后才宣告大赦天下。

范蠡的长子把弟弟的尸体运回家的时候，很悲伤。范蠡说，我早就知道会有这个结果的。他不是不爱他的弟弟，而是他太爱金钱了，这是因为他年轻的时候和我一起置家产，深知钱财来之不易，看得重。而小儿子生而富有，不知钱财来之不易，所以他会轻易舍弃财物，这一点长子做不到，我知道这是他的本性。范蠡把世上的人情世故看得很透彻，一个人的生长环境，对一个人一生性格的形成，影响很大。

我再举一个例子来看人情世故。有个人物叫叔孙通，在秦二世的时候已做官。陈胜起义的消息传到咸阳后，秦二世征集所有儒生，商讨对策。其他人都说现在天下形势危急，要赶紧想办法剿灭叛贼，秦二世都很不高兴，给了惩罚。轮到叔孙通讲了，他说，这些算什么，国家形势安定得很，国家强大得很，那些各地的毛贼，陛下完全不必放在心里，过了几天，地方官就都把他们给镇压了，你不用操心，太平无事。同僚非常不满，说叔孙通算什么东西。叔孙通就跟他们说，如果我刚才讲半句真话，我的命可能就完了，我现在能逃出来，很幸运。他回到家里，跟学生说，收拾东西赶紧跑。这个故事里有一个智慧点，就是别觉得你的主人都值得你去为他卖命，看好了，碰到专制的暴君，该跑的就得跑，保住自己，才有更好的发展。

叔孙通后来跑到刘邦那去，但他只给刘邦推荐能打仗的人才，跟着他多年的学生，一个都不推荐。学生给老师提意见，说我们跟先生这么多年，有机会你给我们也美言几句谋个官职啊。叔孙通说，现在是战争年代，需要的是斩将夺旗之士，你们能有这本事吗？你们放心，有机会时我一定推荐你们做官，但现在不是你们出世的时候，你们跟着我就行了。

战乱一结束，叔孙通就给刘邦提建议了。刘邦登基做了皇帝，但跟着刘邦打天下的大多是草莽武夫，这些人还把皇帝当哥们，经常一起喝酒，一喝醉就争谁的功劳大，一吵起来就拔剑往柱子上砍，喊着刘邦的名字叫他过来喝酒，场面混乱。叔孙通就向刘邦提出来说，解决朝廷场面混乱问题的唯一办法是制定礼仪，臣愿意带着自己的学生给陛下策划一套礼仪方案。叔孙通先征集鲁地的儒生，与他的学生起来制定朝仪。鲁地有两位先生，骂叔孙通太过权变，现在天下战乱刚平，哪是制定朝仪歌功颂德的时候，我们不跟你一起做事。叔孙通就说你们真是俗儒，蔽儒，完全不懂得思变。他找了几个合作者，与他的学生一起制定朝仪，制定好了之后，先进行演练，演习了一个月，然后请刘邦过来观赏。朝仪非常有规矩，三呼万岁，场面宏大，刘邦非常高兴，要奖赏叔孙通。叔孙通先生趁着主子大悦之际，缘竿而上，把他的学生荐了上去，刘邦先生乃一一封他们为"郎"（类似现在次长、司长、科长之类的官）。叔孙通先生非常会做人，刘邦先生赏了他五百斤黄金，他也转送给学生，学生欢呼雷动，赞曰："叔孙先生真是圣人，知当知务。"

在刘邦圈子里，还有一个人物是充满了智慧的，就是陈平。陈平是个战略家，原来在项羽手下做官，但他的建议并未被项羽采纳，就打定主意去投奔刘邦。去投奔刘邦途中坐船过一条河，船到中央发现船工眼色不对，因为陈平当时穿着礼服，好像身上鼓鼓囊囊，船工就动了念头，要杀了他夺金银财宝。陈平灵机一动，跟船工说我来帮你摇船，然后把衣服一件一件往外脱，一直脱到裸体，意思是别以为我身上有金银财宝。船工一看他没钱，就不杀他了，这是陈平的一次脱险经历。陈平到了刘邦门下，因为很机智，很受刘邦重用。后来有一个说法，刘邦因为信任陈平，给了陈平很多金银财宝，陈平有一些贪污腐化，就开始有人就说陈平这个人本性就不好，盗嫂兽奸，说他跟嫂子通奸，但他根本就没有嫂子。刘邦就问他，你有没有盗嫂兽奸的行为。陈平回答，你先不要问我有没有这事，我先问你，你要用我是不是用我的才能，如果你是用我的才干，你就相信我。刘邦一听，觉得不错，不顾别人的反对继续重用陈平，还给了陈平一个护军将军的职务，就是监视其他将军的将军，以表示对陈平特别信任。陈平号称六出奇计，帮刘邦度过了许多艰难的时刻。

在刘邦去世前，面临内争，皇后吕氏要极力维持太子的地位，即后来的汉惠帝。但刘邦宠爱戚夫人，就想立戚夫人所生的赵王如意为太子，风声传了出去。刘邦病重的时候，有人向他举报，说樊哙将对赵王如意不利，因为他跟吕后家有亲戚关系。刘邦非常恼火，觉得樊哙拥有兵权，肯定会对自己的宠妃不利，就叫陈平和周勃来宫，让他们到军前把樊哙处死，提着首级回来见自己。陈平对周勃说，如果我们把樊哙杀了，看现在皇帝的身体状况，咱们回来皇上要是死了，吕后当政，咱们把她的妹夫杀了，还有我们的好事吗？陈平和周勃决定不做这样的恶人，只是把樊哙绑着押回来，管你杀与不杀。走到半路，果然传来消息高祖驾崩。陈平让周勃押着樊哙慢慢走，自己赶紧回到京城，在现场从容应对。刘邦去世后果然大权落在吕后手中，此时吕后要立吕氏为王，但汉高祖去世之前，跟群臣有一个约定，就是非刘氏不王，非有功者不侯，非刘氏而王者，群起共诛之，即白马之盟。吕后跟大家商量，丞相王陵很实在，说我们当年跟高祖起过誓，不是姓刘的不能封王。吕太后很不高兴，就问周勃与陈平意见怎么样。陈平说，高祖打天下，封刘氏为王，很正常；现在是太后你坐天下，你要封吕氏为王，也很正常，我们不反对。吕后很高兴，王陵因为反对，吕后把他封为太傅，名义上官位更高，实际是没什么权力的官。

王陵气得要死，质问陈平，说当年起誓时你也在场，你现在这么阿谀女主，将来你到了地下，如何见高皇帝陛下？陈平回答："今日之事，面则庭争，吾不如君，日后安刘氏天下者，君不如我。"即你今天公开持反对意见，这点我佩服你，你是厉害，但是将来安抚刘氏天下，你必不如我。你现在反对不管用，要等吕后死了之后再说，我现在用这种方法保住了官位，我才能有所作为。以后事态发展果然如陈平所言，吕氏一死，周勃和陈平发动宫廷政变，消灭了吕氏，控制了政权，换了皇帝，重新安排了政治格局。这就是政治家的大聪明之处。政治家的智慧、气节不能按照一般人来要求，有时候搞点权术，灵活处理，那才是政治家。

最后，我想，历史有三个层面，一个是历史上真实发生的历史；另一个层面是史学家记载在历史上的事情；第三个历史层面，是读史的所得。每个人读的历史的教义、得到的启发是不同的。今天是我读《史记》的感悟。每个人心中都有不同的《史记》世界，希望以后与大家继续切磋。

王博 1982年考入北京大学哲学系本科，1992年博士毕业，毕业后留在北大哲学系任教至今。1994年被评为副教授，2004年评为教授，现为北京大学哲学系主任，博士生导师，国家新世纪优秀人才。担任《道家文化研究》副主编。1999年至2001年两次成为哈佛燕京访问学者。主要研究方向是中国哲学史、道家哲学、出土文献研究、《周易》研究和早期经学研究。主要专著有：《老子思想的史官特色》、《简帛思想文献论集》、《易传通论》、《庄子哲学》。发表论文60余篇，包括《早期儒家仁义说的研究》、《早期出土文献与经典诠释》、《道家与人文精神》等。

道家的精神气质

上篇

讲道家，要有儒家的铺垫和背景。我经常会做一个比喻，儒家像春天，道家像秋天，你如果想了解秋天必须先了解春天。儒家是中国人生命中最重要而且是最根本的一部分，这种力量是你无法想象的。"文革"时候对儒家进行了一个系统而且自觉的批判，但是儒家的生命力并没有破坏掉，你会感觉到它的力量。这种力量主要由两个东西构成，第一个是爱，儒家哲学首先是爱的哲学，这是儒家扎根中国的根本理念。教导别人仇恨的哲学是没有生命力的，比如三十年前片面理解的马列主义，教人仇恨，人为对社会进行割裂，使得家庭关系被撕裂，朋友关系被撕裂，整个社会陷入恐慌。在座的大部分都有孩子，从小对孩子进行仇恨教育，长大以后会是个变态的人，或者会成为一个疯子。恨不需要学，但爱是需要塑造的。我们进行爱的教育，就是要塑造一个生命，让人从仇恨的状态里面摆脱出来。爱的教育对生命来说是最重要的东西，也是儒家之所以能成为中国文化根本的最为重要的因素和理由。

儒家的爱可以用一个词来表现的，这个词就是仁。左边一个人，右边一个二，什么意思？我听到过的最经典的答案就是"一个很二的人"，也许可以理解为一个懂爱的人就是"很二"的一个人。《红楼梦》里宝玉就是一个"很二的人"，史湘云叫宝玉就是二哥哥。我的一个解释，仁就是两个人。两个人什么意思？不仅你是人，我也是人，我们都是人。简单的东西你未必能够真的理解，你最不了解的人可能就是你身边的人。各位可以思考一下，我们有没有把身边的某些人当人？我们有没有把领导当人？我们是很多时候是把他当成"人物"。什么叫人物？物就是东西，人物就是人这个东西，当然总比不是东西好。

我们的生命经常被角色化，被名分化。生活的经验告诉我们，一个下级和一个上级，一个科长和一个局长，一个秘书和一个领导，打交道的时候是两个东西的交往，两个角色在交往，两个名分在交往。要把对方当成人是很困难的事情，因为先要剥离掉角色带给你的东西，你要忘掉某些人是领导人，忘掉某些人是民工，忘掉某些人是看门的。把别人当人，实践爱的哲学，并不是一件容易的事情。

爱是可以带来温度的，温暖的感觉是爱带来的，所以有时候读儒家的书感觉像春天，读你千遍也不厌倦。试设想一下孔子的形象，孔子就应该是一个如沐春风的形象，是一个非常有爱心的人，不像是我们讲儒家的夫子。张岱年先生说孔子经常唱歌，晚春时穿着春天的服装，五六个人，一帮大人小孩到河边去泡泡水，在高台上唱唱歌跳跳舞，踏着歌声回来，这就是孔子的形象。孔子是一个很可爱的老头，当然也是一个比较循规蹈矩的老头，一个爱的哲学塑造出来的生命。

除了爱，儒家最讲的就是规矩。规矩在儒家里面有一个词，这个词就是礼。孔子对他的得意门生说过："非礼勿视，非礼勿听，非礼勿言，非礼勿动。"礼是把人凝聚在一起的东西，要创造一个比较和谐的世界，规矩很重要。儒家思想有两种，一种是软的爱，一种是硬的规矩。规矩不是限制你，试想一个没有规矩的人在社会上走不了多远，连门都出不去，没有人喜欢不懂规矩的，这是儒家的东西。

道家不一样，读《老子》、《庄子》，会有什么感觉？你会觉得走入了另外一个世界。如果说儒家是给人很温暖的氛围，道家就是把你带入五台山，上面写着四个字：清凉世界。道家就是一个清凉世界，有时候还会感觉到一点冷，清冷。儒家拼命讲爱的时候，道家讲的是不爱的哲学。有一种爱叫做不爱，这就是道家对生命和世界的理解。

老子是一个洞明世事的人，他讲"绝圣弃智，绝仁弃义，绝巧弃利"。为什么要把心目中的神丢掉，一定有他的理由。读老子的书读到"大道废，有仁义；智慧出，有大伪；六亲不和，有孝慈；国家昏乱，有忠臣。"这样的奇谈怪论，它给你一种震撼，如果你仅仅接受过儒家教育，你会感觉被伤害了。它伤害了心里的一些信念，对仁义的信念。如果读庄子，受伤害更多。庄子讲圣人都是替大盗服务的，给窃国大盗服务。偷个钩子你成了小偷，被杀掉，但是你要偷这个国家你就成了君主。庄子接着说"诸侯之门，而仁义存焉"，这是对社会的深刻观察，只要当了君主你就是圣人，你就是仁义的模范。这个世界不就是这样的一个世界吗？道德变成了一个幌子。

道家就发现了这个世界是双层的，是一个分裂的世界。这个世界好比是一个双层大戏，一层的世界是哄小孩的，我们会教育小孩要"表里如一，言行一致"。老子和庄子会告诉你这个世界就是表里不如一，言行不一致。如果你是表里如一、言行一致，你永远只是小朋友，走不进政治世界。政治世界是最最虚伪的一个世界。老子是政治世界的高手，他在中央政府服务了几十年，身居高位，是大智者。这个世界要看你能够进去多深，儒家进去了一些，道家进得更深，这就是成长。

庄子的话儒家不会说出来，也不愿意说，因为儒家想塑造这个世界，想把这个世界变成一个温情脉脉的世界，用温情来抹平许多的鸿沟。道家说我不能忍受这种欺骗，不能忍受每天压迫剥削着我还说在为我服务，我要告诉你真相。这个世界的真相总是残酷的，如果是道家，首先要具备坚强的心理，不能很脆弱，不能像小孩一样遇到委屈了需要大人的安慰。庄子说过一句话，"相濡以沫，不如相忘于江湖"，道家是很清冷的世界，一个坚强的心灵。

儒家带给我们的感觉是厚道，道家带给我们的感觉是高明。儒家很实在的，讲要对人好，我对你好，"己欲利而利人，己欲达而达人，己所不欲勿施于人"，这是很实在的东西。道家高明，它看到了另外一层，入木三分，入人三分。高明很重要的一个表现是虚伪，不光明。但我再强调一遍，虚伪不是一个贬义词，每个人的生命里面虚伪都是非常重要的一部分，我们每个人都会或多或少说一些漂亮话，就是虚伪的话。老子说了八个字，"信言不美，美言不信"，真话都是不美的，漂亮话都是不真的。有时候真话比假话更残酷，如果亲人得了癌症很多人不告诉他，这是虚伪的，是玩假的，但这是爱的表现，爱的证明。虚伪不是一个坏的事情，有的时候是爱的表现，但是虚伪更多的时候是一种生存智慧。

我们为什么要虚伪？很重要的一点是因为我们要跟这个世界交往，我们要面对这个世界。这个世界是真的还是假的？这是一个大问题，不同的回答是不一样的。《红楼梦》在中国古典小说里面占有很重要的位置，因为《红楼梦》不仅仅是个小说，还是人生和世界的反省，是哲学。《红楼梦》的作者曹雪芹是坐过山车的人，他的一生上去再下来，很颠簸的生命。你可以去体会当初他写《红楼梦》的时候他把他对世界的理解都倾注到这个小说里了。《红楼梦》里有很多真假的问题，第一回里面出场的贾雨村，这就是真假，假作真时真亦假。曹雪芹把他整个故事安排在贾府的时候，他心目中的世界就是"假"府，这就是他的理解。

最典型的悲剧是林黛玉，从哲学的立场讲林黛玉的悲剧是什么？以自己真实的生命去面对这个虚伪的世界。林黛玉的生命是真实的，她爱谁丝毫不掩饰，讨厌谁也表现得淋漓尽致，但一个真实的生命在贾府里面是不受欢迎的。薛宝钗是个悲剧，但她有成功的地方，最后跟贾宝玉成婚了。曹雪芹对她有评语：薛宝钗是山中高士，高明的人。薛宝钗是一个舞者，她可以和很多人跳舞，而且跟每个人都可以跳得很好。她很大的特点就是周旋，周旋是对舞者很好的形容。

生活里我们每个人都是舞者，跟不同的人跳不同的舞，这个时候你一定是虚伪的。薛宝钗就是典型的道家的生命。这个时候我们再想想老庄，老庄怎么读，"老装"，庄子叫什么，庄子叫庄周，要装得很周到。一个人装一次并不难，难的是一辈子都在装。

庄子就是很能装的一个人，你如果有机会去看元代的戏剧，有一个故事是讲庄周戏妻，来源于"庄周妻死，鼓盆而歌"这个故事。庄子被评为古今第一才子，这个称号当之无愧。这个才子了不得，按理跟着他可以吃香的喝辣的。因为他太有才了，很多地方的人想请他做官，其中楚国的国君最有诚意，让他做相。结果他不干，为什么不干？他说有两种动物，一是牛，二是猪。你看牛高高大大的，贵族国君都喜欢它，给它做很好的房子，每天给它洗澡，但伺候好了最后他们是要把牛送上祭台的。我们有个词，牺牲，都是牛字旁，牛是送给天神的礼物，因此牛经常成为牺牲品。这个世界就这样，牛人经常成为牺牲品。庄子说我不要做牛，看起来很牛，但是要挨一刀；猪就不一样，每天没人待见，吃的东西又脏又臭，每天在污泥中打滚，但是猪有好处，自由自在。他说我宁可做在污泥之中嬉戏的猪也不做很牛的牛。庄子这样选择，但他夫人不干了，怨气越来越多，她本来以为庄子在期货市场能挣大钱。最后庄子的太太只好移情别恋，爱上了邻居，比较富贵的人。庄子玩了一招，装死。庄子一装死他的太太就露馅了，哭了三声然后转投到邻居帅哥的怀抱。庄子又活过来了，妻子羞愤自杀，庄子鼓盆而歌。

这个装是为什么？是因为他要去面对这个虚假的世界。我们每个人都要提一个问题，当你面对一个虚假的世界的时候，你要采取一个什么样的方式来生活，这是一个大问题。你明明知道这个人是个虚情假意的人，你要怎么对待他，这是一个问题。老庄的做法就是装，装什么？第一个是装糊涂，第二个叫装孙子，不仅要装孙子还要老装孙子。战国的时候有几部书很有名，《老子》、《庄子》、《孙子》，合起来就是老庄孙子，就是"老装孙子"的智慧。

人的成长过程，从一个角度看就是从真实走向虚伪的过程。什么叫野蛮人和文明人？有不同的理解和定义，野蛮人就是不加掩饰的人、真实的人，文明人就是虚伪的人。小孩子是非常真实的，童言无忌，他说你老你就是老，一看就知道什么人叫爷爷，什么人叫叔叔。但人越成长越虚伪，西方有个寓言叫《皇帝的新衣》，中国版的"皇帝的新衣"是《指鹿为马》。赵高拉着鹿到朝上，没有人敢说是鹿，都说是马。从真实走向虚伪的过程就是成长的过程，你要适应这个世界。文明有时候就意味着虚伪，比如吃饭的时候美酒佳肴上来了不能吃，要等一个人。如果是小朋友的话他不会等，但我们会等，为什么？礼貌，礼仪。有时候这就是虚伪，想吃不能吃，但它是文明的一种体现。道家是更高一点的东西，对我们很多人会有触动，来自不同方面的触动。《老子》是讲在政治世界如何能够生存进取的东西，老子确实是一只老狐狸，不是一只小狐狸。

我们看一个人最核心的就是一个东西，看一本书也是一样，可能这本书五万多字，核心就是一个字。读《论语》就是一个"仁"字，读《孟子》就是"仁义"，加了一个"义"。有人说读《老子》是"道"，有人说是"德"，都不是，是"柔"。我有时候用七个字讲《道德经》，"老道，柔道，下水道"。什么是老道，是说一个人有很成熟的处世智慧，不是毛头小伙子了。前面说道家像秋天，秋天是一个成熟的季节，一般来说人到了四十多岁应该比较成熟了，当然有人到了八十岁也不成熟。成熟是一个很痛苦的转变，成熟的季节并没有一开始那个生机勃勃的季节那么美。但很美丽的岁月是不真实的世界，春天的花就是不真实的，因为秋天的时候大部分花都没有结果，所以它是不真实的。孔子听说老子的大名，专门到中央所在地洛阳问礼。老子跟毛头小伙子的对话，说年轻人我没有钱帮助你，但是有话告诉你，"良贾深藏若虚，君子胜德，容貌若愚。去子之骄气与多欲，态色与淫志，是皆无益于子身"。就是说一个好的商人不应该把自己搞到富豪榜的第一位，如果搞到第一位一定是一个不好的商人。不要把钱贴在脸上，一定要虚伪，这就是老道。智慧就是明明很牛，但是把自己当做猪，这就是智慧。

年轻人凡事都会冲在前面，当兵为什么都喜欢找十八九岁二十岁的，为什么不找四十多岁的，因为年轻人好忽悠，一说冲就上去了，结果壮士一去不复返。"勇于敢则杀，勇于不敢则活"，这是年轻人不懂的智慧。我们说上善若水，水是柔这个道理最明显的体现。老子里面很多对水的赞美，就是对柔弱的赞美，但是你千万不要有误解，千万不要以为柔弱是软弱。柔弱是真正的强者的表现，而且柔弱仅仅是一个态度，仅仅是一个姿态。柔弱什么呢？是为了帮助你实现更大的一个愿望，当然你也可以说更大的一个欲望。很多人觉得老子的哲学是消极的，如果这样理解是你没有读进去，没有了解这个生命。这是一个以退为进的生命，是一个智慧的生命，不像儒家那么看重面子但是非常看重里子的生命。年轻人比较好面子，但是老家伙从来不好面子，他们好里子，看重最实际的东西。

老子讲柔弱的时候讲了很多，他说"天下若柔弱于水而攻坚强者"，水滴石穿，水和石头之间的战争永远是水的胜利。曾经那么有棱角的石头在水的柔情按摩之下，慢慢地棱角都没有了。柔是一个很持续也很坚强的一种力量，而且是无坚不摧的力量。老子讲过一句话，"人之生也柔弱其死也坚强"。我现在活着可能弯腰举手，哪天我死了我还能这样吗？肯定不能这样子，其死也坚强。老子在这里要表达的就是柔弱的人和坚强的人结局是不一样的。

柔弱是一种要不断地去体会这个东西，是一种最持久的力量。有个雕像，雕的是很瘦弱的老子，老子吐着舌头。他吐舌头是要向世界呈现一种智慧，为什么我的牙齿没有了而我的舌头还在。牙齿是硬的，不断跟这个世界碰撞碰，所以它掉了，舌头是柔软的，所以还在。这就是讲的"人之生也柔弱死也坚强，草木之生也柔脆死也枯槁"。小草我们是踩不死的，因为它柔弱，但是当它枯死了，一掰就断。

刚才讲到了老子一个很另类的话："勇于敢则杀，勇于不敢则活"，这个话很多年轻人不理解的。我现在带各位进入老子的三宝世界。这三大法宝是什么？"一是慈，二是俭，三是不敢为天下先。"

慈，我们经常讲仁慈，但今天这个慈不是仁慈。慈是什么东西？慈让我们想到母亲，想到严父慈母。严是什么？是用自己的标准去要求小孩，我要塑造一个生命，指条路你就要走，比如说贾政对贾宝玉说你要走仕途。慈是什么？慈不是别的，就是宽容。儒家的仁爱很美，但有问题，它最大的问题就是推己及人，从自己出发。宽容是从无我出发的，而从自我出发会把自己的喜怒哀乐强加于人。从自我出发，带给别人关心和爱的同时也带来了压力，从无我出发，则会很轻松。宽容就是作为一个领导并不要求下属的想法跟自己的一样，我喜欢穿中山服，他可以穿西服，穿运动装。宽容就是允许不同的东西存在，不搞阶级斗争。读老子会获得一种感动，一种更内敛的感动，比儒家更深厚的一种感动。老子曾经说过："善者善之，不善者亦善之，德善也。信者信之，不信者亦信之，德信也。"打个比方，就是对工、农、商要好，对"地、富、反、坏、右"也要好，不要唱"朋友来了有好酒，豺狼来了有刀枪"。"信者信之，不信者亦信之"，这是一种什么情怀，像水一样，包容。

老子曾经讲过："是以圣人恒善救人，故无弃人；恒善救物，故无弃物。"圣人不放弃任何一个人，但怎么救？用智慧的方式救。他不是说过节到你家看一下，给你两百五十块钱，放二百五十斤面。这种东西够你过一个礼拜，但时间长了不管用。老子的方式是通过宽容给你自己创造生存的空间。从毛主席到邓小平，就是从儒家到道家的变化，邓小平搞的某些政策其实就是无为，讲自然，让老百姓可以自己做主。比如说联产承包责任制，这就是变化，就是宽容，就是慈。

老子书中的一句话非常有深意："圣人恒无心，以百姓之心为心。"这是中国文化里最伟大的话之一。儒家讲为天地立心，道家讲圣人恒无心。把自己的心当成老百姓的心，试问，你安的是什么心？儒家这样一个爱、这样一个心包含着很多专制的成分。"圣人恒无心"，如果你做一个领袖，没有自己的私心，以百姓心为心，不把自己的心当成别人的心，这就是宽容，这是一种多么伟大的精神。

第二个宝，俭，这个俭不能理解为节俭，要把俭读成敛，收敛的敛。收敛的反义词是张扬，张牙舞爪。人生为什么要收敛而不能张扬？张扬意味着你在这个世界想占据更大的空间，螃蟹横着走路是会给别人带来麻烦的。收敛就是节制，节制也就是示弱。示弱的反义词是逞强，节制的反义词是放纵，一个逞强的生命是什么生命？一个放纵的生命是什么生命？我想举几个放纵的生命做例子，第一位是秦始皇，第二位是西门庆，第三位是贾宝玉，他们分别在权力、欲望和情感上作出了贡献，使我们不走重复的路，当然很多人要重走他们的路，我们也没办法。

秦始皇拥有亘古未有的权力，他想千秋万世，结果二世就没有了。一个强大的秦朝只用了十几年就土崩瓦解，为什么？就是因为权力的放纵。他的权力是无所不在的，各级官吏和老百姓的生活全部由他控制。我们经常讲不要把别人逼急了，狗急了还跳墙，人急了会如何？当你把别人的生存空间全部挤压干净的时候，你把人逼到墙角，还要再往前逼，他不会束手待毙，会反戈一击。陈胜吴广只是迟到了，但这是死罪，这样也是死，那样也是死，还不如过把瘾再死，所以陈胜吴广起义了。

第二位是西门庆。我经常说西门庆是菩萨，他有一种情怀，我不下地狱谁下地狱。西门庆是大帅哥，是大富翁，是个大贵人，风流倜傥，《金瓶梅》描述了西门庆从二十七岁到三十三岁短暂的人生。西门庆是一个放纵的生命，一个女人不够，两个还不够，三个四个五个，九个十个，一直数下去。西门庆同志以一敌十，寡不敌众，最后靠吃伟哥，还是进口的，胡僧给的药，最后一命呜呼。男同志要好好研究一下西门庆，因为他提供了一个反面教材。所以不要逞强，应该有说我不行的勇气，这是一种智慧，勇于不敢的智慧。

西门庆是放纵，贾宝玉也一样，只不过他放纵的是情感，不是欲望。贾宝玉见一个爱一个，这种情感放纵的结局是什么？就是破产。各位可以看到，秦始皇、西门庆、贾宝玉犯了同样的错误，导致的结局就是死亡。放纵就是死亡，放纵就是毁灭。庄子曾经讲过："吾生也有涯，而知也无涯，以有涯随无涯，殆已。"什么意思？每个人的生命是有限的，这个世界是无限的，不要把有限的生命投入到无限的工作中去。比如在大海里游泳，游了五十米，防鲨网过了，再往前游，越来越恐怖。一个有限的生命面对无限的大海，如果你继续往前游，就是死路一条。我们的生命不就像在大海里游泳吗？金钱就是大海，权力就是大海，欲望就是大海。电影《宝贝计划》里面有一句话很经典："大哥，我最近突然明白一个道理，我发现我们的生命是有限的，这个世界的美女是无限的，不能把有限的生命投入到无限的泡妞当中去。"这就是节制，节制的前提是你认识到在世界面前你是渺小的，你太渺小了。权力再大，钱再多你算什么，在世界面前连九牛一毛你都不是，这个时候节制太重要了。

节制的另外一面是分享。这个世界是用来分享的，不是某一个人独占的。这个蛋糕是我们大家来吃的，你可以多吃一点没关系，你吃二两，我只吃一钱，也可以，但你想吃二两半而我一钱都没有，这就有问题了。换句话说，千万不能"只许州官放火，不许百姓点灯"。

我们需要收敛，很重要的一个表现就是"不敢为天下先"。不敢为天下先是有前提的，你已经是天下先了，你已经到了山顶了，还要怎么样？再爬就摔下去了。换句话说你已经是爷爷了，这个时候你要装孙子，装孙子是什么意思？表明你已经是爷爷了，你如果是真孙子的话你不用装。不敢为天下先不是说没有进取精神，你如果看老子不敢为天下先，后面还有一句话"故能成器长"。什么叫"器长"？就是大领导，不敢为天下先才能成为大领导，不敢为天下先才能成为带头羊，这就是智慧。有时候不大考虑自己，自己的利益反而得到最大的保全，一个人能做到不自私，反而能成就自己私人的东西。我怕大公无私的人，大公无私的人是最有私心的人，老子把这个天机泄露出来了。儒家有时看老子讲的这一套，觉得阴毒、刻薄，朱熹就讲老子就是刻薄、狡诈、阴险，如果把老子的书当做阴险的书读确实可以教给你很多阴招。

老子的智慧，它既是提供给君主的，也是提供给这个世界的，背后是一种博大的情怀。所有的圣人都有一个大的慈悲心，只不过表现的方向是不一样的。孔子、老子、释迦牟尼，可能都有这样的心肠，表现不一样，可以互补但是不可以互相排斥。大家看这三宝，都是柔弱，都是示弱，都是节制或者宽容。

下篇

北大哲学系中国哲学专业，有一个北大之最，它是北大平均寿命最长的一个单位。我们专业里面几位老先生都活了九十五岁，比如梁漱溟先生、冯友兰先生、张岱年先生都活了九十五岁。活九十五岁不容易，那么多的坎坎坷坷，大概是因为学了哲学，特别是因为学了中国哲学。为什么哲学会让人长寿？记得张岱年先生走之后，有个记者给我打电话，让我作一些评价。我当时说了两句，一是"坦荡荡"，二是"看得开"。这两个东西，一个是儒家，一个是道家。

《论语》上说："君子坦荡荡，小人长戚戚"，就是说做事情要光明磊落，不违背自己的良心，不违背一些基本的规矩，这就是坦荡荡。"看得开"也很重要，人生不如意之事十之八九，这个世界不如意的情况可能更是十之九九，但是你要看得开。有时候一个人的心胸有多开阔，一个人的智慧有多大，就看他能不能憋。学游泳要练憋气，憋气可以考察肺活量有多大，可以看出你的心量肚量有多。我对太太有意见，我就是不说，只说太太伟大光荣正确，每天这个样子，这就是度量、气量，这其实也是一种理解，也是一种智慧。

嘴巴最重要的功能是什么，是沉默。《周易》里面曾经讲过一个爻辞，是坤卦，它用了一个词叫括囊。什么叫括囊？就是扎紧你的口袋，扎紧你的嘴巴。说话真的是很重要的，不然经常是既伤人又伤自己。《周易》讲过一句话，说"言行，君子之所以动天地也，可不慎乎？"你的一句话可以让地动山摇，这是语言的力量。我们想自己，语言对自己的伤害有多少，我们很多的挫折和伤害是从什么地方来的？其实有的时候跟这个口有很重要的关系。所以，有时要像我上午讲的那样，要"老装"。装什么？装糊涂。装糊涂是一种智慧，是一种生存智慧，也是一种政治智慧。

唐朝的一个皇帝唐宪宗，手下有一个将军郭子仪，郭子仪的儿子娶了公主，夫妻吵架，被皇帝知道了。郭子仪向皇帝赔罪，皇帝讲了一句非常老到的话，他说"不聋不痴不做家翁"，家翁就是家长。什么样的人可以做家长？聋一点，痴一点，如果你不痴不聋就装聋装痴。老天爷对我们人是非常厚爱的，他让我们年纪大了，眼睛没那么好使，耳朵没那么好使，然后脑子也没那么好使，这是对我们的爱护。你说你都老了，看那么清楚干吗，听那么清楚干吗，脑子那么清楚干吗？有时候老糊涂是智慧，老了还那么清楚就变成了贼，老贼。上午跟各位讲过人成长的过程，生命成长的过程，是从真实走向虚伪的过程，这个时候我再跟各位讲一个过程，就是从清楚走向糊涂的过程，这就是人生。

我们小的时候特别想看清楚这个世界。人小时候经常会问妈妈，这个人是好人还是坏人，看电影的时候是如此，生活世界里也是如此。孩子们想搞清楚这个世界，所以发明了一本书叫《十万个为什么》。但你到了四十岁你每天还在问老师为什么，这就比较奇怪了。我不是说我们不要问为什么，而是应该学会去了解和接受那些你不愿意接受的东西，比如说好人跟坏人的问题。我们所有人都是又正又邪，所以很难用好和坏去判断一个人，好和坏的标准在什么地方也是很难回答的。当我们说一个生命是既正又邪的时候就是宽容，太清楚的立场就是要搞阶级斗争，搞分化。婴儿的眼睛很纯净，没有被污染过，我们看看自己的眼睛，会惭愧的。我们的眼睛之所以浑浊是因为我们看这个世界看多了，变得浑浊了，这就是成长。

读《老子》的时候经常用混沌这个词。一个真正的生命、理想的生命，不是井井有条、头头是道的，井井有条、头头是道的生命就是一个刻薄的生命。水至清则无鱼，人至察则无徒。北大校园的风景经常用一个成语来概括，叫"一塌糊涂"，一个塔，一个湖，未名湖，一个图，图书馆，这是北大校园的三大件，合起来叫一塌糊涂。这不仅仅是北大的校园风景，也是北大的精神所在，一塌糊涂，这是对北大最好的赞美。蔡元培用"思想自由，兼容并包"来治理北大，用俗话来说就是林子大了什么鸟都有。北大为什么能够办得那么开放、那么成功，正是因为什么鸟都有，因为什么鸟都有所以这个林子才显得大。批评北大的人会说北大散，不像清华，但散恰恰是北大的精神、北大的灵魂所在，这就是一种"糊涂"的东西。

人要学会装糊涂，尤其是作为领导，这样的话才能够体会到一种上德若谷、上善若水的精神。

一个人怎么样能够包容别人，我们每个人都有切身的经验，如果你特别清楚的话朋友会越来越少，世界会越来越窄，你必须要糊涂，这很重要，这是包容别人非常非常重要的基础，作为一个领导，更应该是包容。

道家的精神主要是给君主讲的，给有权力的人讲的。老子或道家有一个最核心的一个观念：无为。无为什么意思？很多中国人理解无为就是什么都不干。我们经常说要培养一个积极有为、年轻有为的人，现在一听别人夸年轻有为就感到别扭。真夸一个人好，用道家的思维，应该说"年轻无为"。我用最简单的一句话跟各位描述无为的意思 —— 无为就是权力的自我节制。权力自我节制是很困难的事情，我们人类发明了很多权力限制的方式，比如说三权分立、民主制度。权力是个威力无边的东西，权力的力量相信各位都很清楚。

中国古典读物里稍微通俗一点的有两本书，都非常有意思的，一本书叫《三字经》，一本书叫《百家姓》。这两本书的精神方向完全不一样，《三字经》是正面塑造一个生命，人之初，性本善，性相近，习相远，是一个向上的对生命的塑造，对理想世界的塑造。可是如果读《百家姓》的话，你读出的是另一个味道，"赵钱孙李，周吴郑王"，这八个字没有一个字没有意义。

《百家姓》是宋朝编的，宋朝皇帝姓赵，赵排第一位是因为赵是国姓，这代表我们一般的人对世界的理解，这个世界最有力量的东西是权力。权力就是大哥大，这个世界得罪谁都不要得罪权力，孔圣人也是这样说的，他说："君子有三畏，一畏天命；二畏大人；三畏圣人之言。"天命是一种限制，一种命运感，有命运感的人是幸福的人，没有命运感的人都是小人，所以孔子说"不知命无以为君子"，一个了解命运的人才有可能为君子。第二就是畏大人，大人就是有权力的人，如果得罪他会给你带来很多的麻烦。各位，这个世界上除了权力之外第二重要的是什么？钱，非常非常重要的一个东西，是第二大力量。第三个字，孙，什么意思？在权力和金钱面前我们很多人都是孙子。第四个，李。李是什么？就是道理，我们古典小说里面这个李字经常就是道理的理。这个世界有两个道理，有一个冠冕堂皇的道理，还有一个不那么冠冕堂皇的道理，所以这个世界有阳面有阴面。智慧是什么？就是以一个赵钱孙李的世界把两面贯通起来。周吴郑王，王是什么不用说了，普天之下莫非王土，但王还指王道。王道的典型是什么？周朝。可是周朝真的是王道的典型吗？不一定。所以"周吴郑王"，里面包含着它对世界的理解。

权力的力量，既有一种积极的创造力，但又有一种庞大的破坏力。所以权力是需要节制的。权力要节制，一个很重要的环节就是要先认清楚自己的位置。真的像《百家姓》讲的那样，权力是这个世界的大哥大吗？老子说不是，权力充其量不过是个小四的角色。

如果学《老子》，你们会看到有名的四个字："道法自然"，在"道法自然"前面有一段话，"道大，天大，地大，王亦大。域中有四大，而王居其一焉。"意思是说这个世界有四个最大的东西，第一个是道，它是大哥大；第二个是天，是二哥大；第三个是地，这是三哥大；王，也就是天子是个什么角色，小四，王亦大，这就是一个定位。希特勒想把这个地球玩弄于股掌之中，想操控这个世界，但没有人能够主宰这个世界，如果真觉得自己可以主宰世界那么你就是精神病，就是疯子。当然很多的领袖是疯子，疯子也最容易成为领袖，因为疯子一般是有魅力的，有一种独特的魅力。可是你应该学做一个正常人，知道道大、天大、地大、王亦大，王只不过是排在第四。就是一种定位，这就是一种自觉，是自知之明。

"人法地，地法天，天法道，道法自然"，所以一个王要知道自己上面还有地，地上面还有天，天上面还有道，要向道学习。道就是节制，就是权力的自我节制。跟无为相对的有一个词叫自然，什么叫自然？千万不要把它理解为自然界，某些朋友讲环保的时候经常讲道法自然，彻底错了。道法自然是让老百姓以他自己的方式去生活，无为和自然是连在一起的，权力的自我节制会给百姓更大的空间，他就会觉得更舒服，这个就叫自然。

自知之明会发展出一种态度，这种态度就是从柔弱开始的。《老子》的第三十三章有这样几句话，他说"知人者智，自知者明"，知道别人算是种智慧，了解自己是真正的光明，这是大智慧。一个人如果不了解自己，他也很难了解别人，当他把自己看得很伟大时别人就渺小了。自知之明是一个很大的问题，最终的问题就是认识你自己，自己是谁。比如我的名字王博，每次读老子的时候都战战兢兢，因为《老子》第八十一章里面说"博者不智，智者不博"。所以我给自己取了一个字叫少闻，这是认识自己的过程。

《老子》七十一章讲过一段话，足以抑制很多自大狂包括自恋分子。老子说："知不知，上，不知知，病也。"我们现在经常说一问三不知，这是说一个人笨的，你如果读《庄子》的话，一问三不知，一问四不知，是得道的境界。知道自己不知道，这是最高的境界，不知道却自以为自己知道，那是有病。我们很多人生活在病态里面，并不知道什么东西却以为自己知道什么东西，因此我们经常把自己个人的意志强加给别人。但老子也说："圣人不病，以其病病，是以不病。"人知道自己病在什么地方，就能尽量少犯毛病。

老子对权力的自我节制做出一个很强的叙述，他在说明了知人者智，自知者明之后，还讲了这样几个字，即"胜人者有力，自胜者强"。这是《老子》三十三章里面的话，意思是说战胜别人算什么，不过是有点力量而已。一个大人对着一个三岁小孩，一推就倒了，那不是什么本事，美国去打伊拉克，一打一个赢，这也不是什么本事。真正的强者并不需要靠战胜别人去证明自己，真正的强者是战胜自己，即"自胜"。真正的功夫，就像是金庸《笑傲江湖》里面讲的葵花宝典，"欲练神功，必先自宫"，不用挥真刀，挥精神的刀，然后自宫。一个人只有真正学会了自宫，才能够了解《老子》里面讲权力自我节制。

老子用各种各样的词去描述收敛节制，最精髓的有六个字："挫其锐，解其纷。"挫其锐的锐是讲锐利的锐。挫谁的锐呢？自己的。我们做人不要太牛，牛人往往容易成为牺牲品，于是你要把牛装成猪。解其纷，纷乱，现在很多地方出现一些群体性事件，就是有权的人太嚣张，骑在别人头上还要让别人管你叫爷爷。老子继续说"和其光,同其尘"，这是自宫的智慧。你是一个很有光芒的人，但是你要注意"和其光"即柔和自己的光芒，要注意"同其尘"，就是把自己装得像别人一样，这是生存艺术。

老子还用过这样的六个字："知其雄，守其雌"，知道自己是个纯爷们，但一定要穿苏格兰的裙子。就这就叫示弱，强者的示弱，就是权力的自我节制。老子的智慧是一个成功者向很多的成功者讲如何保持成功的智慧，老子是个成功者，他的读者也应该是一批成功者。当站在山顶的时候，你需要想的是不要从山上摔下来，老子告诉我们的就是这样的东西。

《老子》书里我最喜欢的四个字是："光而不耀。"我写字的时候把"光"字写得特别大，后面的字写得特别小，这是有深意的。成功者都是有光芒的，美是一种光芒，谁很能干，谁很有才，也是一种光芒。可是光芒意味着什么东西？光芒在照亮这个世界的同时它也给我们这个世界带来了很多的麻烦。有一个神话叫后羿射日，为什么要射日？因为它光芒太盛了，十个太阳一块出来受不了。光芒有时候并不都是一个好的东西，《老子》书里讲过："福兮祸之所伏，祸兮福之所倚"，智慧在哪里？智慧就在于你能从一个东西里面看到两个东西，这就是智慧。要充分意识到一个事实：某一个人的成功对其他人来说意味着罪恶，你必须要意识到这一点。美丽是什么？美丽是罪恶，你有才是罪恶，你有权力是罪恶，你是一个发光体，你是个星星，这就是罪恶。你必须看到这一点，你才能够真正地进入到这个世界里面去。

这个世界并不是所有人都会为成功者鼓掌，并不是我们都很愿意把鲜花献给你。我们经常听到一句话："不要把自己的快乐建立在别人的痛苦之上"，可是我们每天干这样的事情，经常是把自己的快乐建立在别人的痛苦之上。小沈阳为什么红？因为很搞笑，因为小沈阳是喜剧里小丑的角色。小丑靠什么来取悦大众？小丑就是靠自宫的方式来取悦大众，自残的方式来取悦观众。这个世界有另外的一面，一个人的悲剧就是大部分人的喜剧。我们看一个人，大多数时候不会有恻隐之心，大多数都是幸灾乐祸的。我听一个老师讲过一个事情，说某个人被骗子骗去一百万，垂头丧气，怎么安慰也不行，过了两个月突然兴高采烈地找朋友聊天，说老王被骗去两百万。网友投票说《红楼梦》里谁最适合当老婆，第一名是王熙凤，第二名是薛宝钗。林黛玉是个什么角色？最适合于给朋友当老婆。林黛玉为什么最适合给朋友当老婆，有几点理由，其中有一点是这人长得还是不错的，偶尔看看还是可以的，有点才情，有点诗意，聊聊天也还不错。这不是重点，重点在于谁娶了林黛玉谁就倒霉。林黛玉这样率真的性格，婚姻生活不可能是快乐的，不可能经受婚姻生活的考验。婚姻的幸福感很多时候是在比较之中产生的，朋友家的婚姻不幸福，想想看自己，还不错，幸福感就出来了，所以林黛玉最适合做朋友的老婆。

再讲讲美女，很多人很羡慕美女，其实美女的生活环境远比一般的女孩恶劣得多。有人说美女是应该被分享的，不应该被私有化，所以明星都是大众情人。很多明星会掩饰自己的婚姻，说一直未婚，就是因为他们需要被分享。娶美女是需要冒险的，古人讲长寿秘诀第一条是娶丑妻。西方哲学家经常讲一个矛盾，说我没女人也不行，有女人也不行，没女人就会空虚，有女人就会无聊，就是这样，我们一直生活在一个矛盾里面。康德一辈子不结婚，说我想结婚的时候没有钱，我有钱的时候不想结婚了，这是一种矛盾，是一种困境。

很多发小从小一块长大，关系不错，突然有一个人发达了，你知道这个发达的人给别人带来多大的麻烦吗？另外几个发小的老婆每天骂自己的老公窝囊。你要充分地意识到这一点，这才是这个真实世界的一部分。因此你真得意了，真成功了，真的很美，真的很有才，你要学会收敛，要学会节制，你要学会这四个字，光而不耀。不要太耀眼，你太耀眼了刺伤了别人，让别人睁不开眼睛，这个时候别人就会把你的电源给拔掉，或者把你的灯泡给敲碎。光而不耀也就是我前面一直讲的装孙子的智慧，光，意味着你是爷爷，不耀，意味着你装孙子，很简单的一个道理。

上午我说儒家是给我们感受到一个比较温暖的世界，道家其实是一个清凉世界，上午用过一个词叫清冷，特别表现出老子和庄子那种精神气质。如果是说你跟孔子接触，他将是个如沐春风的人；如果你跟老子和庄子接触，他们绝对不是特别热情的人。庄子交朋友怎么交，两人一对眼，相视一笑，不说一句话，就变成朋友了。我有一个比喻，儒家是春天，墨家像夏天，道家是秋天，法家像冬天。佛教是什么？也许没有季节，很难用某一个季节去形容。春天和秋天给人的感受是完全不一样的，春天很温暖的，而且是充满希望的。从春天走过一个轨迹，到秋天，是收获的季节，但要知道秋天也是一个秋风萧瑟的季节，秋风秋雨愁煞人。秋天是一个五彩缤纷的季节，是很美的，但秋天是一个成功和无奈同在的季节，我们经过多少年的努力，坐到了一个位置，但还是会有无奈的感觉，每天都会伴随。一路走来，最无奈的是什么东西，是生命的丧失，理想的丧失，再也回不去了。

春天的时候你对世界充满着期待，你觉得每个人都可以结果，都是果实，可是秋天的时候你发现可以结果的很少，正如费翔唱的《故乡的云》里说，"我曾经豪情万丈，归来却空空的行囊"。秋天的心构成一个字，就是愁，春光无限秋心有终，愁不是简单的喜怒哀乐，是一种五味杂陈的感觉，所有的东西都混在一块了，那种味道叫愁。这个愁就是无奈的感觉，上有老人下有小孩，中间有太太有老公，每天要考虑各种各样的东西。愁是因为什么？是因为你对这个世界负有责任，但是又不能充分完成你的责任，有一种残缺感。

秋天是一个很清楚的、很清冷的世界，所以秋天对春天会有很多反省，是一个反省的季节。一个人到了中年如果还不反省，就来不及了，没有机会反省了。人要反省，反省是为了转变，生命是需要转变的，你不能期望着我们一生都信奉一个哲学，一生都追求一个目标，不可能，你必须要学会转变。从春天到夏天到秋天，需要各种各样不同的变化。反省什么？反省那些我们在春天里学到的东西，把它跟现实之间进行一个对照。秋天我们开始反省爱，爱除了给我们带来温暖之外，爱还给我们这个世界带来的悲剧。《庄子》里有个故事鲁侯养鸟，这个故事发生在鲁国。某年某月的某一天，一只海鸟从大海飞到了鲁国都城，鲁国君主鲁侯非常的高兴，开心得不得了。这是祥瑞，好的君主会赢得万民奔赴，现在不仅百姓来了，连鸟都来了，当然是一个很高兴的事。鲁国举行了盛大的欢迎仪式来欢迎这个鸟，可是最后的结局是这个鸟被吓死了。这个鸟为什么被吓死了。它把礼炮当成追魂夺命弹，它把仪仗队看成围捕它的小分队，它把国宴里一个菜当成是清蒸海鸟，它一看温泉以为是给它褪毛的热水。

这是什么？这就是错位，是道家一直在揭示的东西，就是人和人之间，个体之间的不能了解对方。当我把爱给对方的时候对方也没有感受到那个爱？当鲁侯把那个爱给那个海鸟的时候，海鸟有没有感受到鲁侯的爱？丝毫没有。庄子讲这个海鸟的故事，结果是"我爱死你了"。生活中经常有这样的例子，很多爱情是怎么死的，是因为爱而死掉的。两个人相爱，又不知道以什么样的方式来爱，最后只好结束。

庄子提出了爱的两种方式，或者说养鸟的两种方式，第一种方式是以己养养鸟，以自己生活的方式来养这个鸟，第二种方式是以鸟养养鸟，以鸟需要的方式养鸟。如果你爱他，你是希望他按照自己喜欢的方式生活，还是希望他生活在你的控制之下？你没有在爱的名义之下改变一个人的权利，你没有权利在爱的名义下控制别人。很多时候爱变成了一种改变和控制的理由，换句话说，很多的罪恶是在爱的名义之下出现。这个世界里面最难处的关系就是夫妻关系，难处在什么地方？儒家五伦里面，父子，君臣，兄弟，夫妇，朋友。父子兄弟有血缘关系，非常好处，靠什么，靠情分；君臣朋友靠什么，靠一个义，靠一个道理，而且我跟你合不来就分，没关系。夫妇关系是一个不内不外的东西，太太是外人，但是我们叫内人，可是你叫她的亲戚又叫外戚。有感情的时候讲感情，没感情的时候讲道理，道理讲不通讲法，变成一个非常非常麻烦的关系。有时候太爱一个人了，太爱一个什么东西了，在爱的名义之下让它变成一个没有创造力的东西，这是大问题。

儒家讲仁爱，里面有一条叫"忠恕之道"。什么叫忠？"己欲立而立人，己欲达而达人"。恕是什么？"己所不欲勿施于人"。这里面有两个角色，一个角色是己，另一个角色是人，这两个角色之间有一条路，叫推己及人。推己及人的路，我们觉得这是爱，很伟大的东西，可是在庄子看来他被伤害了。我明明不想立你为什么要把我拽起来？我明明不想走这个路，为什么偏偏让我走这个路？这是一个很大的问题。当儒家把一个人看成一类的时候，所有人是有一种共同的心，人同此心，心同此理。庄子不承认这个观念，你是你我是我，我们都是独立的个体，我们不能说谁是对的谁是错的。人有时候既是一个类，会分享某些人类共同的东西，但有时候又是一个个体。庄子看到了个体的一面。己和人之间的区别是很大的，你吃素我吃荤，太正常了，可是你不能够因为你吃素就硬让我吃素；我喜欢吃红烧肉，你喜欢吃素，我也不能强迫你去吃我的红烧肉。《庄子》里面有个比喻，叫"推舟于陆"，船是在水上行的，可是他非要放在陆地上，忽略了一个水和陆的区别，这叫推舟于陆。道家到秋天有一个很强烈的个体孤独感、个体感，也因此会有一种很强烈的空间感。我需要我自己的空间，当然也需要意识到要给别人空间。以己养养鸟，这就是儒家，推己及人；以鸟养养鸟就是道家，这就是宽容，这就是我们讲的慈。这里面不仅是对爱的反省，同时包含对爱的方式的反省。庄子提出一个方式叫冷爱，儒家的爱在庄子那里变成了一种热爱，热爱就是以己养养鸟，冷爱就是以鸟养养鸟。

庄子还讲过很多很多故事，有一个报恩的悲剧，说有三个人，北边有一个人，北地，南边有一个人，南地，中间有一个人，中央之地。中央之地叫混沌，南地和北地经常相遇于混沌，说混沌待之胜善，对他们非常好。这哥俩琢磨说他对我们那么好，我们怎么报答他呢，他们想了一下，别人都有七窍，可以看美色，可以听美好的音乐，可以吃美食，他没有，真可怜，于是他们决定帮他开窍。有时候你觉得别人不开窍，觉得自己很美，很得意，其实有时候开窍比不开窍要痛苦，不要随便帮别人开窍。两个人决定帮混沌开窍，花了银子买了工具，用了七天时间，每天凿一窍，结果七天之后，七窍有了，混沌死了。这个故事背后是什么，仍旧是在爱的名义之下进行的谋杀。有一首歌叫《恰似你的温柔》，爱有时候可以把你掐死的。

庄子说"大仁不仁",每天把仁义挂在嘴边的是小人,而最大的仁是不仁,不爱,不爱这个世界。他看到了仁爱的另外一面,仁爱有时候就是一种暴政,仁爱有时候就是屠杀。不爱绝对不意味着恨,如果你把不爱简单地说成恨那么你太幼稚了,不爱是一种大爱,是一种博爱,一种很慈悲的心肠。

每一个生命归根到底都是一个个体,你有再亲密的朋友,你有爸爸妈妈,你有儿子女儿,你有老公老婆各种各样的东西,他们在最重要的时候无法去分担或者分享你的痛苦和快乐。没有人可以去分享另外一个人的这些东西,你永远感受不到对方真正的快乐和悲伤在什么地方。我想用李白笔下的一个词来结束我们关于道家精神气质的讨论,这个词的话就是"月下独酌",这四个字本身带给我们一种画面,月下,月亮;独酌,一个人喝酒。这首诗怎么说,"花间一壶酒,独酌无相亲",他故意选了一个很热闹的地方。"花间一壶酒",当然这个花间是指什么意思,有各种说法,是在鲜花之中或者在很多美丽之中。"独酌无相亲",一个人喝酒,没有一个知己,不是李白找不到人陪他喝酒,是他发现生命中没有知己。"举杯邀明月,对影成三人",怎么办?找个伴吧,只好找明月,对上他的影子成三个人。生活有时候需要找一些伴,是不是?这首诗后面怎么说,"月既不解饮,影徒随我身。暂伴月将影,行乐须及春。我歌月徘徊,我舞影零乱。醒时同交欢,醉后各分散"。醒的时候大家一块很热闹,醉了以后各回各家,各找各妈。我在读这个词的时候经常换一个字,"换成醉时同交欢,醒时各分散"。同交欢的时候是醉的时候,其实真正清醒的时候发现你还是你他还是他,那么最后一句尤其具有庄子的味道,"永结无情游,相期邈云汉",这就是庄子,酷极了。

庄子是一个隐士,但是这个隐士跟一般的隐士不一样。一般的隐士,我们以前讲"小隐隐于野,中隐隐于市,大隐隐于朝"。小隐的话就躲到一边去了,躲到深山老林里面去了,那个太容易了,深山老林里面除了老虎之外什么都没有,但是真正的隐是隐居在这个世界之中。所以我一直把庄子这个隐称为心隐，只要你心隐了，你的生命就是隐的。所以这个时候你可以想想陶渊明的一句话，"心远地自偏"，只要你的心远了，生活在任何地方都没有关系，都不重要。我觉得庄子对世界的理解，他对各种各样东西的理解，有时候会给我们提供另外的一个空间、另外的一个世界。我个人来说经常讲对儒家、道家、墨家、法家、佛家都不排斥，我今天给我们这边留下的两句话是"道并行而不悖，万物并育而不相害"，这就是我自己对世界的一个理解，道可以有不同的道，并行而不悖，万物并育而不相害，不同的哲学不同的圣人也是如此。我自己有一个比喻，我自己喜欢洗温泉，洗温泉有一种什么感觉，不同的温度，温水、冷水、热水，温泉、冷泉、热泉转换那个真是美极了。其实有时候不同的哲学就是不同温度的泉，儒家就是温泉，道家就是冷泉，墨家就是热泉，有时候不同的里面转一转泡一泡舒服极了，是心灵的一种愉悦。所以我一直说它们都是我们生命的一部分，不只儒家道家，孔孟老庄都是我们生命的一部分，只是你对它有没有感觉。我们就讲到这。

何建明 男，1965年生，湖北蕲春人，历史学博士学位，中国人民大学佛教与宗教学理论研究所及哲学院教授、博士生导师，并受聘香港中文大学人间佛教研究中心学术顾问、香港全真道研究中心学术委员,2006年入选教育部新世纪优秀人才计划。主要研究领域为隋唐及近现代道家道教、近现代中国佛教、中外宗教关系和宗教对话。出版《道家思想的历史转折》、《佛法观念的近代调适》、《澳门佛教》、《人间佛教与现代港澳佛教》等专著及《隋唐道家与道教》、《近代中国佛教与基督宗教的相遇》、《当代中国宗教与社会》等合著，在《历史研究》、《世界宗教研究》及 Ching Feng、Dialogue & Alliance 等国内外重要学刊上发表论文百余篇。

道教文化的反本开新

　　道教是我国自创的一种宗教，大约出现于一千二百年前后的东汉时期。道教初创于四川，后来逐渐流行于全国各地。道教是中国本民族宗教的一种，它对中国的民族文化、民族心理、风俗习惯、科学技术、哲学思想、医药卫生甚至政治经济生活都产生了相当大的影响。

　　前几天几个老同学聚会，席间谈到我为什么研究宗教，尤其是为什么研究道教。一提起道教，很多人第一个想法是道教不就是封建搞迷信吗？即使很多学哲学的人，对道教仍然有误解。还有人认为，道教已经脱离了当今社会，远远脱离了时代的发展。实际上，道教对中国文化的方方面面都产生了不同程度的影响。

一、集中国古文化之大成的道教

　　首先明确道家、道教这两个概念。道家是老庄为代表的先秦哲学派别。道教是东汉形成的一种宗教，奉老子为教主，以《道德经》为其主要经典。道教是道家的直接继承者和发展者。

　　何谓道教的"反本开新"呢？现代人应该如何认识道教呢？反本，即用现在的角度认识道教，那就必须回溯道教原本的状态。道教一开始是什么样子，它跟我们有什么关系。如果完完全全从现代的角度看道教，我们会发现道观里的道教和书本上的道教是两码事。道教是中国文化元素里的重要组成部分，我们每个中国人都离不开它。

林语堂，早年留学国外，回国后在北京大学等著名大学任教，1966年定居台湾，一生著述颇丰。林语堂从小在一个牧师家庭长大，上的是基督教幼儿园，后来在厦门上基督教中学，大学上的是月教会的圣约翰大学。他原本以为会像他的父亲一样从事传教事业，可是他读了半年以后改变了主意。林语堂从国外回到北京以后，发现自己不是中国人，对中国传统文化一窍不通。从这个时候起，他就开始恶补中国文化，写出了著名的《京华烟云》。在《京华烟云》里，最后那部分姚老爷子到底是出家还是当道士了，我到现在为止都还没有明白。林语堂说，"每一个中国人其实天生都有道教徒的元素，不管你承认不承认。"爱因斯坦晚年时强调，他信仰的神不是基督教的天主，也不是上帝，而是道所主宰。爱因斯坦也好林语堂也罢，他们都形成了一个道的观念。

从道教的基本理论来讲，每个人都有道。如果没有道，人是很难生存的。实际上道教从根本上讲不是崇拜神，而是崇拜道。晚清西学来华以后，科学严重地冲击了神学。西方传教士批评中国的宗教，称有唯一的神才是正教，认为相信所有的神是骗人、迷信。

任何的宗教场所都有其应当遵守的规矩，相当于入乡随俗。对宗教文化，要给予充分的尊重和理解。不能因为我是无神论，就可以随意批判、指责其他人的宗教信仰。胡适研究佛教是很有名气的，他研究的目的非常明确：佛教是没有用的东西，研究佛教是为了批评佛教。每个人对宗教的看法和目的都不一样，我们应当尊重。

正信的宗教和非正信的宗教有很大的区别。现在为了发展旅游业，有些道场不是宗教界人士来主持，而是由当地的旅游部门来管理。有些工作人员穿着道服来冒充道士，这样就丧失了宗教的主体性，缺乏宗教文化内涵。一种文化的表现，最终要深入到表现文化内涵上。要了解一种文化是非常困难的，必须要深入到其特殊的历史情境中。

宗教认识和宗教信仰本是两个概念，东西方都是一样的。很多基督徒都说不清楚教义，但是牧师或者神父就不同了。香港是个很小的地方，但是却有十一所神学院，这说明它的市场需求仍然很大。佛教因为赵朴初老的提倡使很多人接受了正规的佛学院的教育。道教在这方面做得远远不够，培养出来的人能力也有限。有些道长一问三不知，也根本不知道神与道的关系。道教人才的培养，对于道教的发展非常重要。如果某个行业缺乏专业人才，那这个行业就会慢慢萎缩。

二、作为国学的道教

六朝齐时道教列入国学。《资治通鉴》："武帝永明三年（485）夏，四月初，宋太宗置总明观以集学士，亦谓之东观。上以国学既立，五月，乙未，省总明观。时王俭领国子祭酒，诏于俭宅开学士馆，以总明四部书充之。（经、史、子、集为甲、乙、丙、丁四部。又据《宋纪》明帝泰始六年立总明观，征学士以充之；举士二十人，分为儒、道、文、史、阴阳五部学，言阴阳者遂无其人。然则四部书者，其儒、道、文、史之书欤！）又诏俭以家为府。"

唐代道教列入国学之首。625年，唐高祖颁诏："老教孔教，此土先宗，释教后兴，宜崇客礼，令老先、孔次、末后释。"制定唐代道教为皇家宗教政策。《大唐新语》卷之十一：高祖尝幸国学，命徐文远讲《孝经》，僧惠乘讲《金刚经》，道士刘进嘉讲《老子》，诏刘德明与之辩论。于是诘难锋起，三人皆屈。高祖曰："儒、玄、佛义各有宗旨，刘、徐等并当今杰才，德明一举而蔽之，可谓达学矣。"赐帛五十匹。

陈寅恪认为："自晋至今，中国思想学说，可以儒、释、道三教为代表。"在宋代以前，儒家偏重于承袭旧业，虽然在法律制度公私生活方面影响中国"最深最巨"，在学说思想之建设方面，则不如佛、道二教，其"教训固无预于佛老之玄风者也"。"六朝以后之道教，包罗至广，演变至繁，不似儒家之偏重政治社会制度，故于思想上尤易融贯吸收。"宋代以后新儒家之所以产生与发展，便是自觉吸取了"道教之真精神"。"从来新儒家即继承此种遗业而能大成者"。

道教对输入之思想，如佛教、摩尼教等无不尽量吸收，然仍不忘其本民族之地位。既融成一家之说以后，则坚持夷夏之论，以排斥外来之教义。此种思想上之态度，自六朝时已如，虽似相反，而实足以相成。这就是"道教之真精神"。

怎样理解一种文化？既要反本又要有现代的眼光。历史展现了道教很多没落的东西，所以有些人认为，道教是唯心的、落后的，很难与现代社会相结合，其实道教蕴含了很多现代精神。道教现在似在垂暮之年，那么如何散发青春的光芒呢？现在有些学者提出要文化复兴。如果文化不复兴，这个民族是被人瞧不起的。文明最重要的体现一个是经济发展，另一个是文化发展。中国也有人提出来要复兴汉朝的文化，还有人提出复兴唐宋盛世。

听说韩国要申请道教为世界文化遗产，我认为也不是坏事。我认为很多文物分布在世界各地也好，为什么非要把它买回来，让全世界在任何一个地方都能看到中国的文物，了解中国的文化。文化只有在交流中才能够发展起来。历史最终流传下来的是文化遗产，而不是经济遗产。文化就是符号，体现在人的观念、生活、行为的各个方面。

现在有些人非常强调要把道教和道家区别开来。从哲学的角度看道教，如果道教没有世俗的哲学内容，那么可以认为这个宗教是没有意义的。按照我们现在意识形态的教育，哲学教育一直流传到现在的一个重要因素是因为运用了科学的观念。但一个人不能用理性解决生存问题。西方哲学中有理性主义的传统，所谓人是理性的动物，但是有理性的动物仍然还是动物。人碰撞到某个东西感到疼，这是没有理性的。宗教是一种社会意识形态。把宗教作为一种意识形态来研究它的发展历史，在今天有着特殊意义。从国外大量的事实看到，科学技术在飞速发展，并没有使宗教意识衰退，反而加强了人们对宗教的追求。

三、道教的发展历程与核心内容

道教的发展一般分为汉魏两晋的起源时期、唐宋的兴盛、元明期间全真教的出现和清以后衰落四个时期。

道教的形成是一个缓慢的发展过程。作为道教最终形成的两个标志性事件，一是《太平经》的流传，一是张道陵创立五斗米道（天师道）。汉顺帝时（126—144），于吉（一说干吉）、宫崇所传的《太平清领书》（即所谓《太平经》，据信传自汉成帝时齐人甘忠可编著的《包元太平经》），得到广泛传播。到汉灵帝时，张角奉《太平清领书》传教，号为太平道，自称大贤良师，信徒遍布天下九州岛，已是颇有影响。后来，黄巾起义失败，太平道日趋衰微。同样是在东汉顺帝时，张道陵学道于蜀郡鹄鸣山，招徒传教，信道者出米五斗，故称五斗米道（也有研究称，乃因其崇信北斗南斗等五斗星，加之与蜀地弥教结合，故称五斗弥教，后讹为五斗米教）。其孙张鲁保据汉中多年，后又与最高统治当局合作，使得五斗米道的影响从西南一隅播于海内，遂发展为道教正宗天师道。

两晋南北朝时期，随着炼丹术的盛行和相关理论的深化，道教获得了很大发展。同时道教也吸取了当时风行的玄学，丰富了自己的理论。东晋建武元年，葛洪对战国以来的神仙家理论进行了系统的论述，著作了《抱朴子》，是道教理论的第一次系统化，丰富了道教的思想内容。南北朝时，寇谦之在北魏太武帝支持下建立了"北天师道"，陆修静建立了"南天师道"。

到了唐宋，唐高祖李渊认老子李耳为祖先，宋真宗、宋徽宗也极其崇信道教，宋徽宗更自号"教主道君皇帝"，道教因而备受尊崇，成为国教。此时出现了茅山、阁皂等派别，天师道也重新兴起。自汉晋以来一直隐而不显的道教丹鼎一派，由于汉钟离、吕洞宾等人的大力倡导，内丹之学始露于世。在理论方面，陈抟、张伯端等人阐述的内丹学说极为盛行。

道教天师道从创教之初，就以老子的《道德经》为根本经典，将其中的"道"和"德"作为基本的信仰。道教认为"道"是宇宙万物的本原和主宰，无所不在，无所不包，万物都是从"道"演化而来的。而"德"则是"道"的体现。三清尊神则是"道"最初的人格化显现，也代表了宇宙创生的三个重要过程（道生一，一生二，二生三，三生万物——《道德经》），三清化生出天地宇宙和自然诸神，这些称为先天尊神（天尊），乃道所演化，先天既与道体合一，而道法无远弗届充斥无边宇宙，故道教徒祝颂语常曰"无量天尊"。人类通过某些方式可以达到与道合一的境界，这些人称为后天神仙，最高修为者也可以达到天尊。

道教以太上老君（即道德天尊）为教主，也就是老子。在台湾，以太上老君为代表的道教宗派为道教太一宗，奉太上老君为祖师并与正一宗并列为道教两大门派。此外道教的至尊天神在历史上的不同宗派道经中还有其他说法，一是以玉清元始天尊为最高天神，二是以上清灵宝天尊为最高天神，三是以太清道德天尊为最高天神，最后，演变成三位一体的"一炁化三清"的神学理论。

在修身方面，道教讲究"人天合一"、"人天相应"、"无为而治、不言之教"，讲究"虚心实腹"、"归根复命"、"深根固柢"、"长生久视"、"知足不辱，知止不殆，可以长久"、"乘天地之正，而御六气之辩，以游无穷"，等等。

道教重生恶死，追求长生不老，认为人的生命可以自己做主，而不用听命于天。认为人只要善于修道养生，就可以长生不老，得道成仙。因此也就产生了许多修炼方法：炼丹、服食、吐纳、胎息、按摩、导引、房中、辟谷、存想、服符和诵经。

明朝道士张三丰认为，儒家是"行道济时"，佛家为"悟道觉世"，道家"藏道度人"。道家修炼仙道，张三丰以修人道为炼仙道的基础，强调只要素行阴德，仁慈悲悯，忠孝信诚，全于人道，离仙道也就自然不远了。"人能修正身心，则真精真神聚其中，大才大德出其中。"

道的基本思想是"虚无之系，造化之根，神明之本，天地之源"。道教认为，道为万化之始，万物之母，无处不在，无时不存，以虚无为体，清静为本，柔弱为用。虚无至虚，从无到有是自然的规律，最难的是从有到无。道强调道本神末，道生神，神是由道而来。一般认为儒家讲和谐，其实道家讲和谐更彻底。我们现在理解阴阳就是两个相对应但不能离开的状态，用最通俗的话就是交流。和谐最终才能产生万物。所有生命的存在，最本质都是多样性的和谐。多样性的和谐是静态而非动态。道家养生学强调生命的本质是清静无为，就是有所为有所不为，而不是什么事都不做，关键在于怎么去做。

道教一定是从道里化身出来的，不管这个神是太上老君还是玉皇大帝。为什么会有各种各样的神？这类似于科学里只能用类比。逻辑思维是大前提，里面包含着最后的结论。类比思维是包含变化的，其实很多概念用词都很讲究，有没有人性化的东西都说得通。举个例子，道教要如何解释一切现象？生命科学用遗传基因，物理学用物体运动理论，化学用化学反应，道教就通过创造各种神，建立道的忌讳来解释。

道教实际上是在唐玄宗之后才确定下来。当年的法师、和尚都叫道士、贫道，相当于后来的贫僧。信有道之教是有道之人。最早的道教叫上清经派，后来外面学道的才叫道教，我们称之为五斗米道。五斗米道是早期道教派别之一。创始人张陵（34—156），沛国丰（今江苏丰县）人。东汉顺帝时（126—144）入蜀，居鹤鸣山（今成都市大邑县境）学道，并造作道书（或称符书）以教百姓，倡言天人下降，授以正一盟威之道，以为人治病开始传教，据称"百姓翕然奉事之以为师"。他为了统率教民，设立二十四个传教点，称"二十四治"，以其中的阳平治（在今四川彭县）、鹿堂治（在今四川绵竹）、鹤鸣治（在今成都市大邑）为传教中心，因入道者需交纳信米五斗，故俗称"五斗米道"。"住无所住，常无不在，不在之在，在乎无极，无极之极，极乎太玄，太玄者，太宗极主之所都也。老子都此，化应十方，敷有无之妙，应接无穷，不可称述。"

郭店楚简《太一生水》体现了先秦时期崇水尚土、水土并重的文化意蕴。水文化是中国文化很重要的一个特征。道教里面强调渔夫，如《渔歌子》这首诗："西塞山前白鹭飞，桃花流水鳜鱼肥。青箬笠，绿蓑衣，斜风细雨不须归。"道家钓鱼不在钓，也不在鱼，而是在体会道的境界，强调的是这种自由自在的状态。道家、道教一直都有这样的传统。

天是中国最高的神的象征。道教的鬼仙、地仙、天仙在修仙的时候，突然一股青烟升起羽化成仙了。战国秦汉时期神仙方术有很大的发展。《庄子》云："古之真人，不逆寡，不雄成，不谟士。若然者，过而弗悔，当而不自得也。若然者，登高不栗，入水不濡，入火不热，是知之能登假于道者也若此。古之真人，其寝不梦，其觉无忧，其食不甘，其息深深。真人之息以踵，众人之息以喉。屈服者，其嗌言若哇。其耆欲深者，其天机浅。古之真人，不知说生，不知恶死。"《庄子》里的这些观念，强调回到人最淳朴的状态。

中国古代历代帝王都想成为神仙。秦皇汉武都想长生不老。唐朝有好几个皇帝都是吃外丹死的。皇帝有那么多的荣华富贵，当然希望长生不老。有些皇帝他即使反对道教，如清代的皇帝信仰藏传佛教，对道教没有什么好感，但是清代皇帝到生命的最后时刻，无药可医的时候也会四处寻找道士治疗。道教对精神问题也有一定的疗效。在东北的一个道场里，我看见北京的一个老板带他的太太去治疗。道场住持是我的学生，根据他的统计，道教在治疗抑郁症方面有60％的奇效。香港大学就有一个专门用宗教治疗人精神疾患的地方。道教是一种心理治疗，就像基督教里的心理辅导一样。很多人到了道场以后，病基本上就好了一大半。

我在参加世界佛教论坛的时候，参加了慈济医院的心理治疗讨论。在北京看病挂号是非常困难的，医院里人山人海，医生一个个凶神恶煞，没有病也吓出病来了。可是到了慈济医院会发现，那根本不像个医院，更像个休息场所。医院里有很多志愿者。有志愿者会给患者弹吉他，讲笑话，与患者一起做游戏。手术室是动态的蓝天白云。我前年做了一个胆囊切除手术，其实是一个很简单的手术，但是整个过程却非常恐怖。道教强调心灵自由最重要，人的一切是靠精神控制的，所以引出了心理治疗。

道教奉老子的《道德经》、庄子的《南华经》为最重要的两部经典。另外，有部分学者认为道教模仿佛教的大藏经创制了道藏，收集历代道家著作，不仅包括哲学和道家理论，而且包括炼丹、养生、治病、气功等方面的著作。主要有《正统道藏》、《道藏辑要》、《万历续道藏》等，现仅存明代《正统道藏》流传，其他版本已失传，现存历代道教经典多收录于此。道教的经书数量非常庞大，各派的主要经典也各不相同。《道藏》是很有特色。佛教和其他宗教都只是单纯收集本宗教的文献，而《道藏》里有佛教和其他各家的内容。道教是中国文化的继承。著名英国科学家李约瑟博士就是从这个基地中打开了中国学术文化的一扇重要的窗户，成为举世闻名的《中国的科学与文明》的主编者和主要作者。李约瑟先生在《中国的科学与文明》里提出，道家的思想最能够代表中国人的科学观念。

四、作为中国文化之代表的道教

道教包容了很多中国传统文化的精华。对于道教，有几种比较有代表性的说法。

鲁迅："中国根底全在道教，此说近颇广行。以此读史，有多种问题可以迎刃而解。"

基督徒许地山："支配中国一般人的理想与生活的乃是道教的思想。"

英国科学家李约瑟："中国人性格中有许多最吸引人的因素都来源于道家思想。中国如果没有道家思想，就会像是一棵某些深根已经烂掉了的大树。"

很多人认为鲁迅这句话是骂道教的，因为鲁迅揭示中国人的坏。从根本上来讲，这句话是中性的。中国人有很多重要的思想因素都来自于道教思想。在西方人强调道家其实就包含着道教，强调道家是哲学的道家。

1950年以前其实日本的佛教研究已经有一百年的历史。日本为什么大部分研究道教的人以前都是研究佛教的呢？因为日本人发现，不研究道教根本没有办法了解中国的历史和文化。因为佛道的关系在中国古代太密切了。林语堂认为，苏东坡是中国两千年以来最伟大的文人，其实苏东坡是信道的。很多中国人是佛道兼信的。有寺庙的地方通常就有道观。所以日本人认为，要了解中国人最有效的手段就是了解中国的道教。

现在国际上研究道教最有名的一个是法国一个是日本。道教的研究中心还不能说是在中国。虽然中国有三十几万道教徒，但是它不能解决问题。中国人最应该学的是日本人。世界很多知名大学有日本学系，没有中国系，即使有东亚系，最主要地是研究日本。现在我们也建孔子学院，我不知道最后结果怎样，但是文化的推广是这个民族发展的重要方面。有一次我参与搞《道德经》论坛，万人齐诵《道德经》。后来有学生发言说，她活了六十岁第一次读《道德经》，发现中国原来还有这么深奥有哲理的书。

早在16世纪，老子的《道德经》就被西方人译成了西方文字，17世纪以后，借助西方的商船往返，顺着西方传教士的足迹，《道德经》逐步由中国传入欧洲，西方人把《道德经》翻译成了拉丁文、法文、德文、英文等文字，老子思想逐渐传遍欧洲大陆。据说德国哲学家莱布尼兹最初正是根据伏羲、黄老的阴阳学说提出了二进制思想，并给太极阴阳八卦起了一个西洋名字"辩证法"，当然，这种说法并没有得到有效证实。几百年来，《道德经》的西文译本总数近500种，涉及17种欧洲文字。

总的看来，"道"是中国人民文化认同的核心理念。中国人的价值观念、人格理想、思维方法、审美情趣以及民间习俗，无不深受道的教化和影响。道教作为中国传统文化的重要组成部分，对中国人的至上理念"道"的阐发和弘扬，贡献巨大，并在传承中华文化和华夏悠久文明、凝聚华夏民族精神方面起着不可替代的作用。

提问部分：

学生：您好老师，我想问一下道教为什么会在这个世纪衰落？

老师：道教的没落主要是没有人才。佛教在今天得到很好的发展主要是跟人才有关。在清末有一批佛教人才，对于佛教的发展起到了很大的作用，如杨文会、欧阳竟无等人。

学生：您能用最简洁的语言把道的智慧阐述一下吗？

老师：用几句话理解道教的意义。第一个是道生德成。含义是一切事物从道来的，德是道的表现，是自然而然的，不是人为因素造成的。第二个是自然而然。神仙境界就是活得自由自在的。第三个就是修道养生，或者修道成仙，这是道教最高的境界。道教的根本信仰是老子降授的"道"。成仙，就是得了"道"。得"道"的核心修持在"重积德"。为什么得道才能神仙？神仙是道的化身，最低的仙就是人仙，少病少灾。少病就是阴阳平衡，少灾就是知道自然界的规律。

怎么修道呢？刚才讲了积德立功，要帮助别人。所有的宗教没有一个是为自己的，利他的同时就是利己了。了解宗教一定要有点哲学的精神。

学生：老师我问一下关于道士炼丹的问题。

老师：炼丹是道教主要道术之一。为炼制外丹与内丹的统称。外丹术源于先秦神仙方术，是在丹炉中烧炼矿物以制造"仙丹"。其后将人体拟作炉鼎，用以习炼精气神，称为内丹术。苏轼《送蹇道士归庐山诗》："绵绵不绝微风里，内外丹成一弹指。"陈师道注："道家以烹炼金石为外丹；龙虎胎息，吐故纳新为内丹。"

炼丹包括内丹术和外丹术。

1. 内丹术：内丹术，乃道家及道教人士对气功之称，以修炼成仙而达至长生不老为最终目的。此术以人体为丹炉，故称"内丹"，以别于"外丹"之用鼎为炉。内丹术起于战国之前，盛于唐宋。传统上，气功之主要修炼及研究者皆为道门人士以及深受道门医学影响的医师。固华夏传统气功，均属内丹功。内丹功之根，乃是阴阳之变、五行生克、天人合一、天人相应等道门理论，以及丹士所掌握的丰富中华医学知识（唐宋之时，道家已受阴阳家及儒家等外门影响，理论仍以老庄之学为根，然而整个体系，已远超老庄之学）。纳外气、养内气、和阴阳、通经络，并以"炼精化气、炼气化神、炼神还虚"贯彻其中。汉晋唐时代，内丹功渐与道门武学融为一体，成为内家武学。内家武学暗藏内丹术，并能致用，固不少修道者亦以内家武学为炼丹修心之捷径。

2. 外丹术：外丹术指道家通过各种秘法烧炼丹药，用来服食，或直接服食某些芝草，以点化自身阴质，使之化为阳气。另外，道家外丹也可指"虚空中清灵之气"。外丹术也可指炼金术或道家法术如符箓、雷法等。

内丹外丹本来就是术的一种，我们现在叫养生学。人文学科尤其是宗教有理论的层面。道教里法术这种东西很难说它对还是不对。我们经常听到一句话信则灵不信则不灵。宗教信仰就是这样，做了不一定就会有收获的。但是涉及神神鬼鬼的东西首先要信它，不信一定不灵，信了也不一定灵验。

湛如 历史学博士，印度语言文学博士后，全国政协委员，北京大学东方学研究院副院长，中国佛教协会副会长，中国佛学院常务副院长，南开大学宗教与文化研究中心主任、博士生导师。研究领域主要有佛教与佛教文献、部派佛教、佛教造像艺术、敦煌与敦煌佛教等，先后出版专著《敦煌佛教律仪制度研究》《净法与佛塔》两部，发表论文40余篇。

佛教要旨辩析

一、佛教的主要思想

（一）十二因缘

婆罗门教有三个很重要的纲领，第一个是吠陀天启。吠陀，翻译成汉语是知识的意思，是神的启示，这是婆罗门教最重要的思想核心。第二个是祭祀万能，也就是通过祭祀达到预期的目的。第三个是婆罗门至上。

吠陀天启，按印度人的理解天就是唯一的、常恒的、主宰的、永恒不变的。佛教为了反对婆罗门教关于知识、事物是由天创造的，提出了有别于婆罗门教的"缘起"思想。缘就是外在条件，有时也称为因缘，因是主要条件，缘是次要条件。佛教对这个问题的理解就比较有趣，他说"所有的世界万物都是有因缘的"，"因"的主要条件加上"缘"的次要条件产生万物。大乘佛教认为一切现象皆非单独存在，乃相依相关而发生者，此称缘起。十二缘起又称十二因缘。

释迦牟尼的学生马胜比丘，曾有外道问他你的老师每天都讲些什么内容。马胜比丘说，我的老师所讲的内容可以用四句话概括："诸法因缘生，诸法因缘灭。我佛大沙门，常作如是说。"这几句话是什么意思呢？缘生缘灭是佛教思想中最核心的部分。缘生缘灭就是缘起，一切不离因缘，一切不离因果。

十二因缘的次第是：无明、行、识、名色、六入、触、受、爱、取、有、生、老死。这是佛教里面的十二因缘，生命就是这样产生的。无明，过去世烦恼带来的惑，蒙蔽本性，所以叫无明。由于对事实真相、真理不够了解，人的行为就产生了各种各样的动，包括三种：身体、语言和思想上的。行，过去世身口造作的一切善业或者不善业。识，由过去世的无明和业牵引意识投托母胎，这叫做识。名色，名即是心，指心只有有名而无形质；色指身体，指托胎后至第五个七日，身体各部分如手脚等都长出来了。六入，指从名色之后，各种感觉和思维都开始发展出来了，叫做六入（六根者，眼根、耳根、鼻根、舌根、身根、意根也。六尘者，色尘、声尘、香尘、味尘、触尘、法尘也）。触，出胎以后，至三四岁时，六根虽能接触六尘，但是未能了知而产生苦或者乐的想法，叫做触。受，从五六岁至十二三岁时，六根能分别六尘中的好恶等事，但是然未能起淫贪之心，叫做受。爱，从十四五岁至十八九岁时，贪图享乐及淫欲等境，但是未能广遍追求，是名为爱。取，从二十岁后，贪欲转盛，到处追求五尘境，叫做取（五尘者，色尘、声尘、香尘、味尘、触尘也）。有，因为追求诸境而引起起善恶业，积集牵引，产生三有的结果，叫做有（因果不亡为有，三有者，欲有、色有、无色有，即三界也）。生，指因为现世的善恶之业，后世还在六道四生中受生，叫做生（六道者，天道、人道、修罗道、饿鬼道、畜生道、地狱道也。四生者，胎生、卵生、湿生、化生也）。老死，指从来世受生之后，五蕴之身，成熟了又始终会败坏，叫做老死（五蕴者，色蕴、受蕴、想蕴、行蕴、识蕴也）。

佛教讲生命是圆的，基督教和天主教生命是直的，这有很大的区别。西方的宗教认为所有的生命都是上帝创造的，人努力的最后结果是又回到上帝身边。佛教的生命是圆的，没有断裂，开始了就结束，结束了又马上开始。生命是一个轮回。佛教里说六道轮回。六道者：一、天道，二、阿修罗道，三、人道，四、畜生道，五、饿鬼道，六、地狱道。此中上三道，为三善道，因其作业（善恶二业，即因果）较优良故；下三道为三恶道，因其作业较惨重，故一切沉沦于分段生死的众生，其轮回的途径，不出六道。

佛教里讲的十法界对生命强调得特别多的。经过六道轮回后，进入圣人的序列依次要经过声闻、缘觉、菩萨、佛，这是生命最高的四种境界。皈依佛、法、僧、守五戒，可保人生，免堕三涂；皈依佛、法、僧、守五戒，修十善，可升作天人，享受福报；修苦、集、灭、道四圣谛，可证得阿罗汉果位，入声闻法界；修十二因缘观，证辟支佛果，可入缘觉法界；修六度（布施、持戒、忍辱、精进、禅定、智慧）可成为地上圣人菩萨；自觉、觉他、觉行圆满的人即是佛。佛就是觉者。迷而不觉者是凡夫众生，觉而不迷者是佛。

佛教中有一个很重要的概念叫中阴，又称"中蕴身"、"中阴身"。藏文"中阴"意为"一情境结束"与"另一情境展开"间之过渡时期。断气、甫亡谓"死有"，来世投胎（即转世）时曰"生有"。据《俱舍论》卷十所载，死亡瞬间至来生出世之刹那（即投胎、入母胎内），其中间时段称"中有"。因仅意识存在，并无实质肉体，乃由意识作主宰，幻化而来，非父精母血孕育所成，故称意生身、意成身或化生身。此时，四大之聚合恰与死时相反，与贪嗔痴相关之思想伴随而来，风、火、水、地亦相继到来。

（二）八苦与四谛

《金刚经》里面我们经常说一句话："一切有为法，如梦幻泡影，如露亦如电，应作如是观。"看到花开一定要想到花落，看到月圆一定要想到月缺，正如苏东坡曾说"此事古难全"。这就是佛教讲的人是有生老病死的，世界是什么呢？世界有成、住、坏、空的状态，这是必然的一个现象和规律。万事万物有形成的时候就有相对稳定的时候，有慢慢变坏的时候，就有最后消失的时候。有一首诗就是这样说，"花开满树红，花落满树空。惟余一朵在，明日又随风。"这几句诗的意思就是人生无常，经常念念可以警醒我们。儒家则说"名利如浮云，弃之如敝履"。这里涉及佛教人生观中主要的内容：人生是苦。有些人认为佛教有点消极。佛教说人生是苦，难道人生一点快乐都没有？我们看汉代的中国人对苦的理解就很有趣，说所有人的面部表情都是苦，人的眼睛眉毛鼻子嘴在笑的时候刚好是个苦字。不笑不要紧，一笑肯定就是一个苦字。佛教中苦的基本定义是无常故苦。佛教不是说生命没有快乐、意义，而是你的感情生活、饮食起居、工作事业、锻炼运动都是快乐的。但是任何一种快乐都不长久，越是难得的快乐持续的时间越短。邓丽君曾唱过一首歌曲，"好花不常开，好景不长在"。为什么好花不常开？因为苦。如果好花常常开，好景常常在，那不是人的生活，那是神的生活。佛教在这个基础上解释无常故苦，因此认为佛教是消极的是不准确的。如果能理解佛教所分析的苦，就能更准确地理解佛教。佛教中的苦，目的是为了让人离苦得乐，找到消灭掉苦的办法。

佛教中有哪几种苦呢？佛教云人生八苦，即是：生苦、老苦、病苦、死苦、爱别离苦、怨憎会苦、求不得苦、五阴炽盛苦。人有生、老、病、死，这是四苦，佛教里说的第一个四苦，生理上必然要经历，有生必有死。人出生下来一直到老死都停不住岁月的流逝。人对死亡的恐惧来源于对死亡的行为没有把握。儒家认为人生死亡的最好状态之一叫寿终正寝，能够这样死是很快乐的。我们一般人是把握不了正常的生老病死。

第五种是爱别离苦。意气相投的朋友，海誓山盟的爱人，恩爱情深的夫妻，或膝下承欢的子女，或生离，或死别，一切不能自主。

和爱别离苦相对的，是第六种怨憎会苦。在某些情况下，愈是互相怨憎的人，愈被安排在一起，如影随形，好像再也没有分散的时间，这岂不是令人苦恼万分？佛教里面从这一角度分析父母和子女的关系大概有四种。第一种是关系良好，我们的孩子是来报恩的。第二种是报怨来的。第三种是讨债的。最后一种是还债的。有的时候父母急了打孩子的时候就会说，你这个讨债鬼。从这个角度讲，就是佛教讲的怨憎会苦。对于各种这样的人际关系要有基本的认识，他出现在你的身边，本身就是一种苦，让你不舒服、难受，这就是怨憎会苦。

第七种是求不得苦，这是很常见的苦。想获得某一件东西，经济力量达不到；想谋求某个位置，费尽心机也谋不到；自己的志趣是做计算机行业精英，但为了吃饭却不得不委屈在网吧做侍应生。别人有你就是没有，佛教把这种苦叫求不得苦，求不得本身就是一种苦。佛教常说的一句话。"百年三万六千日，不在愁中即病中。"我们生命的常态是什么样子呢？非愁即病，要么是生理的要么是心理的有问题。我建议大家不要刻骨铭心地记，偶尔提醒下自己，人生百态非愁即病。

第八种是五阴炽盛苦。五阴即是五蕴，五阴集聚成身，如火炽燃，前七苦皆由此而生。色阴炽盛，四大不调，而有疾病之苦。受阴炽盛，使诸苦转本加极。想阴炽盛，想相追求，而有爱别离，怨憎会，求不得诸苦。行阴炽盛，起造诸业，又为后来得报之因，且因行而迁流不停，而有老衰之苦。识阴炽盛，起惑造业，三世流转，而有生死之苦。

有些同学看过电影《一轮明月》。我发现大多数同学边看边无语，看完后个个都默默无语地离开。电影《一轮明月》展现的是中国近代文化艺术先驱，一代大德高僧弘一大师传奇伟大的一生。中国佛教协会会长赵朴初老生前为弘一大师作诗曰："深悲早现茶花女，胜愿终成苦行僧。无数奇珍供世眼，一轮明月耀天心。"很多人对弘一法师生命的晚年充满了不理解。弘一法师一生灿烂至极，最后却归于平淡。弘一法师这种行为就是一个从艺术生命转型到宗教生命。艺术会给人带来极大的激动，宗教需要人有莫大的情怀。弘一法师的转变也正体现了他从对个人的、艺术的兴奋上升到对万事万物的，对所有生命的一种爱。正所谓大爱无疆，这样的生命是一种超越的生命。

我们的生命就是苦中作乐，就是苟且偷安。如果你要快乐，就要积极分析人生为什么是苦的。佛教推理人生就是无常。梵文中"苦"这个单词都不用解释，在梵语中这个单词解释就是不持续，中文翻译为苦，连贯的快乐叫做苦。快乐的感觉不持续。

四谛包括苦、集、灭、道。

苦谛：是三界内的苦果，苦有三苦、八苦、无量诸苦。三苦，第一，苦苦。众生都受有地大、水大、风大、火大的四大色身。人的色身，是众苦根本，所有种种苦恼环境要逼迫此身，由这个身体去受苦。古人说："身是众苦之本。"又说："吾有大患，唯吾有身，吾若无身，夫复何患。"狮子峰禅师说："只这色身，唯信身为苦本，纵贪世乐，示知乐是苦因。"这叫做苦苦。第二，坏苦。我们现前所受一切环境，无论是苦、是乐，都是生灭无常，虚伪不实，如梦中之境，空中之华一样，幻化非真。纵然有些环境所谓是"乐"，可是乐不长久，乐尽悲生，又是痛苦。须知世界有成、住、坏、空，万物有生、住、易、灭，众生有生、老、病、死，一切都是变化无常，生灭败坏。这叫做坏苦。第三，行苦，即第七识行阴迁流，刹那刹那，念念生灭，时刻不停。如孔夫子，看流水时，感叹地说："逝者如斯乎，不舍昼夜。"这就是说，行阴迁流之苦，这叫做行苦，除了人道众生具有三苦之外，欲界六欲天的天人，也有三苦。色界四禅天的天人，虽然是离欲清净，没有苦苦，可是还有坏苦、行苦。无色界四空天的天人虽然修四空定，还是难免行阴迁流，念念生灭的痛苦。总之三界诸天，就是最高一层，叫做非想非非想天的天人，寿命八万大劫之长。但是他们和所有的天人一样，天福一旦享尽，还要堕落下来，随业受报。经里说过："八万劫终是空亡，三千界悉从沦没。"又说："布施持戒生天福，犹如仰箭射虚空。势力尽时箭还堕，招得来生不如意。"

集谛：是三界内的苦因，集意谓集聚，把见惑八十八使，和思惑八十一品的烦恼，统统集聚起来而成业因，随业感报，所以招感苦谛三苦，八苦，无量诸苦的苦果。见惑就是由知见方面所产生业因。见惑是以身见、边见、邪见、见取见、戒禁取见的五利使为主体。

灭谛：是出世的果。灭是寂灭，就是罗汉所证的寂灭涅槃。他们在因地之中修行三十七助道品，断除了见思烦恼之惑，灭除了分段生死之苦，所以证入不生不灭的有余依和无余依涅槃乐果，这叫做灭谛。

道谛：是出世的因，道是道品，就是三十七助道品。四念处，四正勤，四如意足，五根五力，七菩提分，八正道分。这个三十七助道品，是大乘、小乘共修法门，不但小乘阿罗汉可依此修行，就是大乘菩萨也要依此道品修行。但是修法不同，理论不同，观点不同。以四谛为例，就有生灭四谛，无生四谛，无作四谛，无量四谛，渐次增进，步步高深。《智度论》说："三十七品、无所不摄，就是无量道品，亦在其中。"佛教中，快乐怎么产生呢？由修道产生的。佛教讲了八正道，即八种正确的方向。

二、大小乘佛教的基本内涵

在佛教创始人释迦牟尼涅槃后，佛教内部由于对释迦牟尼所说的教义有不同的理解和阐发，先后形成了许多不同的派别。按照其教理等方面的不同，以及形成时期的先后，可归纳为大乘和小乘两大基本派别。

小乘佛教也叫做"小乘教"，略称"小乘"，梵文音译"希那衍那"。今学术界沿用之，已无贬义。亦称"二乘"，及"声闻乘"、"缘觉乘"。其主要经典是后来在各部派中形成的经、律、论三藏。小乘佛教在中国曾相当流行，中国最早流行的禅数学以及此后的昙学、成实学、俱舍学等，均属小乘类。中国的律学和唐代创始的律宗，皆以小乘律本为依据。现小乘佛教主要流行于斯里兰卡、泰国、缅甸、老挝、柬埔寨等南亚及东南亚各国，他们自称"上座部佛教"，不接受"小乘"的称号。中国云南上座部佛教，也属于这个系统。

大乘佛教亦称"大乘教"，略称"大乘"，梵文音译"摩诃衍那"、"摩诃衍"等。因自称能运载无量众生从生死大河之此岸到达菩提涅槃之彼岸，成就佛果，故名。又贬称原始佛教和部派佛教为"小乘"，或"二乘"。传出印度本土的大乘佛教（即北传佛教）主要指中国佛教中的汉、藏两大系统。

大乘佛教约公元1世纪左右形成于印度，而后传播至中亚、中国、日本、朝鲜、越南、印尼以至斯里兰卡。它是北传佛教的主流。大乘思想根源于某些早期部派，但有许多理论创造，如不仅讲人无我，而且讲法无我；强调菩萨理想胜过阿罗汉，宣称人皆具菩提心可以成佛。大乘伦理中倡导慈悲一切众生，力主以功德回向他人等等。

小乘佛教给人的感觉好像很消极，大乘佛教就很乐观。不过小乘佛教从根本来讲也是很积极的。人何必要活得那么糊涂？活得清醒一点很好。所以一个人学哲学就比较"危险"，学宗教更"危险"。学哲学的人把世态炎凉看得入木三分。学宗教的人要追求超越。如果学了哲学再学宗教，就是不看破也要看破，不放下也要放下了。

大乘佛教不是孤立产生，它是在各种背景下出现的。大乘佛教包罗万象。大乘佛教博大精深，我们倾尽毕生精力只能做到其中的一种。季羡林先生是很有学问的，但是他说自己只懂得原始佛教中的语言问题。大乘佛教的思想也可以用八个字这样概括："悲智双运，福慧双修。"如果用更通俗的话来讲："慈悲做人，智慧做事。"慈悲就是观音，智慧就是文殊。只有慈悲是还不够的，还要大慈大悲。大乘佛教可以概括为四个字：行愿无尽。

大乘佛教时期对"空"的分析达到了极致。我们还要记住一个单词，叫做"佛法宪章"。什么是佛法，什么不是佛教，用三法印去判断。在释迦牟尼要圆寂时，他的一个学生问佛什么是佛教，他问佛陀你生前的时候就告诉我们此是佛教彼不是佛教，如果你不在的话，我们怎么去判断什么是佛教，什么不是佛教呢？他告诉他的学生说，可以用三法印去判定何为佛教。后来三法印也叫做佛法宪章，符合这三条的是佛教，不符合这三条的即使是佛说的也不是佛法。佛陀胸襟开阔，而且也很有勇气。他的这种主张与西方的"吾爱吾师，吾更爱真理"的精神是一样的。

所谓三法印，第一个是诸行无常。无常无我的道理，就是佛教对于宇宙人生万事万物的解释，也可以说是世界一切诸法的总则。无常就是生灭相续的道理，它不但包括一刹那生灭不停的意思，而且也包括因果相续的道理。佛教说世界有成住坏空，众生有生老病死，万物有生住异灭，而且是时时刻刻在那里新陈代谢，变化迁移，这就叫做无常。

第二个是诸法无我。什么是无我呢？无我也就是对于人生、宇宙、心身世界，一切诸法之中没有一个我能够主宰一切的道理，也找不到一个我可得，这就叫做诸法本无我。一切事物都没有一个唯一不变常恒主宰的，下面两句话大家要记住，叫："欲除烦恼须无我，各有因缘莫羡人。"想要没有烦恼首先要无我，有我就有烦恼，无我便没有烦恼。为什么你的烦恼总比别人多呢？如果你能理解这两句话，你就不会有求不得苦。你为什么有求不得苦，因为你过于羡慕。比羡慕更严重一点就是嫉妒。羡慕和嫉妒只有一线之差。所以《金刚经》说："无我相，无人相，无众生相，无寿者相。"说明四相皆空，无我可得。众生因有妄想执著的心，于诸法无常，执为真常，于诸法无我，妄执有我，因此就产生了我见、我痴、我慢、我爱，颠倒梦想的四种妄心，所以造业受报，依因感果，因果相续不断，轮回六道之中。

第三个是涅槃寂静。涅槃意译为圆寂，是真无不圆，妄无不寂的意思；又译为灭度，灭了烦恼障和所知障两种惑障，了脱分段生死和变易生死两种的苦果。

三法印是佛教最核心的思想之一。了解佛教要以此作为准则和宪章。

大乘佛教讲的空，就是事物没有一个固定不变的本性，它做了很多的譬喻。《金刚经》里面说的就更确切了，《金刚经》里面说："一切有为法，如梦幻泡影，如露亦如电，应作如是观。"大乘佛教讲的道理是缘起的必然是性空的。条件产生的任何一个事物，最后终归消失、没有。"朝露风灯闪电光，人归何处青山在，总是南柯梦一场。"人生如梦说的也是这个道理。所有大乘佛教主张要智慧做人，慈悲做事。

三、大小乘佛教的区别

大乘佛教和小乘佛教，即南方佛教和北方佛教到底有什么区别呢？我根据自己的理解，作了六点总结：

（一）从信仰修证方面来说，部派佛教或者说小乘佛教认为成罗汉是最高理想，初期大乘佛教史认为成佛为最高理想。小乘佛教认为佛只能有一个，怎么努力都与成佛没有关系。大乘佛教认为每个人都有成佛的可能性，一切众生都可以成佛，一切众生都是平等的。大乘佛教认为，三世十方有无数佛同时存在，释迦牟尼是众佛中的一个。信仰者通过菩萨行的"六度"（布施、持戒、忍辱、精进、禅定、智慧）修习，可以达到佛果（称"菩萨"，意为具有大觉心的众生），扩大了成佛的范围。大乘佛教不吃肉也是来源于此思想。大乘佛教不以自己成佛为最高理想，而是希望所有的人都能成佛。

在古典文学名著《西游记》里，孙悟空折腾来折腾去也逃不出如来佛的手心。实际上这种描写是不对的。大乘佛教认为，任何人，哪怕是动物都能成佛。比如说罗珺文佛、罗珺文如来、罗珺文世尊等等。任何人成佛之后都可以叫做佛、如来、世尊。有一首歌曲名为《如来如去》。佛教如何解释如来呢？佛教的解释很简单：无所从来，亦无所去，故名如来。最高境界就是佛，就是没有来也没有去，没有不做也没有做，佛就是这样一个境界，做即不做，不做即做。

禅宗的公案里有一个老和尚背小姑娘过河的故事，讲的就是这个道理。老和尚的徒弟见到师父背女孩过河觉得不妥，和尚怎么能背一个女孩过河，他心里一直耿耿于怀。老法师说你为什么不高兴啊，我都把她放下了你怎么还在心里背着她呢？这个老和尚已经到了一个无所从来亦无所去的境界，背着小姑娘跟没有背一样。《金刚经》里这样的话很多，"我所说法，如阀喻者，法尚应舍，何况非法？"

三轮体空又称三事皆空、三轮清净，是很高的境界。它不仅仅是说一个人做了好事不留名，更是指布施时应有的态度，指布施时住于空观，不执著能施、所施及施物三轮。三轮的内容如下：

第一是施空：指能施之人体达我身本空，既知无实在的能施之我，布施时便无希求福报之心。第二是受空：指既体达本无能施之人，故对受者不起慢心。第三是施物空：指了达资财珍宝一切所施物品本来皆空，对所施物品不起贪惜心。一个人做事，第一个是能做的，第二个是所做的。能做的是这个人，所做的是这个对象，第三个是能做的具体的这件事。

一切众生都有佛性，有佛性者都可成佛。大乘佛教讲一切众生是过去的父母，未来的诸佛，所以为什么要善待众生呢？因为他极有可能是我们过去的父母，也有可能他经过轮回变成佛，所有大乘佛教不吃肉他主要是从佛性这个角度来说，任何众生都有善良的一面，放下屠刀还可以立地成佛。在中国到了禅宗的时候已经到了"郁郁黄花皆般若，青青翠竹尽法身"，这是更高境界。

（二）小乘佛教或者部派佛教讲轮回，讲苦。前文论述的人的八苦主要是小乘佛教的思想。大乘佛教讲求，我不下地狱谁下地狱，舍身进入地狱救助众生。所以大乘佛教讲兼善天下，小乘佛教强调独善其身。大乘佛教认为要像大型的轮船一样承载更多的人到达幸福的彼岸。所以我们读《心经》的最后阶段就是这样的话，"揭谛揭谛，波罗揭谛，波罗僧揭谛，菩提萨婆诃。"这句话的含义是：去呀去呀，快点去呀，快点到没有烦恼的地方去，一起去。

佛教最难学的原因之一就是单词多，但是记不住单词就没办法往下看。大乘佛教主张人人都可以成佛，能够驾驭自己的人就是佛。谁敢说完全能够把握自己。不仅身体管不住，就是嘴巴也管不住；不仅嘴巴管不住，就连思想都管不住。但是佛能够做到，能管住自己的身，管住自己的心。日语里的谢谢你，ありがとうございます是没关系，汉译就是大丈夫。什么样的人让你觉得了不起、没有关系，就是大丈夫。大谢不言，而且我做这件事情没有关系。"天"字出头，也就是说能够顶天立地叫丈夫。现在称女性的爱人叫做丈夫，其实很多时候男性应该愧不敢当。"丈夫"是什么意思呢？一丈之内顶天立地，就是很小的空间内能够撑起这片天。

成为菩萨的人必须要做到六度，实现六度的人就可以成佛，明确四谛的人可以成阿罗汉。这个人要懂得苦集灭道。六度就是菩萨所修的六种法门。

第一个是布施，给别人财物布施，给别人知识布施，给别人力量上的布施。如果你没有钱，没有知识，没有勇气，那怎么办呢？那也没有关系，佛经说用微笑布施，用你的表情做布施。

第二个是戒度，包括出家、在家、大乘、小乘一切戒法和善法，谓菩萨由修一切戒法和善法，能断身口意一切恶业。戒有防过止非的作用，一般信佛学佛的人，都要遵守戒律，远离过失，才能身心安定，开发智慧，圆成佛道。

持戒不是让你遵守清规戒律，按章办事。戒和律是两回事。戒是总的行为准则，律是生活规范。换句话说，佛教的戒律分为两种，一个叫持戒，一个叫做持的戒律。佛教戒律规定某些事不能做，某些事必须做。很多事情没实践不等于不能做。杀恶人是善行。所以大乘佛教徒提倡，我不下地狱谁下地狱。惩罚恶人在行善。为什么寺院里有那么多菩萨都在笑，但还有很多菩萨不笑，怒眼圆睁。这些怒目金刚的菩萨是专门对付心怀鬼胎的人，根本原因是防非止恶。很多公司搞很多章程，最重要的目的是防非止恶，防止我们所处的环境出现邪恶。这是戒律最基本的功能，这样理解戒律就显得比较容易一点。戒律的内容非常多，有机会详述。佛教戒律从五条、十条一直到五十条、两百五十条、三百四十八条，越到后来越难做到。不管怎么说戒律就是规章制度，所有行业的规章制度都可以叫做戒律。

第三是忍度。忍受一切有情、骂辱、击打及外界一切寒热饥渴等之大行，即能断除瞋（tiàn）恚（huì）烦恼忍辱的对象是专门针对奸贪、嫉妒的。大乘佛教徒最基本的就是要学会忍辱，想要求全的前提需要委屈，想要做事的前提是必须要忍辱。一个人受的委屈多大，他的成就往往也越大。委屈才能求全。什么该说，什么该做，什么是对的，什么是该让的，这是没有绝对的道理。肚量有多大，成就就有多大。为什么说宰相肚里能撑船，要装很多委屈，委屈多了肚量就大了，肚量大了做事也就成了。

第四是精进度，勇猛精进，精修一切大行，能对治懈怠。不仅努力还要非常地努力。日语里称素食叫做精进料理，吃这种饭的人是很精进的。这似乎与佛教的另外一个名词"随缘"有些矛盾。佛教一方面叫人随缘，一方叫人勇猛精进，这是怎么回事？其实佛教里讲的这两个内容一点都不矛盾的。人要无我，不要太以自我为中心了，这个时候就要随缘。随缘怎么能够精进呢？精进是属于向上的、正当的、好的行为，值得你去追求的，并能给所有人带来利益和快乐。这样的事你要精进，不仅要精进，而且要勇猛精进。随缘，强调的是指在面对得失、成败的时候，既不要欢欣雀跃也不要焦头烂额，秉持这种态度叫做随缘。当你春风得意的时候，无我就行了；当你倒霉的时候，你再想想随缘。这看上去矛盾实际上一点也不矛盾。有四句俗语，很有趣：你骑马来我骑驴，看看眼前我不如；回头又见推车汉，比上不足下有余。这就叫随缘。然后才能做到无我，如果你都没有精进就随缘，那是谁也做不到。一个人精进一次并不难，难的是你天天精进。

第五是禅定。通过禅定产生智慧，定止散乱，心一境性，调伏眼耳等诸根，会趣寂静妙境。每个人都需要情绪管理，需要对自己的心态做有效地调试。我理解"人定胜天"这几个字，定不是一定的定，而是静定的定，禅定的定。这个天是人法地，地法天，道法自然。这个天是规则、规律、天道。天道是规律。人与人要和谐，人与自然要和谐，人与自己要和谐。如果这样去理解的话，你通过心理力量的建设和加强，人的能力可以让自己发生改变。胜天不是说你比天还了不起，而是说你通过禅定的状态，心理的力量的培养，使很多规律性的东西发生调整。佛教的因缘即是如此。你不要以为你在自然面前非常强大，人在自然面前是那么的脆弱。大家面临汶川大地震的时候，充分体会到了人在自然面前的渺小、软弱。地球只不过颤抖了一下就生灵涂炭了。人定胜天换句话说就是天道酬勤。所谓天道昭昭，只要付出了天就会给予回报、馈赠，机会是留给每个人的。

第六是智慧。它含义深广，有了知、分别、简择、决断等许多意义，是通达真理的最高智慧。

《劝发菩提心》里有这样几句话："观众生难度，不生厌倦。如登万仞之山，必穷其顶；如上九层之塔，必造其巅。如是发心，名之为真。"何谓大心？你认为佛学难学，但是你没有放弃也没有心生厌倦，"如登万仞之山"，坚信一定会像爬九层塔一样攀到顶峰，这样的心才叫大心。与此相反的就是小心，自私自利的心。所以大乘佛教强调以信仰实践为主。

（三）从教理义学方面来说，小乘佛教总的倾向是"法有我无"，即只否定人我的实在性，而不否定法我的实在性。而大乘佛教则不仅主张人无我，而且认为法无我，即同时否定法我的实在性。

（四）小乘佛教对于经典的语言文字解释比较拘泥，甚至比较认真。大乘佛教采取"空"的态度，强调不要去执著。佛教认为什么样的知识是比较可靠的？小乘佛教认为，我们获得知识的来源有三种：第一，现量，指由感官和对象（所量）接触所产生的知识。按照一定的逻辑关系，通过一定的认识途径，每个人都可以得到一个知识建构。第二，比量，由推理而得的知识。第三，圣言量，圣人说的话。如一个贤者、领袖的话，不允许怀疑，这就是圣言量。这是小乘佛教对语言、知识的理解，有其局限性。大乘佛教对知识的理解有四条原则：依法不依人，依义不依语，依智不依识，依了义经，不依不了义经。这是大乘佛教很大的原则，与小乘佛教有天壤之别。大乘佛教认为真理不一定存在少数人的身上，发明知识的权利每个人都有。

（五）小乘佛教可以说是再次出家的部派佛教，初期大乘佛教完全是以在家为主。我们可以举出几个人，如维摩诘居士，唐代的诗人王维。维摩诘居士是大乘佛教里面最重要的人物之一，读一读他的故事就能体会这两句话："唯大英雄能本色，是真名士自风流。"真正的风流不是那种低级趣味，而是一种很高雅的风流，这种思想对中国文人影响深远。

鲁迅在《中国白话史》里说道，魏晋时期的知识分子人手三本书：《论语》、《孝经》和《维摩诘经》。由此可见维摩诘在佛教里面的影响，而且他是居士佛教的源头。作为居士的他，境界与佛是一样的。他是印度社会的一名长者，而且家庭非常富有，资产丰厚，生活多姿多彩，但是智慧、辩才又是独一无二的，是僧俗两界共同敬仰的一个人。

佛陀和维摩诘两个人做了一次教学配合。有一天维摩诘生病了，佛陀想要派他的学生去看一看维摩诘。结果他的十个学生先后回顾了自己不能够代表佛陀去探望维摩诘的理由。其中有一个例子，按照佛教的规定，僧人吃饭是化缘的，而且是到固定的人家去化缘，不能超过七户。如果你化缘超过了七家没有得到食物，今天就不要吃饭。化缘的时候钵要托到眼眉以上，不要看别人给你什么食物。

佛陀的首席弟子摩诃迦叶Mahā Kasyapa（巴利文）专门向一些有钱的人化缘。按照佛教的说法，这个人今生比较富有是因为上辈子做的布施和贡献比较多。摩诃迦叶认为，如果富人今生不继续作贡献，下辈子可能就沦为贫穷，这是一个轮回，所以他专门要向一些有钱的人去化缘。维摩诘批评他的做法只做对了一半，因为这说明你的慈悲心不够普遍。如果贫穷的人今生不做布施的话，下辈子他还没有富有的机会。最后由佛教最高智慧的代表文殊菩萨去看维摩诘。文殊和维摩诘之间的辩论与交流是印度大乘佛教思想史上一段非常精彩的瞬间，这在国内很多石窟壁画上都有所反映。他们之间辩论了大乘佛教几乎所有的问题。如果不读《法华经》、《维摩诘经》、《华严经》，可能汉语世界的一些词语的出处我们都不大熟悉。比如我们常说的刹那、烦恼、慈悲、无常、天女散花、天依浪漫、取饭香积、借座灯王等，这些术语都来自佛经。有一本书《俗语佛缘》对这部分内容做了介绍，大家感兴趣的可以看看。佛经为中国文学提供了很多素材和空灵的意境。

早期佛教僧团存在的方式叫"僧伽"Samgha（梵文）。僧伽是一个有组织、有系统的宗教团队，翻译成汉语意思是"和合"。所以和尚这个单词从这个角度讲就是以和为尚的意思。僧伽有七种人，分别是比丘，受过标准戒律的男性出家人；比丘尼，女性出家人；沙弥，还没有完整地受过佛教戒律但年龄很小的男性出家人；沙弥尼，就是戒律受得不完整；学法女，印度的女性进入僧团之后，要有三个月的观察期，看她在家期间有没有其他的生活，或者是她的身体会不会发生一些变化，然后才允许她正式出家；优婆塞，男的居士；优婆姨，女的出家人。所以整个僧伽包括七种人。

通过以上分析大、小乘佛教的区别，大家会更进一步理解佛教的基本思想。

四、十善、七觉支、十地、十法界的辨析

大乘佛教的十善业道，第一个叫做修治清净，就是我们的身心时时刻刻都要保持清静。这个也很难做到，人早上起来的时候都是贪心多，中午时见的人多了，就是嗔恨心多，晚上欲望很强烈，饱暖思淫欲，每天都就是三心未了，滴水难消。与此相对的，是我们要追求的境界，如插秧歌所说的："手执青秧插满田，低头便见水中天，六根清净方为道，退步原来是向前。"第二个就是心广无量，就是要心量很广，要无边无际的，广到什么程度？佛教的最高境界叫心量广大遍周法界。遍周法界，这个心量是很大的。第三个是具足慈悲，时时有悲悯之心，发菩提心，服务众生、利益众生，观音就是慈悲的具足者。第四个方便所摄，湖北归元寺有个对联："归元无二路，方便有多门。"当然，佛教里还说不要对所有人都慈悲，如果慈悲过度，会出祸害，方便过度，事事就没有原则，最后一定出下流。第五个，发生大愿。第六个是不舍众生，很多人是有需求的，你不要舍弃他们，要时时刻刻帮助他们。第七个你对佛教的智慧要有向上之心，即希求诸佛大智故。第八个，净治菩萨诸地。第九个，众善奉行，净修一切。第十个，成菩萨广大行。合起来就是：修治清净，心广无量故，具足悲愍故，方便所摄故，发生大愿故，不舍众生故，希求诸佛大智故，净治菩萨诸地故，净修一切诸度故，成菩萨广大行。

要做到大乘的十善业道，还有一些方法，就是七觉之。所谓"觉支"，意谓"觉悟的部分"，指到达开悟之前的修行项目。在三十七菩提分法的七种修行道中，七觉支被认为是最高层次的修行法，这主要与禅定有关。在原始经典中，安般念（数息观，数出入呼吸以达精神统一）之后，修四念处观，然后再修七觉支，则可证得明（悟的智慧）与解脱。

七觉支指以下一些内容：一、择法觉支：择即拣择，以智慧观察诸法时，能鉴别真伪，不谬取虚伪法故。二、精进觉支：精谓不杂，进谓无间。即对于所修法，努力精进不懈。也就是修诸道法时，能觉了且息止无益的苦行，而于真正法中，专心一意，无有间歇。三、喜觉支：喜谓欢喜，心

契悟于真法而得欢喜时，能觉了此法是否从颠倒法生，因此而住于真正的法喜。四、除觉支：除谓断除，即断除诸见、烦恼时，能觉了、能除弃虚伪法，并增长真正之善根。五、舍觉支：舍是舍离，即舍离所见与所念着之境时，能觉了且永不追忆虚伪不实法。六、定觉支：定指禅定，即发禅定时，能觉了诸禅不生烦恼妄想。七、念觉支：念是忆念，即修诸道法时，能觉了、能忆念而令定慧均等，不昏沉、不浮动。我们可以在学习生活中实践一下。

大乘佛教以信仰与实践为主，上面提到了十善、七觉支，接下来我们看看十地，这是所有佛教徒修行要经过的十个阶段，大乘菩萨道的修行阶位。大地能生长万物，故佛典中常以"地"来形容能生长功德的菩萨行。

"十地"，指十个菩萨行的重要阶位：

第一，欢喜地，欢喜地就是修行到这里的时候，初证真如平等圣性，具证二空之理，能成就自利利他之行，心多生欢喜。儒家说的人之初，性本善，性相近，习相远，墨家说人之初，性本恶，而佛教讲的则是人之初性无忌。佛教不主张性善和性恶，而是非善非恶的中间状态。道家把人努力修行的目的定为进入婴儿状态，佛教把这个叫明心见性，所有的努力最终是要做到明心见性。古希腊巴特农神庙写着一句话："你认识你自己吗？"佛教的明心见性，就是认识你自己，如神秀说的"时时勤拂拭，莫使惹尘埃"，直至最后"若得心境如明境，万里长空了无尘"。说的道理都是一样的，认识自己。当一个修行的人进入欢喜地的时候，你成为圣人的可能性已经显露了，人文学科有一句话，就是入流了。修行人进入第一个境界，就有了努力的心，能够自利益，又给别人带来利益，就是登了欢喜地，"到此般般放下，从此步步高升。"这是修行的第一个境界。

第二，离垢地。垢也就是垢秽——对人我有分别心，自以为了不起。心地若能净化，去除这杂念，才能进入"离垢地"。也就是心田中完全是纯净的好种子，不要掺杂一些不好的东西。

第三，发光地。一面镜子若是蒙上一层污垢，就无法清楚地映照出人的面貌或景物。我们的心就像镜子一样，心若被污染了，清净的智慧就无法显现其良能效用。学佛，就是希望我们的心地能发光（智慧光能）；而且不仅能自照，还要照亮他人。

第四，焰慧地。菩萨于三十七道品，圆满具足，进而修习力无畏，不共佛法，远离懈怠，成就精进波罗蜜，使慧焰炽盛，故名"焰慧地"；焰是光明四射的意思，不只是智能光明返照自身，还要将光芒向外发散照亮。若能登上焰慧地，就能到达明净的彼岸。

第五，极难胜地。菩萨为利益众生，外习诸技艺，内成就禅波罗蜜，极难制胜，故名"极难胜地"。真正想要学佛就必须步步上升，套句现代人的话，称为人格升华。学佛要修习禅定，心能定下来，就能达到禅的境界。如何让心定下来呢？要断除思惑，将心中的明镜时时勤拂拭，而且不是一曝十寒。

第六，现前地。菩萨住解脱法门，修空无相无愿三昧，成就般若波罗蜜，使现前差别尽泯，故名"现前地"；一面擦得十分洁净的镜子，不管它所照的外境是多么污浊，只要境、物移开后，这面镜子依然十分洁净；就像世间的喜、怒、哀、乐已经影响不了修行人的心，所以面对周围的环境时，即能了然分明，这就称为净性现前地。要修到心如明镜的境界，就要断见思惑——见解和思想上的疑惑，应当境来照境，离境则清净。

第七，远行地。菩萨断诸业果细现形相，起殊胜行，广化众生，成就方便波罗蜜，备远行资粮，故名"远行地"；心和境接触时能观照得很清楚，但又即境不染心。心中若有所执著、烦恼，修行就不能轻安自在，也就无法再进步。就像自己绑着自己的脚，自闭于门户之内，因而无法体会外面的境界，智慧也就无法开启。

第八，不动地。菩萨住无生忍，断诸功用，身心寂灭，犹如虚空，成就愿波罗蜜，与涅槃心，湛然不动，故名"不动地"。不动就是不受动摇。发心容易，恒心难持。一般人受到感动时，口头上发愿要付出爱心很容易，但要以恒常的时间身体力行就很难了。

第九，善慧地。菩萨灭心相，证智自在，具足十力，于一切处非处，都清清楚楚，成就力波罗蜜，善运慧解，故名"善慧地"。善慧，即是慈悲而有智慧，发多大的愿，就有多大的力。

第十，法云地。菩萨广集无量道法，增长无边福智，悉知一切众生心行，依上中下根，为说三乘，成就智波罗蜜，有如大云，雨大法雨，故名"法云地"。法是智慧，云是慈悲、爱护之意。人有生、老、病、死，但我们也有不死的慧命。它需要法云的培养：法语滋润众生，就像拨云见月时，云会散开；需要及时雨时，云又会自动聚拢降雨，培育大地万物。

再来看看十法界，十法界包括四圣六凡。

四圣的第一个是声闻界。声闻，音译舍罗婆迦，意译作弟子，指听闻佛陀声教而证悟的出家弟子。声闻所修行证悟的果位，有初果、二果、三果乃至四果阿罗汉。阿罗汉为小乘的究竟果位。第二个是缘觉界，缘觉，音译为辟支佛，又名独觉。缘觉是值佛出世时，听闻十二因缘教法（内因缘）而开悟，乐于独居，故称缘觉。独觉则生于无佛出世的时代，观察外界现象的生灭变异（外因缘）而无师自悟，故名独觉。名称虽然不同，不过都是由于观"缘"起法而"觉"悟，因此能破除少分习气，不像阿罗汉习气全存，所以胜于声闻。第三个是菩萨界，菩提指"正觉的智能"，萨埵指"有情"，故合译为"觉有情"，也就是发起菩提心，"上求佛道，下化众生"的圣者，菩萨的精神是坚忍与精进，一个志愿修学大乘菩萨法门的人，首先要发菩提心，上求下化，才能精进不断地饶益众生。第四个是佛界，历史上的佛，是指两千五百年前的释迦牟尼佛。但是佛陀的真身，却是遍满虚空，不生不灭的真理法身，必须具足十住位的菩萨，才能常听到法身演说妙法，法身便是佛陀所证悟的境界。

六凡指地狱、饿鬼、畜生界、阿修罗界、人界、天界，六凡加前面说的四圣合起来就是十界。我们常讲轮回，人一天中，一会是佛，一会是饿鬼，一会是阿修罗，我们每一天都在轮回。比如我们早上起来的时候，想给别人带来好处，帮助别人，这是菩萨的境界，希望给别人带来智慧功德；中午的时候，我们开始自私自利了，自私的心理开始萌发了，这时就进入了阿修罗的境界。或者说我们在一天当中，一会在声闻界打转，然后又进入地狱界，所以我们每一天都在轮回。我们说得再通俗点，就是我们每个时候面对各种人可能都不同，每天的面孔都不一样，好人坏人不断变化，这也是佛教里讲的轮回，而凡圣的差别就是心的差别。

讲到这个地方，我们大体上了解了佛教理论里的一些数字联系，一是识相，这是大乘佛教的标准，也叫空相；第二个，我们提到了二谛，二谛就是有和无的关系，即真俗二谛，第三个，我们举出了三法印，第四个介绍了四谛，第五个叫五乘佛法，它是所有的佛教为类，是佛教的总纲，包括人天乘、声闻乘、缘觉乘、菩萨乘、佛乘，这叫五乘佛法。我们前面又提到了六度，七觉之，八正道，十善，十地，十法界，这些都是大乘佛教里最核心最主要的思想。

五、晚期佛教与密教

晚期的佛教，大概是公元800年到1400年，这时佛教进入密教阶段。所以，我们总结一下，第一个是原始佛教，第二个是部派佛教，第三个是大乘佛教，第四个是密教。密教也是大乘佛教的一种，但它是一种变异。唐代密教传入中国，善无畏、金刚智、不空是唐密祖师，他们将印度纯正密教传到中国。唐玄宗跟他们学密教，也跟他们学天文学观星象。这个时间佛教已经是晚期了，高度婆罗门教化。比如说他们用咒语，早期佛教不允许用咒语的，婆罗门教里有祭祀万能，早期佛教是反对的，但后来也接受了。印度佛教发展到大乘时，偏向理论，成为一门学问，脱离实践，慢慢婆罗门教化。

藏传佛教不一定是密教，西藏当地有一个原始信仰叫本教，佛教传到西藏，与本教结合，就成为藏传佛教。藏传佛教的原则思想还是佛教的，如空、无我、中观见等，但其他的内容不是佛教的，如大量的祭祀，已经是西藏地区带有本土特点的宗教。唐代把藏传佛教叫密宗，但只流行了几十年，当时日本来了个人叫空海，把密教传到了日本，唐密也转移到了日本。中国只有一个地方，西安的青龙寺，是密教的寺庙。佛教在印度消亡的原因有很多，一是密教的兴起，第二是伊斯兰教兴起，加速了佛教的消失，再就是佛教转化为学问，跟现实脱节，离开了民众基础。

六、普贤十大行愿

我们再介绍一下普贤，讲讲普贤的十大行愿。华严第四十卷，一般称为《普贤行愿品》。揭示了普贤菩萨十大行愿：一者礼敬诸佛；二者称赞如来；三者广修供养；四者忏悔业障；五者随喜功德，随喜而修，切不可讽刺打击，妒嫉诽谤，分享喜悦；六者请转法轮，如来说法，一句一字，皆从菩提心中流出，大众闻法，一句一字入耳，皆转入心中而成妙法，现在释迦已灭，弥勒未生，我们应请大法师代佛说法，即请转法轮。法师转大法轮，能使人去恶向善，转凡成圣；七者请佛住世；八者常随佛学，我们时时以佛为学习的榜样，对佛的教法要依教奉行。总之，要诚心忆佛，从因至果，引得心智，随之而学，常常如此，始终不变；九者恒顺众生，以大悲心，平等饶益一切众生。对任何众生，都要承事供养，如敬父母乃至如来，等无有异；十者普皆回向。菩萨作一切功德，都是为了一切众生，真正做到毫不利己，专门利人。怎样回向呢？经文中说：愿令众生，常得安乐，无诸病苦，欲行恶法，悉皆不成，所修善业，皆速成就。关闭一切诸恶趣门，开示人天涅槃正路。若诸众生，因其积集诸恶业故，所感一切极重苦果，我皆代受，令彼众生悉得解脱。他还有一句话，叫普贤菩萨警众偈，是日已过，命已随减。如少水鱼，斯有何乐？当勤精进，如救头燃但念无常，慎勿放逸。

七、判教与格义

佛教有很多宗派，比如天台宗等八个宗派，每个都是很具专业化的，倾尽毕生精力也研究不完。有几个是中国佛教特有的，一是天台宗，二是禅宗，三是净土宗，四是华严宗，这四个是中国本土化的派别。先说天台宗，它在隋代得以确立。隋代虽然只有四十八年，但两任皇帝对文化都有贡献，对宗教也有极大的贡献。隋代结束了淝水之战之后就开始的南北对峙和混战局面，政治上由南北分裂走向统一。使得南北文化的交流。当时南方的造像全是瘦骨清风，佛像的风格在南方都是很飘逸的；北方则很厚重，很质朴，我们也注意到中国几大石窟都在北方，比如龙门石窟、云冈石窟、敦煌石窟等。当时，南方佛教注重学问，北方佛教注重实践，统一的国家要有统一的宗教，于是天台宗出现了。

中国佛教宗派有两个区分点：第一个是判教，第二个是格义。佛教这么多的宗派，所有宗派理论上的区别主要就是判教上的区别。判是判断，教就是佛教，也就是各个宗派对释迦牟尼讲课都有自己的一个梳理。释迦牟尼一生讲了三百多次课，讲了四十五年，也有人说四十九年。释迦是一个种族，摩尼就是圣人，判教就是对释迦牟尼讲课的内容有一个判断，判断他讲课的顺序。比如天台宗说他一生讲课是按照这个顺序讲："华严最初三七日，阿含十二方等八，二十二年般若谈，法华涅槃共八载。"对佛教的判教，天台宗认为他最初是讲《华严经》，可是下面的人听不懂，听众如聋似哑。但他有一个理由，说八十卷《华严经》是最难懂的，我们熟悉的几个菩萨都出在《华严经》，如文殊、普贤，不过观音是出自《法华经》而不是《华严经》。

释迦牟尼刚开始讲课的时候，听众其是根器最好的，但他在七个地方讲了九次，没有人听得懂，所以他就改变方向，先讲一些简单的。佛教"唯心"的思想就出在《华严经》，一切唯心照。唯心思想曾被严重地批判过，实际唯心现在讲起来也没什么不对，一般人理解是有问题的。"文革"里有一个很有名的思想家批判说，佛教徒很奇怪，一定要眼睛闭起来看这个世界，说这个世界是空的，他还说佛教是唯心的，所有的一切都是由心创造的。实际上，佛教讲的心指的是你有什么样的心境，你有什么样的心境就有怎样的情怀、什么样的世界。你高兴了见到任何人都高兴，你不高兴了见到任何人都是不高兴的，所以叫"心生种种法生，心灭种种法灭"，你有心做什么都好，无心做什么都没有意思。

佛教里讲心、意、识，现代心理学只讲到第六意识，讲不到第七识，更讲不到第八识阿赖耶识。心、意、识这三个字在佛学里区别是非常大的，心是能够升起的，能够把各种观点聚起来的，就是心；能够进行思维的是意；能够对一些问题进行分辨，就是识，它们的功能有严格的分别，《华严经》是专门讲唯心的。我们很多人读过庄子的《逍遥游》，另外西方有一本著名的书叫《天国之路》，再加上佛教的《华严经》，是人类社会三部绚烂的奇书。佛教讲"不读华严经，不知佛富贵"，儒家理学的"理"，就出自《华严经》，理事不二。武则天有一位老师叫法藏大师，她专门跟他学《华严经》，但武则天听不懂，法藏看到金銮殿里有个狮子，以金狮子为例，解说佛经，即后世所传《华严金狮子章》。《华严经》讲一跟多的关系，讲整体与部分的关系，这部佛经在中国唐朝时形成了华严宗。按《华严经》理解，佛陀后来讲了十二年《阿含经》，后来又开始讲《般若经》，讲了二十二年，讲到最后要总结一下，总结的时候就讲《法华经》，讲《涅槃经》，这种划分的方式，专业词汇叫判教，这是中国佛教的特点之一。

第二个是格义，简单说格义就是用儒道老庄的思想去解释佛教的单词，比如说"空"，汉代时没办法解释"空"，不大熟悉，他们就说"空"就相当于道教里面的"无"，即用中国术语解释印度佛教的词汇。比如说什么是慈悲，慈悲相当于儒家里说的"仁"。魏晋南北朝时期的学者经常以这种方式解释佛教。

八、《金刚经》与《心经》

我们知道释迦牟尼的教学方式是他不主动讲，只有人家问，他才讲。《金刚经》开头就讲到号称佛陀十大弟子中"解空第一"的须菩提发问：当众生立定志向要达到无上圆满的佛陀觉智时，应该将发心的目标定在哪里？如果在实践过程中心不能安住，应该如何降伏？即如何使心灵平和地安住在终极关怀，如何在走向终极目标的过程中，对各种错误认识和患得患失心理进行克服？《金刚经》就是围绕佛陀对此问题的解答而展开的。

我背里面的一段："如是我闻，一时，佛在舍卫国祇树给孤独园，与大比丘众千二百五十人俱。尔时，世尊食时，著衣持钵，入舍卫大城乞食。于其城中，次第乞已，还至本处。饭食讫，收衣钵，洗足已，敷座而坐。时长老须菩提在大众中即从座起，偏袒右肩，右膝着地。"这一段说释迦牟尼住的地方离城市不远，在一个村落里面，到吃饭的时候，他穿上衣服，显得很整齐，去化缘，而且没有因为他是佛，就能随便要饭，而是次第乞已，严格按照顺序去要饭。按佛教的规矩，化缘不能超过七家，七家没要到就回去了，不要吃了。回去之后释迦牟尼开始吃饭，吃完饭之后自己洗衣钵，洗洗脚，盘腿坐在这个地方。还没坐稳，一个学生须菩提就开始问他问题。从这里可以看出，佛是很朴素的，完全是人性化的。

须菩提对佛陀的说法是懂的，但其他人不一定懂，所以他要继续问下去。《金刚经》共讲了二十七个问题，第一个问题最重要，即：心住在什么地方？禅宗有一个故事叫断臂求法，我们都知道禅宗在汉地的第一个弘法者是菩提达摩，第二代是慧可，第三代是僧璨，第四代是道信，第五代是弘忍，第六代是我们熟知的慧能。菩提达摩从印度漂洋过海到了广州，在华林寺停留了一下，后来北上见了梁武帝，梁武帝很信佛，建了很多寺庙，皈依佛门后，曾三次舍身同泰寺，然后跟大臣说，你们要想我回去，那就拿钱把我赎回来。历史就是这样，本来人家不一定适合当皇帝，当文人可能更合适，但人家就是当了皇帝。相同的例子还有南唐后主李煜，"春花秋月何时了，往事知多少。小楼昨夜又东风，故国不堪回首月明中。雕阑玉砌应犹在，只是朱颜改。问君能有几多愁，恰是一江春水向东流。"他是一个诗人，但命运就是让他当了皇帝，而且当也当不好。

梁武帝也是这样，对佛教好，但对国家不好。有一天他突然站在建康的城楼上，看到百姓在城门口走来走去，就问身边的宝智禅师："法师，这些人进进出出，都在忙什么呢？"这个法师跟他说，天下熙熙皆为利来，天下攘攘皆为利往。即语出入建康城的人都是名来利往。我们现在也是一样，东奔西跑都是为名利。杜甫草堂里有一副对联，"为名忙，为利忙，不如饮杯茶去；劳心苦，劳力苦，何妨拿杯酒来。"

梁武帝经常穿着在家的居士服，坐在讲经的地方给和尚讲经，讲累了就换一个僧人上去讲，他也不放心，坐在对面督讲。达摩一到南京，梁武帝便请达摩进宫。梁武帝问达摩："我即位以来，建造寺庙、译写佛经、度僧、造像不计其数，我为佛教所做的这些事不知有多少功德？"达摩回答说："并无功德。"梁武帝又问："为什么没有功德？"达摩回答说："这些都是有为之事，就如影子随形一样，虽有非实，因此不是实在的功德。"梁武帝又问："怎样才是实在的功德呢？"达摩回答说："本源心性应清净，自证自悟才能圆满，不必向世俗迷界去求，这才是实在的功德。"接着，梁武帝又问："什么是佛教真理的第一义？"达摩回答说："廓然无圣，哪有什么至尊。"梁武帝又问："你说根本就没有什么至尊，站在我面前的你，不就是尊贵的人么？"达摩回答说："不认识。"

两人的对话就没了，达摩随后就寂寞北上，到了嵩山少林寺。在少林寺，北方的佛教也不允许他迅速开展活动，所以达摩在少林寺一坐就是九年，即达摩面壁。达摩面壁九年的过程中，有个人等他，就是后来他的一个徒弟慧可。慧可找到那个山洞，好几次诚恳地求见，都被拒绝了，于是他在山洞外搭起了一个窝棚，从繁花盛开的春天一直呆到冰天雪地的寒冬。在一个大雪纷飞的日子，慧可来到那个山洞外，他跪在雪地上，狠心地砍断了自己的一只手臂，对洞内的达摩说如果你今天还不开口说话，还不出来见我，我就一直跪下去。

达摩终于出来了。他对慧可说："年轻人，你要向我询问什么？你有什么解不开的难题？"慧可说："我的心灵时刻被莫名的痛苦和烦恼所系，一刻也不能止歇，请求大师驱除我的一切烦恼痛苦，让我的心灵得到永久的安宁！"达摩此时于自性中显示无量的光明，加持着慧可，说："把你的心拿出来，再给你安。"慧可在无言中，通观自心，此时心已化作一片的寂照、透明的光，融化在达摩的光明中，一点心的影子也找不到，能与所也了然不见，于是说："觅心了不可得！"

达摩印证他说："我与汝安心竟。"你既然找不到你的心了，你的心也就已经安了。关于慧可立雪，中国佛教协会前会长赵朴初有诗赞道："大勇立雪人，断臂得心安。天下称第一，是禅不是拳。"这是很有名的四句话，这可作为我们对少林寺的理解。

我们再回到《金刚经》里的"因无所住而生其心"。你开车的时候，不能抓方向盘抓得太紧，你握得太紧，一定控制不好方向，完全离开方向盘当然也会有危险。所以无住生心，大概就是既没有很用力，又没有很放开，这种是最轻松的状态，不即不离。所以佛陀对须菩提说在没有住的情况下，没有执著的情况下，就能升起这样的心。过于执著做不好，太用心可能也做不好，不用心又做不到。佛教里著名的三段式，"所谓佛法者，即非佛法，是名佛法"。如说佛法实有，佛法即佛法，非佛法即是非佛法，两者绝不等同，但以般若智观之，所谓佛法，本非实有，故说"所谓佛法者，即非佛法"，但"是名佛法"，尚有假名，不是虚无，故以此句断有无二执，明非有非无之真空妙义，他处亦然。这是印度的一个推理，套在别处，可以有很多，跟这个相关的，还有因明。世界上主要有三种逻辑，一是西方的形式逻辑，一是中国的墨辩，还有一个就是古印度的因明。因，指推理的根据、理由、原因；明，指显明、知识、学问。因明导源于古印度的辩论术。

《金刚经》到最后归结为一句："一切有为法，如梦幻泡影，如露亦如电，应作如是观。"我们来读一下《金刚经》："如是我闻，一时，佛在舍卫国祇树给孤独园，与大比丘众千二百五十人俱。尔时，世尊食时，著衣持钵，入舍卫大城乞食。于其城中，次第乞已，还至本处。饭食讫，收衣钵，洗足已，敷座而坐。时，长老须菩提在大众中即从座起，偏袒右肩，右膝着地，合掌恭敬而白佛言："希有！世尊！如来善护念诸菩萨，善付嘱诸菩萨。世尊！善男子、善女人，发阿耨多罗三藐三菩提心，应云何住，云何降伏其心？"佛言："善哉，善哉。须菩提！如汝所说，如来善护念诸菩萨，善付嘱诸菩萨。汝今谛听！当为汝说：善男子、善女人，发阿耨多罗三藐三菩提心，应如是住，如是降伏其心。""唯然，世尊！愿乐欲闻。"

你看这段话多有意思，上面我们说过它就描写了一个上课的情景，当时，佛祖释迦牟尼在舍卫国的祇树给孤独园，和大比丘众一千二百五十人居住在那里。那时，世尊到吃饭时身着法衣，捧着食钵，进入舍卫国都城化缘。在城内乞食，化缘完后，回到住处。吃完饭，收好法衣和食钵，洗完脚，铺好坐垫就开始打坐。这时名叫须菩提的长老，从众比丘中离座站起来，右肩袒露，右膝着地，合上手掌十分恭敬地对佛说："举世稀有的世尊啊，（佛）您要求各位菩萨好好守护住自己的心念，要求各位菩萨常常警示自己。世尊啊，那些善男善女如果也想修成至高无上的平等觉悟之心而成佛，那您说怎样才能守住心念，才能排除邪念的干扰呢？"佛回答道："好啊好啊，问得好！须菩提，就像你所说的，佛要求各位菩萨好好守护自己的心念，常常警示自己。现在你认真听着，我来告诉你。善男善女想修成至高无上的平等觉悟之心而成佛，应该像这样守护心念，像这样排除邪念干扰。"须菩提说："我正在认真听着，世尊，我很愿意听您再讲下去。"最后就是一切有为法，如梦幻泡影，如露亦如电，应作如是观。

我们再看看心经，《般若波罗蜜多心经》，解释一下大概是这样："观照自心，不为实、虚的万物所动，修行达到智慧入定的时候，便能够洞悉五蕴（色、受、想、行、识）的虚幻，从而超脱于一切生死苦厄之外。非大智慧者不能领悟：物质和虚幻都是相对的，互相包容的、互相转换、不稳定的，不能将两者武断地拆分，相对性才是世界的真相。空不是物质绝对消失之后才有的，空与物质本来没有绝对的界限，是包含物质的虚空。不要执迷于任何一个极端，偏执于任何一极，既不执著于世界一切都是虚无，也不执著于世界一切都是物质。感知、思考、行为、认知，都同样是与外界联系而产生的，也是相对性的，不可孤立、极端地根据自己的感知来片面地理解、判断这个世界。

只有用佛家的智慧去理解，把握世界虚空，实相的度，没有了妄想之心，不为凡尘俗事所困扰，也就不会因为个人的生死得失、修为的圣人凡夫、知识的狭抑宽广而影响对佛学的修为。

人的感官认知，都是因缘机会，虚幻而成的，不可以用充满杂念的心去追求虚幻的认知。所以修佛的人要时时观照，不可执迷于色、空的极端——因为执迷而容易丧失对一切真实世界的认识了解。人的感官对世界的认知不一定都是真实的，可能存在误解，如果能够了解以佛学的方式去理解。最终能够做到心平气和，不为任何外界因素所困扰，陶冶涵养，终归能认知世界本性。

人的主观意识是一切苦厄烦恼的原因。世间一切事物无不因为这些凡尘俗识而作用变化，而互成因果，辗转无穷。只有修得佛法，时刻观照，才能摆脱一切凡尘俗识，了然世界真相。人类的痛苦因缘，都是因果流转所至，有其根源可寻，只要理解了世界的真实性，扫除一切执著，把握因缘起因，也就可以控制和消除了苦难的因缘。达此大乘境界，便不再追求一己之私的解脱，也不至于在"个人"的道德完善上下功夫，不会只追求参悟生死。因此才会胸怀博大，不执著于摆脱个人苦难为目的，而是投入地以度化人间苦难为己任。

明白了这种烦恼业因的来源，自然就会思考消除苦难的方法，进而行动起来，修善止恶，消除世间苦难的来源。

修行之人，依法修持，待到功德圆满，机缘成熟，心态稳定之后，自然也就没有丝毫虚妄杂念，也就无所谓对解脱凡尘俗事、心魔障碍、生死困惑的牵挂了。只要心中没有牵挂，没有障碍，也就不会有对凡尘俗事的操心。远离虚幻梦想，达到大超脱的境界。无论何时、何地的修成者，都是按照佛家特有的妙智慧达到参悟的彼岸，从而达到至高无上的大觉大悟境地。

所以说，佛家的妙智慧是有广大神通的、能破除心中的黑暗迷茫，引导你走向觉悟的境地，世间修行没有比这更简单有效的方法了，般若法是修佛的最佳心要，依此修行是成佛的途径，修般若法，能破除心中迷障，令你看透世界的本质，尽除一切众生所受的苦厄灾难。所以般若法门是有效实用的。所以说"般若波罗蜜多"是有实效的一门学问，能使人掌握世界的本质。为了大家都能更好地理解、修行，再告诉大家一个句有实效的话，按此修行：归回本性，普度自我及他人都到彼岸。依照此话修行，能快速达到佛的境界。

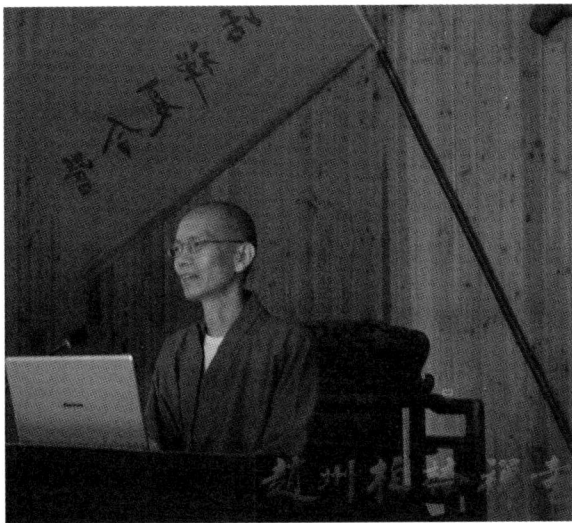

宗舜

宗舜，字化默，号无尽灯楼主人。佛教禅宗曹洞正宗第四十九代传人，法派名腾睿。出家前从事教育、宣传工作。出家后负责佛教教育、弘法和研究工作。现任苏州戒幢佛学研究所研究部主任，西园寺副寺。南京师范大学客座教授，中国佛教文化研究所学术委员会特约研究员。佛课之余，焚香品茗谈禅。并撰写论文多篇，在《世界宗教研究》、《敦煌研究》、《敦煌吐鲁番研究》、《敦煌学研究》、《禅学研究》、《中国禅学》、《禅》、《戒幢佛学》、《闽南佛学》、《中国宗教》、《人民日报·海外版》等全国性重点学术刊物上发表。佛教论文，见《宗舜法师文集》。诗词见《无尽灯楼诗词杂钞》。应邀为《时尚先生》撰写专栏，并接受《时尚健康（男士版）》、《嘉人》杂志、《时尚先生》等专访。长期担任凤凰网华人佛教原创节目《问道》嘉宾。代表《时尚健康（男士版）》对话李连杰。

禅茶
——吃茶去的前世今生

　　吃茶去是佛教的一个著名的禅宗公案，它是赵州和尚的一个问答。关于这个公案，从它诞生之日起就极为脍炙人口。现在不管是禅宗还是茶人都喜欢谈吃茶这件事情。横山会所既是一个国学的会所，也是一个禅茶的会所。吃茶在这里也是有很浓厚的风气。但是我们对茶和佛教乃至禅宗认识有多少呢？今天就在这里揭开它们之间种种紧密的联系。

一、认字识茶

　　首先我们来认字识茶。大家会说，茶字，还要认吗？是的，茶是要认的，我们要来认这个茶字。今天看来，似乎更有必要认了。最近有一批语言学专家，忽然抛出要对44个汉字进行整容手术的方案。这个方案之一就是要把茶字下面的竖勾改成一竖，也就是说如果我们今后还按照现在的写法，可能就不规范了。这种闭门造车可以说是无事找事，专家的论调完全没有任何价值，只是劳民伤财。因为改的理由不过是为了书法和美学的效果。说句不好听的，一个字有没有美学的效果不是美学专家和书法家说了算，还要普通百姓来决定，而且要符合造字的基本原则。这些问题不是今天主要讨论的范围。我只想告诉大家，茶字在古代并不简单。

　　按照陆羽的《茶经》记述，在"茶之源"开篇里就探寻了茶的来源。它首先告诉我们，茶一共有五个名字。我们今天常用的只有两个，茗和茶。

这两个比较常见。另外的三个字几乎都不大使用了。另外三个是什么？陆羽说其一曰茶，二曰槚（jiǎ），三曰蔎（shè），四曰茗，五曰荈（chuǎn），我们后面给大家介绍。

我们先看第一个茶，什么是茶？我们翻开辞典，它解释说："山茶科"，这是按照科学的归类解释。"灌木或小乔木"，这个解释就暴露出了编写《汉语大辞典》的人对植物学方面知识的缺乏了。因为茶树确实是山茶科，矮小的灌木，像著名的龙井茶，长在丘陵地带，很多都是小灌木或者小乔木，武夷山有比较高一点的茶树。但是在云南还有一些千年古树，非常高大，几个人才能合围上。做普洱茶的时候没法采叶子，都要人爬到树上去，连枝带叶砍下来。所以泡普洱茶会发现中间还有一些很长很粗的茶梗。实际上普洱茶并不高贵，与龙井、碧螺春那些又嫩又小的茶芽比，连枝带叶的原料就决定了普洱茶不可能高贵到哪里去。对普洱我们要有一个清醒的思想认识，茶原本是少数民族换铁换麻的。古代跟今天不一样，今天是拿最好的东西换外汇，古代好的东西都是自己享受，像宋代龙团茶、凤饼茶都是皇帝才能享受，粗枝大梗的都卖给蒙古人。所以说茶树中还有大乔木，叶呈椭圆形或者披针形，也有的是小圆叶、针形叶。福建最有名的白毫银针，就像一根根的银针，上面披满了白毫，这才是很好的茶。"经烘焙加工后成茶形。"注意，这一句话把茶的历史简化了，其实并不合适。经过烘焙加工后成为茶叶的茶，这种茶是我们今天见到的烘青的散茶。这种茶是从明代才开始有的，在这之前并非都经过烘焙加工后为茶叶，那是茶饼。

中国人喝茶的历史是非常悠久的，相传四千多年前炎黄二帝的时候就开始喝茶，神农氏尝百草，每天要吃很多不知道能不能吃的东西，结果中毒，后来偶然吃到茶叶解毒。从那时候就知道茶叶最大的功效是解毒。当然你可以说这似乎是无稽之谈，听起来虚无缥缈，又没有文献记载，似乎太悬乎了。其实不然。我们祖先所生活的中华大地并不是像非洲的丛林或者其他的丛林，广袤的土地上都是以植物的根茎果叶作为食物的主要来源，吃五谷蔬菜，动物肉在过去是很难吃到的。在孔孟时代，社会的理想化福利是六十岁以上的老人有肉吃，这是对他们的一种福利保障，因此可以知道大部分人没有肉吃。这个饮食结构注定了我们先祖一定会找一切可以找到的植物来尝试吃，所以茶用来吃是绝对可信的，不要去怀疑、挑刺，说那是传说。那个时候神农尝百草，就像我们今天找食物一样，他是肯定要尝试的，找到更多更丰富的食物来源。这个时候发现茶，也就是一个非常自然的事情。

茶怎么吃呢？先民把单纯生吃变为熟食，确切的年代是没办法考证的。熟食一般无非就是用烧烤和煮的办法来吃。我想茶叶最早吃的历史也是经过了烤茶叶、煮茶叶。最早的时候茶叶不是来泡的，是煮的，把茶叶煮成一锅菜汤，就像我们今天煮的青菜汤一样，里面加点调料来喝。

到了后来，大家发现煮的时候青涩味很重，口感不好，而且茶不经过处理一下很难保存。大家就借鉴了蒸菜的办法，把茶叶放到甑上去蒸，蒸熟了以后再烘干，这样就容易保存了。茶叶加工以后出现了第二次革命，从最早的煮茶吃变成了蒸茶，把茶叶蒸，叫蒸青。蒸青茶到今天还有。日本今天在制作茶的时候也保留了蒸的做法，保留了宋代的做法，先榨两次，把里面的水分茶汁全部榨干净，再把它做成模子，像做月饼一样，倒到模子里成为一个小圆饼后烘焙干，成形之前中间一串，成为一提一提的，唐宋就是这样的做法。

宋代讲究单独做成一个个的茶饼，也有在里面掺上麝香的香料，外面涂上香油。想想挺可怕的，因为麝香是一种怪异的味道，再把香油一涂，实在不知道这个茶应该怎么吃。再拿金箔剪出金龙金凤贴在上面，这就是著名的龙团凤饼。但是吃的时候可就麻烦了，掰下来以后先到茶碾子里研碎了，过火后用筛子筛三次。筛出来可麻烦，还不能是末，那个是像我们冲的板蓝根颗粒一样，既容易溶解，茶味能渗透出来，又不能像灰尘那样的小细末。磨完了之后要这样，磨完了之后要煮。煮之后等它煮沸，把茶投进去煮，一边煮一边搅，加上盐加上调料，再把冷水倒回茶锅里，稍微冷却一下马上把茶舀出来分给大家吃，这是唐代的吃法。

这个茶说实话是非常难吃的，因为蒸青榨汁以后基本上水分干燥，茶汁全无，其实剩下的就是一点茶叶粉，吃茶跟吃树叶一样，再贵重恐怕也不太好吃。到了宋代改煎茶法，点茶法，稍微改进一下，不加盐这些香料。还得这样子弄，先烧好水，坐在旁边，茶碗里面挑出茶粉在里面，用水调好成茶膏，之后把沸水注到碗里的茶膏里，一边注一边搅和，这是点茶法，还是不好吃。而且我们说，做这个龙团凤饼非常要工夫，细茶芽加工费人工，而且产量很小。欧阳修，宋代的大文豪，在朝为官二十年，皇帝只赐给他一块小龙团饼。二十年在朝的文豪，只得到一饼，就知道这个茶当时多么昂贵，一般人吃不起。

明太祖朱元璋上台之后干的第一件事情就是下诏书，废团茶，改散茶，这是茶叶史上的大革命。不许再做小茶饼，一律做小茶叶，为什么？劳民伤财，太过奢侈，耗费物力。朱元璋是从基层做起，当过和尚，要过饭，打过天下，他知道团茶太费物力。这样一来就出现了茶史上第三次划时代的革命，以至于我们今天散茶的冲泡方法基本上是在明代推开的。所以改蒸青为炒青，饼茶为散茶，有这么个变化的过程。

所以说"经烘焙加工后为茶叶"这句话没有反映整个茶叶的制作历史，反映的是明代以后茶叶制作的现状。要说这个茶的制作也有很多名堂，辞典里的解释也有一些不够完整的。我们长江流域各地盛行栽培，品种繁多。一般它都是茶越往南品质越好，所以陆羽在《茶经》中就说"茶者，南方之嘉木也"。为什么茶要长在南方，为什么好的香料产在南方，而不是北方？这就是老天爷自然造化的奥妙之处，因为南方一方面物产丰富，一方面有毒的瘴气乃至毒物都很多，所以需要这些茶解毒，大自然造化是非常巧妙的。

那么另外我们也会看到，在有些书法作品，它不写茶，写荼，荼毒的荼字，两横。这个荼，它本来的意思是一种苦菜，荼是一种野菜。大家挖野菜吃的时候发现太苦了，不好吃，所以给它起了个名叫荼。由于荼味道苦，所以我们今天说"生灵涂炭，众生荼毒"就是痛苦。但是作为茶用的

"荼"字还是不是茶呢？不是的。这个时候这个字还要念作荼，不可以念作茶。比如说有的书法家给你写一个荼叶，你老老实实要念荼叶，不可以念茶叶，为什么？因为跟茶有关系的时候它不能这样写。荼其实是茶的古字。宋代杨万里就说"荼之于茶也，人并其苦也，然苦味济而不胜其甘"。人对于茶是个很矛盾的心态，为什么呢？一开始喝，太苦了，真难喝。但是觉得这个苦味还没完的时候，反甘，余甘升起又不胜其甘，反映了大家对茶矛盾的态度。荼被减掉一笔大概是在唐玄宗年间出现的，所以要写荼也可以，写茶也可以。以后但凡念到茶叶写荼字的一概读做茶（chá）叶，不读荼（tú）。只有在荼毒的时候念荼（tú）字。

再看茶还有一个别名叫做槚，这个字用得可早了，在《尔雅》里面就有。槚是什么东西？苦荼。因为是讲茶叶，不是讲荼毒。它说树小如栀子，冬生叶，这是冬片。我们一般现在喝都喝明前茶，是因为它刚刚抽芽，茶芽细嫩，氨基酸的含量高，所以特别鲜爽，这个是经过一冬积蓄的。在南方有的树冬天还长叶子，片大，那些冬茶没有春茶值钱。但是冬茶有冬茶的韵味，像凤凰单枞里面的冬片，它的滋味有的时候还比正常的春茶好喝，风味是不同的，可煮做羹饮。这告诉我们古人是拿茶来煮羹的，采来茶叶煮成汤来喝。"今呼早采者为茶，晚采者为茗"。我们不太明白，茗、荼区别在哪里？就在这里，古人是这样来分的，早采的就叫荼，晚采的就叫茗。这是关于茶的另外一个名字。"槚"到今天是可以找到一件实物做印证的。西汉年间的墓葬里面出土了一个槚笥，就是一个盛衣服物品的方方的小箱子，箱子的上面非常清楚地有一个"槚"字。大家看得到，这个木字，这边写的像一个贾，就是"槚"字的变写，就是槚。这说明什么？在西汉的时代，就出现了专门盛放茶叶的容器。

再看茶还有一个别名叫蔎，只是用字上的不同，没有特别的说法。按照《茶经》里面的讲法，说蔎是在四川西南的人，他们叫茶蔎。我不知道现在四川人还有没有这样叫的，可能这个字早就消亡了。这个叫法，但是在过去它是茶名之一，这个我们就不去细说它。再来看茗字，茶大家比较熟，茗经常用，但是大家未必讲得清楚这个茗到底是怎么回事。茗字在古代可以用做三个意思，第一是茶芽，很细嫩的小茶芽叫茗。《说文解字》里面就说茗是小茶芽；《尔雅》里面说槚是古茶，这是一个解释。第二，到了后代大家就不再拘泥于早采晚采，茶芽不茶芽，把所有的茶都叫茗。这是一位书生也是一位茶人皎然，他专门写过诗歌的理论著作，叫《诗式》，这个是今天研究文艺理论的人还在学习的著作，谈如何写诗的。他是中国山水诗创始人谢灵运的后人。他说"终欲相寻看茗归"，这里的"看茗归"就是看茶归，这是第二。第三，用茶叶泡制或者烹制煎制的饮料，只要是以茶叶制的饮料都是称茗。所以喝茶都称品茗，并不是品茶叶，而是品茶的饮料。所以这是茗字，今天我们喜欢说茗茶这个词，这个词这样用可不可以？也可以。其实到了后来茗就是茶，茶就是茗，是一个意思。

再给大家看最后一个古怪的字：荈（chuǎn）。这个字现在很少有人用了。但是我的一位很喜欢诗也很喜欢茶的朋友，他喜欢写诗，基本上每首诗里面他都一定要写上这个字。他在西安离终南山很近，所以诗里面一定要写上看山、喝茶、诵经，几乎所有的诗就是这样的套路，很有意思。茶字大家知道，它是平声字，茗也是平声字，遇到格律上要用仄声字的时候怎么办？就用荈（chuǎn）。问题出在哪？首先是手机短信里面没有这个字，于是他每次就要非常费力地写上荈字下半截，打个括弧写上上有草头。我就在想，估计手机里面"槚"字可能有，我说你这么费力说这个荈字，干脆用槚字还好点。晚采的老茶叫荈，这是比较老的叶子，不是嫩叶子了。后来其实泛泛都指茶，比如说宋代的王安石就在他的诗里面说："破瓜青玉美，浮荈白云香。"浮荈，指的就是茶花漂在茶汤上。所以如果不懂茶，对这首诗就不理解了。你不能用我们今天散茶的冲泡程序来理解它。它是茶末调膏以后拿水一冲，一边冲一边搅，有点像我们调芝麻糊，这个茶叶末就漂在碗面，所以叫做"浮荈白云香"，这个茶末颜色是白的，所以是白云香。这是荈字，茶的几个别名之一。

长沙出土了一个汉印，上面印着"茶林"这两个字，是汉武帝时期的东西。这是目前能够找到的最早的跟茶有关系的实物的例证。茶林就是所谓的林槚生茶林，陆羽说为什么这个地方称茶林？因为整个林槚这个地域到处长满了茶树，所以这个地方叫茶林。茶林在今天的株洲，既能够北抵长沙，又南通广州，可知道茶林在当年就是茶叶的重要产地和集散地，所以以它作为命名。这是汉武帝时代就有的名字，历史非常久远。也可以得知在汉代，湖南这一带是产茶的重镇。

　　说到茶就不能不说唐代宫廷饮茶非常兴盛，他们喝茶是一种贵族消费、享受，也是日常宫廷寂寞生活的一种消遣。大家看唐代宫乐图，它本意并不是画喝茶，而是为了来画唐代的宫女们在那弹奏宫乐，拿着琵琶笛子都在那吹。但是你看他们的桌子，中间有一个大盆，这个时候可不是分肉汤喝，是分茶汤。在唐代煎茶的时候要拿一个专门的茶鼎。大锅里面煮上沸水，要听水声；听到里面有点小动静，小水泡起来的时候，里面调上盐，调上香料调料，桂皮花椒，先煮一下。煮了之后拿个长勺先从里面舀出一勺水放到旁边。这个时候再把都是加工好的茶末投到茶锅里面，然后拿竹夹子到里面搅。这个茶一投下去，水是沸的，茶末很轻，沸水就向四面涌沸，涌出就好了，不能再煮，煮到茶叶都沉下去就煮坏了。所以要赶紧把舀出来的水倒回茶鼎内，凉水倒到热水里，温度没那么高，沸得没有那么厉害，立刻撤火，再拿勺，一勺一勺地给大家分。这个可不是专门分汤就好，是要连汤带末，均匀分给大家。如果今天在座有六位，煮的茶面上浮的汤花要准准地舀到六碗，多一个少一个都不行。这不是礼貌的问题，因为你一旦分太少不够味，茶末少了茶汤无味，因为它是连末喝下去的，多了又苦，喝不下去。分茶是技术，要看煮的茶量够我们几个人喝。你看侍女托的大茶碗，今天我们都是小茶碗。日本人喝茶，韩国人喝茶还是大碗，这么大的碗，比我们吃饭的碗还大。但并不是这么大一碗茶给你，就是刚刚盖住底一点，喝的就是一点点。

　　顺便一说，左边倒着看，一个人手上还拿着一把团扇。团扇在中国也历史悠久。中国人今天拿的折扇宋代开始出现，据说从日本传入的折扇，也有说中国人做的，没有办法考证。但是团扇肯定是中国人发明的，而且团扇在古代是不分男女老幼全部拿团扇。今天大家觉得是女人拿团扇，男人拿折扇，其实不是。像五代的时候《韩熙载夜宴图》，韩熙载拿的就是团扇。王羲之有一个著名的故事，一个老婆婆卖团扇卖不出去。王羲之看了之后可怜她，说我给你写几个字在上面，结果老婆婆跺脚大骂，我干干净净的好扇子都卖不出去，你给我再涂点墨更卖不出去了。王羲之说你去跟人家讲这是王羲之写的，一把五百文钱，结果没想到一下子就卖了。等老婆婆回来的时候，求王羲之再给我写几把吧，王羲之不写了。可见当时不分男女老幼全拿团扇。宋代有一位皇帝赏赐功臣就是把他用的团扇赏赐给他。我曾经写过一篇文章《团扇不知送秋凉》，讲到班婕妤写团扇歌，说秋天到了，团扇也被大家扔到一边，就像一个女人被丈夫抛弃。或者说人生不逢时，很多感慨，像一个没有用的东西被人家抛弃。看来这些哀叹都挺对的。在清代有一位钱永，大书法家，这个人一辈子没有做过官，只是书法特别好，而且人也有胆色。当时还有个人叫钱谦益，他是晚明的降臣，投降了清代，让他跳河自尽，他说这个水太凉了，这个人死了以后，没有人理他，名声太臭。但是钱谦益的学问非常好，是晚明一代文宗，没有人的学问能比上他。他信佛，还写过《楞严经》的注解，也是很有修养的，跟出家的一些明代大师来往非常多，他还给憨山大师写过碑文。但就是气节有亏，他死了以后没有人给他写墓碑。钱永说我给他写，今天他的墓碑还保留下来了，在钱谦益的老家。这是很有胆色的，江湖独行侠。他一生收藏金石书画无一不精。为什么我对他印象特别深，我早些年很想学书法，学到今天还是不会写。书法没学成，跟所有的爱好书法的人一样，纸笔买了一大堆，其中就有钱永编的隶书，他摹了很大一摞汉隶。他这个人非常豁达，他说收藏这个东西跟经济最不关的。他说的经济就是治理国家管理社会之学，不是今天狭义地讲金融这个东西。他讲这个东西纯粹是吃饱了以后的小点缀，有的为了玩收藏把性命都搭进去了实在不值得。他感慨班婕妤的诗，就曾经说"用舍行藏要及时"，要根据实际的情况来的。比如说秋天到了冬天来了，扇子们原本就该收藏起来，如果破了修一下补一下明天还能再用。不应该你唱主角的时候一定还要强迫人家秋天拿着扇子，是不是很不合时宜呢？所以这些人生的哲理很多值得我

226

止于至善——横山国学大讲堂

们掉过来想的。一个扇子的学问，我们往往只看到了被人家利用了抛弃，却没有想到正是自己该韬光养晦被收藏的时候。这样的人生就不要老哭哭啼啼，夏天好好发挥作用，秋天就好好地收藏，等到明年夏天，这才是个正常的心态。

随着时间的变化，饮茶已经发生了一些变化。在《韩熙载夜宴图》上，在主人的桌子前面已经不是那么大的大茶鼎，像酒壶一样的。然后有茶碗，还有一些喝茶的工具。这个时候的茶已经慢慢地开始往点茶方向发展，从煎茶到点茶。煎茶是要到锅里煮，点茶是要到碗里冲。所以不再需要那么大的茶鼎，而只需要汤品。这个汤品大家看，一个嘴一个耳朵，大圆肚子。怎么用？把水煮开，茶末放到带托的小碗里先调匀，调成茶膏，再拿茶瓶里的水注到碗里。这个地方就出现了一个笑话，我在读禅宗的医学文献，找有关茶的历史的材料。说有一位收藏专家说到宋代的茶具，说宋代茶具还有一种形式非常特别的茶具，奇特在哪里呢？普通的茶瓶都只有一个嘴，他说禅宗语录里面写道，巩县出产的茶瓶有三个嘴。一看就令我大吃一惊，本能地就想到巩县茶瓶三个嘴怎么用呢？你想想看，前面一个嘴，左边一个嘴，水应该往哪边倒，还是三个茶杯同时倒，觉得匪夷所思。也没有看到实物，来源是什么，就是禅宗的语录。有一位禅师，人家问他什么是祖师意，他说巩县茶瓶三只嘴。这样一听，当我把这个材料原本出处找到以后就乐了。所谓巩县茶品三个嘴不是一句实话。有人问赵州如何是达摩西来意，赵州说老夫做了一件布衫，七斤重。是不是真有一件七斤重的布衫呢？所谓茶瓶上有三个嘴，这是什么，说他是无事找事。就是我们说的没事找抽，头上安头，床上架床，是一个多余的事情。因为一个茶瓶一个嘴就足够了，你把茶瓶通身都安嘴就好用了吗？这是禅师要截断他的妄念说的一句禅话。说不好听，一件布衫七斤重，累不累？我不知道军大衣几斤重，穿一下午就受不了，就七斤重的棉被你们盖着看，怎么能够当做实语呢？就是考古的人不懂得语言的含义，所以出来一个宋代有三个嘴的茶瓶这样的笑话。

二、赵州茶的前世今生

前面讲了一些关于茶的故事，认识了茶字，以及茶在古代的基本情况，下面我们就会讲到赵州和他的赵州茶，慢慢地跟佛教结合起来。

（一）赵州

赵州禅师可是说继六祖、马祖之后又一位在禅宗里面出类拔萃的人，而且他的影响实在是非常的深远。赵州老人活了一百二十岁，虚老大家也知道是一百二十岁。在禅宗里面如果要祝福别人长寿，你们知道要说一句什么话吗？我们可以做一块匾送给他，寿同赵州。这个就比长命百岁好，人家一百二十岁，还二十年怎么办，是吧？一个人活到一百二十就真的是非常高，因为世界寿命最长的老人也就是活到一百四十岁左右，这样的人很少，所以称为人瑞。我们一般讲寿同赵州，就是希望他跟赵州老人一样长寿。不仅如此，这个老人不简单，他不是普通的老人，他八十岁还在行脚，到各处参学。人家说你这么大年纪就好好休养吧，他说不行，说我觉得心下未悄然。所以古人说"赵州八十游行脚，只为心下未悄然"。他说我觉得我的妄念还没有完全熄灭，还要继续努力修行。其实不是，赵州的境界其实在古今的禅师里面非常高，不是一般人轻易能达到的。赵州跟北方关系很密切，尤其他在赵州观音院，现在有石家庄边上赵州桥的观音院，但原址不在那里，是在附近。八十岁的老赵州一直住在观音院，一直到去世这四十年都住在这里。这个老人最著名的吃茶去的公案就是在赵州的观音院发生的，所以今天满天下都写禅茶一味。吃茶去，来源就是这位三十七世的赵州从谂禅师。他生活在唐末，山东曹县人，有人说他是淄博人，俗家姓郝。世称赵州和尚，就要因为他老的时候住在赵州。早年时候在曹州的一通出家，后来参访南泉普愿，接受了南泉普愿禅师的法，又参访了黄柏、宝寿、五台诸位大德，他一生都在参学中间，到了八十的时候大家请他住在赵州的观音院。前八十年里面都在云水行脚，后四十年往来于赵州和郑县之间，就是石家庄。他的公案，比如说有没有佛性啊，这些禅话脍炙人口，禅风对后世的人有非常大的影响。乾宁四年去世了，谥号真际大师，后人称为赵州古佛。有《真际大师语录》三卷传世。这是他大致的情况，好像这里面看不出他有什么特别。

我们据赵州和尚接引僧人的几则公案来看看这位老人的特别之处。有一天一位参学的师父问赵州和尚说狗子还有佛性也无？您说说这个狗有没有佛性呢？赵州说没有。这一答，提问的人不满意了，僧说明明我佛的说法，上至诸佛，下至蝼蚁皆有佛性，狗之为什么无呢，这不是在骗我吗？师曰，是因为那个狗有业识在，它有生死轮回的烦恼还在，它没有断掉，不能成佛，所以说它没有佛性。又来一个和尚，把同样的问题问了一遍赵州，说狗子还有佛性也无，这次赵州说有。前面刚刚答没有，这个僧说，既然你说它有，为什么它会钻到狗这个臭皮囊里来呢？它都有佛性，跟佛一样，怎么会变狗呢？赵州说知而故犯。

这个话讲得非常妙，这两段问答并不是单纯的禅宗论述，说有佛性无佛性。我相信听了这么多的课，应该知道这是佛教里面争论最为激烈的问题。众生有没有佛性，争论的严重程度到什么样子？举个明显的例子，玄奘大师西游，你们知道为什么？大家说取经，是，他为什么要取经？要取真经。那奇了怪，难道玄奘大师之前，像鸠摩罗大师所传，真谛大师所传的都是伪经吗？所以我是很反感说什么到西天求取真经这个说法。你说玄奘求回来的是真经，谁求回来的是假经，鸠摩罗传的是假经？这个话是不懂佛教的人讲出来的很无知的话。但是他为什么要去呢，我告诉大家，原因就在思想认识上。这个时候在两个派别之间出现了最严重的冲突，就是到底是不是一切众生都有佛性。大家知道道生法师著名的顽石点头是吧？我们有一句诗，"学会生公说法，唤起顽石点头"。你要有这个本事，学得像道生法师说法，能让顽石都听了点头赞同你。道生法师当年学《涅槃经》的时候，《涅槃经》还没有翻译完，他根据《涅槃经》里面的经意推测里面讲的断绝善根的人，表面看他是不能成佛的，但是从经的深意来看，这种人也一定能成佛。这一说就捅了马蜂窝，当时的僧人开会，说他传播异端邪说，把他开除僧团。怎么办？他没有办法，就跑到苏州的虎丘，弄了一堆石头，没有徒弟听他讲法，就把石头一排一排地放那，天天给石头讲。讲到说一阐提人也能成佛，下面的石头点头。道生是第一个为这件事情付出代价的，被开除，意味着他不可能在主流圈子混了，而且饭都没得吃。等到《涅槃经》完整的本子翻译完传到中国一看，上面写着一阐提人也能成佛，大家太佩服他了。说他孤明先发，看到了别人没有看到的事情，于是又请他回来讲《涅槃经》。

但是这件事情矛盾风波并没有消除，这个理论上还留下来的一些问题。是不是所有的众生都能成佛，现在你说他成佛，那么还有没有一类众生根本不可能成佛的？这个问题从南北朝一直争到唐代。玄奘那个年代，他西去求法，最大的一个心愿就是要解决到底是不是所有人都能成佛。在他的《大唐西域记》里面就记载着他在印度的一尊观音像面前祈祷事情，这尊观音像据说只要有什么心愿向他祈祷，都可以达到。方法就是这样，散花，把花环扔到菩萨那儿，不能靠近。玄奘在这尊观音像前一共求了三件事情。他说菩萨，我大老远地来了印度，我能不能活着回去呢？因为很多人到印度大部分都是因为路途和水土死掉了，很少回来的。他同样担心，我来了要回不去怎么办，不是白学了吗？说如果我能回来，希望这个花就能够落在菩萨的脚下，把这个花环远远地一扔，真落在菩萨莲座的脚下，就是说看来能活着回去。第二个愿望，他说能不能把我学的东西到中国弘扬呢？光活着回去了，不能弘法不是也没有用，他说如果能，我希望此花能够扔在菩萨的手上，一扔花环真的落在菩萨的手上。第三，菩萨，我究竟有没有佛性，我能不能成佛？如果能，希望这个花环落在菩萨的脖子上。一扔，花环真的落在菩萨的脖子上，放心了。这件事情很奇怪，活不活，回不回得去真的是很现实的问题，因为求法的目的就是为了活着回去，但是为什么会出现第三个问题，成佛还很远，即身成佛的人少之又少，他为什么关心在我们今天看来很远的事情呢？你可以知道，对于成佛的渴望或者说对于自己可能不成佛的恐惧，在玄奘大师心中占据了多么大的位置。

为什么会出现这种情况呢？因为在法相学里面有五种说，说世界上有五种人：第一种人是定性的菩萨，他是天生注定的菩萨，一定能成佛。第二种是定性的二乘人，我们说的，他怎样都不能变成大乘；还有定性的断绝善根的，永远没有成佛可能的人；其他的就是不定性的，遇到善缘可能学佛，遇到恶缘可能堕落三途六道。其中定性一禅提是不仅不能成佛，他注定了只能在生死里面轮回，解脱是完全没有希望。这是一个叫人非常幻灭的理论，为什么呢？因为定性的一阐提永远存在，佛度他们，菩萨也度他们，把他刚刚捞起来，一翻身又掉到水里去了，你把他再拉起来，他又掉，就是这么一个天性，该着他就是这样子，不可能改变。五种境界，这件事情非常恐怖，为什么？我这一辈子修行，念佛，诵经，打坐，行善积德不过就是为了信佛念佛将来成佛，我怎么能保证自己就一定是一个菩萨种姓呢？万一我就是个定性的绝对不能成佛的人，我不断地做这些事，一切努力全部白费是不是？但是没有办法，确实五种姓，是法相经典里讲过这样的。所以这个问题困扰玄奘大师就是这样的。我们中国人接受所有众生都有佛性，接受不了还有一类人没有佛性的说法，但是印度不是这样的。他在戒贤论师那学习，他跟他的老师说，咱们商量商量，你传给我的唯识的五种经书非常好，但是我们中国人都接受不了这个学说，说我是不是回去的时候能够不谈这个事情呢？结果老师把他一顿臭骂，说我的老师就是这么教我的，我的老师一代一代就是这么学来的，你既然是我的学生，怎么能够改变我们这一派的特色，不可以。玄奘大师没有办法，所以回来之后继续传。

这五种姓说，我不知道大家对这个问题认识多少，我可以提供一点大家理解。为什么佛会讲出让大家幻灭的话呢？会说有一类人是没有办法成佛？这个要联系到印度它的特有的种姓制度，历经几千年，根深蒂固。佛陀剃度出家人里面有种姓极其下贱的剃头的，给人家扫便的，这是印度最下贱的人，也有像阿难陀，是高贵的王子，还有婆罗门。四大河的河水流到大海统一滋味，四个种姓入佛门只能姓释迦牟尼的姓，不许说你是婆罗门我是首陀罗低级的姓。但是这个东西不是你说改就能改的，僧团里面还有一些持贵族立场的，就很不愿意跟剃头的一起。这些不能接受这种低贱的人跟高贵的人一样成佛这件事情。所以佛只能给他说你放心吧，你们虽然都出了家，但是这个人是绝对不能成佛的。你是高贵的你成佛，他们低贱的，只能生死轮转。我们可以这样子理解，这个种姓制度只是在针对这种固执执著，短时间没有办法更改的用得方便教化的方式。

当然也有人不认同我这个观点的，我们可以有各自不同的想法。但是我想告诉我们中国人传统的价值观念，以孔孟为主的，性本善为出发点的观点还是占上风。相信人改恶为善，人人能为尧舜，与皆能成佛是非常能够吻合的。所以众生皆有佛性，狗也有佛性是能够被接受的。而你要说有一类人不能做尧舜，有一类人永远都不能改好，连儒家都不能接受这个观点。在中国这个特殊环境下接受的佛性论就是一切众生皆有佛性，所以唯识学在中国不能发扬光大有很多很多原因，不够契机。而禅宗，有人问说有佛性，有人问又说没佛性，根本有没有？其实已经不是在讨论真的有没有，肯定有。但是这个地方是在逗鸡，挑逗的逗，大家知道逗蛐蛐儿，拿小草叶子捅它一下，这是干什么？就是这样，狗有佛性也无，这话就是这样，无事找事，明明都有佛性，你还来问？我们再看，既然狗有佛性，和尚有没有佛性呢？

赵州的一位师叔级的人物，南泉的同门，有人问他说狗之还有佛性否，看来是当时比较流行的一句话，像今天的你妈叫你回家吃饭。师语，有，说狗子有佛性。这个话显得很平淡，那个人一看占了上风，禅机嘛，要斗。那人马上问，既然狗有佛性，那和尚你有没有佛性呢？禅师说我无，我没有佛性。这种有无大家要从活去会，不要死理解。不是和尚说他没佛性就真没佛性，狗真有佛性。这个话在禅宗来解不是这样，禅宗讲截断妄流，在当下的电光火石的一刹那把你的妄念全部打消，为什么？你第一句是起意，得一个答案，第二个有点要嘴皮子的意思在里面，所以这个时候禅师不跟你玩，一句话打消你的妄念，你不是故意想问我跟狗比有没有吗，我不陪你玩，我没有，行了吧。所以这两个你就可以看出赵州禅师非常有趣的。这是第一个著名公案。

（二）如何是祖师西来意

我们再看赵州另外一个公案，有人问如何是祖师西来意？这句话你们懂不懂什么意思，祖师是谁？西来意，达摩跑到东土干什么？有什么目的？有人问赵州说达摩不远千里跑到中国来到底为什么，传法也好，到底要传个什么法，他是什么用意，结果赵州说"庭前柏树子"。

你问祖师西来是什么，庭前的柏树结了子了。这个和尚也厉害，以为抓到了破绽，"和尚也将境示人？"公案里面伶俐和尚多，什么叫伶俐和尚，东参西学，见多了场合，知道斗，知道打机锋，知道讲这些禅话的关节，都有点老油条的味道，个个不好对付，你说东他问西，说西他故意问东。问如何是祖师西来，他内心存了一个想法，西来无意，西来到底有没有意，有的禅师就答没有什么意思，是啊，不仅这样，有的禅师还要骂他们，说达摩，这个老骚胡太多事，跑到中国祸害大家。所以对着柏树子，大家都把柏树子会作西来意，不就答错了吗？他以为找到了赵州之错，于是赵州答说，"我不将境示人"。参访的和尚逼一句说如何是祖师西来意。既然你说没有用境示人，那你说说看什么是西来意，赵州不理他，捡柏树子。所以禅师手上拿着一把杀人刀，同时又是一把活人剑，这把刀可杀可活，杀你是这把救你也是这把。所以柏树子有杀有活，有予有夺，明白了这个就知道西来意就是柏树子。这句话传开来之后有人站出来说，赵州没有讲过这样的话，但他又不在场，他凭什么来立证赵州没有讲过这段话呢？

赵州的弟子叫慧觉禅师，有铁嘴之称，不是一般的人能说得过他的。看来赵州的公案他只要能说出一个马上便能传播四海，柏树子，狗子佛性啊，郑州出产大萝卜，吃茶去，几乎都是。慧觉（被法眼问）说"近离甚处"，就是你从哪离开的，从哪来的，他说赵州。慧觉说我从赵州来的，法眼就说：我听说赵州有庭前柏树子话。听说赵州有一个新禅语，讲庭前柏树子，祖师西来意，是不是有这个事情？慧觉马上说无，没有这个话啊。"眼曰，往来皆谓"。参访云游的和尚个个都说问赵州如何是祖师西来意，曰庭前柏树子，上座何得言无啊。你为什么说没有这个话呢，大家都说有这个话，慧觉说和先师事无此有，估计这个时候赵州已经去世了，所以才说先师，先师从来没有讲过这个话，你不要诽谤他。你看一波三折的柏树子，前面明明答了两次，结果到弟子这里他干脆就否定说赵州没有讲过这个话。如果你认定有柏树子这么个东西，这件事，那么禅就死在柏树子上。赵州当时目的是在此，所以错认柏树子是西来意，乃至今天我们错认什么东西是禅，本身都是不对的。因为任何一段语言对答离开当时的时空，再去还原的时候已经都不是当时的意思。就像人不能两次踏进同一条河，因为一切在刹那之间都发生了转变。这个柏树子已经不再是当年的柏树子，所以禅的语是要活着会，不可能死着执著，所以讲当下，是讲当时发生的事情，我们去把握，好好地体悟，好好地相契合，跟生命的每一个美好的相遇去相遇，只有这样子才能够在你的相遇中间找到当下属于你自己独有的禅境，而去照抄，鹦鹉学舌，那些全都是剩余，多余的话，也叫葛藤，一团乱麻，所谓狗子佛性、庭前柏树子这些东西都是。

（三）赵州茶

我们再看著名的赵州茶，赵州茶是一个大家传扬最为广泛的公案，这个里面的"吃茶去"被称做三字禅。这个很厉害，三字禅，而且从赵州开始到今天，传说就没有断过。这三个字何以有如此的魅力，它里面到底有什么样的玄机呢，这是我们今天要讲的，赵州茶的前世今生。我们有的学员担心，好像这个内容够不够讲。我可以告诉大家，不要说今天一天，讲几天都讲不完，因为它触及的是禅宗非常核心的内容。而且里面听我细细讲来，包含很多禅宗礼俗，宗门的礼节，宗门旧的规矩，甚至在今天都已经失传的一些事情。我们要给大家的是对"吃茶去"的新解读，是我个人的解读，还不是你们看到任何一个版本的"吃茶去"的解读。所以你们今天听到的"吃茶去"我可以保证，这样的解释是从来在任何一个茶书或者禅书，或者老师们都不会是这样讲的。我们怎么样讲，用一个从禅宗来看不该用的办法，但又是一个没有办法的办法。

因为禅宗的东西太过灵活，我们在讲吃茶去公案之前就已经讲了狗子佛性的事情，一会答有一会答无，柏树子前面问这样答，后面问还是这样答，弄到最后这句话都没了，可以叫滑不溜手。禅滑得像一条鳝鱼，我们怎么抓都抓不住它的感觉。这就麻烦了，岂不是我们这一辈子与禅，与古代的禅师，与公案，与这么美的故事没有办法相遇了？没有，其实我们还是有办法的，我一直持一个观点，"是禅不可说"，但是禅宗的公案还是可以说的。因为禅所传达的境界，所传达的禅师和弟子之间思想交流的真实状态，是没有办法复制的，这是心心相印的东西。像一个多年的老朋友说到一件大家都知道、了解背景的事情，相视会一笑，在这样一个刹那之间心领神会，而旁人听来一头雾水。所以禅没有办法讲，讲出来早就落到第二乘。但是公案还可以讲，故事还可以讲。我们可以用一些办法来还原当时的场景，通过当时的问答和他们的心态，我们作一些揣摩，还是可以多多少少知道当时的时空环境之下，禅师和禅师之间发生了一些什么样的事情。尽管我不能完全体会禅的精神，但是我可以了解禅在某些方面还是可以让我们跟它很美丽地相遇。吃茶去的公案代表的是禅茶的一个极致的境界，但是这个故事的发生却充满了戏剧的色彩。

我们来看一看，《五灯会元》里面有这么一个记载。"师问新到"，就是刚刚到这个寺庙，还没有住下来。大家接触佛教久了就知道寺庙里的僧人有两种，一种是云僧，参学来的，会给他三天的时间，最多三天，给你熟悉这个寺院，看看喜不喜欢，三天以后你只有两个选择，留下，离开。留下的就是常驻僧，不留下就走吧。新到，就是刚刚到这里报道来了，但还没有决定是否留下。一位客僧，也叫客比丘，一来就去拜见赵州。老和尚很慈悲，因为这时候都不知道老和尚是八十几岁还是一百多岁了。老和尚问，你到观音院 —— 那个地方，当时寺庙的名字不是叫赵州寺什么的，就叫观音院。你到这儿来过吗？新到就说，曾到，我来过的。师曰，"吃茶去"，那请吃茶去。又问，同时问的，不是明天再问，当时来参访的是两位客比丘，两人结伴的。所以老人先问一个，再问另一个，"你曾到这里来过吗？"第二位师傅说"不曾到"。我没来过，师曰，"吃茶去"，喝茶去。这个在古代用吃茶，当然也是吃，因为在唐五代点茶也好煎茶也好里面都有茶叶。

两位新来的客人都在赵州的见面之后，离开去喝茶了。在一旁有一位院主，这个院主是什么人？大家知道寺院里面过去方丈并不是寺庙的所有人，法人不是方丈。方丈相当于什么？有点像 CEO 又不完全是。方丈管的是修行，方丈职责在今天跟过去不一样，今天是寺庙的一把手，什么都管。古代不是，古代方丈只管一件事，修行，不管事务，柴米油盐，不管运营经济，庙也不是他的。他是因为名望很高，修行很好，德行被大家认可，被大家请到这里当住持和方丈。甚至方丈和住持这个词经过我的考察，发现在古代都不是一个意思。今天说住持方丈，因为《维摩经》里面说一丈见方就说叫方丈，住持就是住在寺庙里面运持寺庙，就是一个人，其实不合。我读莲池的时候就印证了我这个想法，他住的方丈寮是不挂方丈的匾的。清规里面方丈跟住持都混用了，但是莲池只称自己为住持，不称自己为方丈，为什么，莲池是什么人？大师，杭州人。他是明末的四大师之首，莲池居首，被称为佛门之周孔。这个人的佛学见解中正平和，大气。因为他早年是儒生，后来出家的，非常得体，讲出来的话永远是那么中正，这个中正不是调和，是讲出来的话极其大气得体，一句两句抓到要处。他的《莲池要记》非常好看，在我没出家之前就读了很多遍。讲的全都是非常正的见解，而且文辞写得非常美。他的一篇小散文，弘一大师还把它谱成歌来唱。那个原文我不记得，白天庭院里的花不是那么香，但是入夜之后觉得那个花芬芳异常。为什么？是因为我们白天眼睛看色，耳朵听声，鼻子闻味，身体有各种触觉，五欲把我们的心都蒙蔽住，而到了晚上的时候眼睛辨色也不那么强了，声音也轻了小了，这时候鼻子的嗅觉格外敏锐。并不是因为花香在晚上浓了，而是因为障蔽少了，所以闻起来花就格外香。就这么一个内容，写了百来字的文章，弘一大师就谱曲为歌，很有意思。这个人说我没有资格为方丈，可见方丈在莲池大师心中只有有德者才能居之。而我们普通人毕竟要管这个寺庙的事务，总得有个头，所以谦称自己为住持，算是给大家服务的，不算是领头的。所以院主就算是庙产的所有人，相当于企业的法人，相当于寺庙的所有者。

院主他就问了赵州一句话，说为什么曾到吃茶去，不曾到也云吃茶去？你会奇怪，为什么来过赵州的你让他吃茶去，没来过的你也让他吃茶去呢，这是为什么呢？赵州就喊了院主的名，说院主，主应诺，在，师曰吃茶去，你也吃茶去。好了，三字禅到这里就产生了。

茶最早的历史，涉及很多公案。这些公案是大家千古传唱的，但是每个人有不同的解读。赵州吃茶只是其中之一。对于这些公案，大家可以找一下资料，可以发现每个人都有不同的理解。如果大家听过其他人的解释，就会有一个成见在心，可能解读起来就会落入窠臼。现在我们重新开始认识它，看看名震千古的吃茶去这三个字为什么如此有魔力，让那么多人沉迷。吃茶去这个公案就像一个小小的剧本，里面出场了四个人物，主角当然是赵州和尚，另外有三个配角。开幕的部分是两位新到的师傅向赵州参谒，刚到就到主人那拜访一下。就像做客，先向主人问候一样，表示礼貌。于是赵州才会跟他们有一番对答。我们试着还原当时对话场景，就会慢慢发觉这个对话其实一共是两幕，第一幕演到两个新来的师父离开以后吃茶去就结束了。第二幕是在他们离开后，赵州禅师与院主的一个问答，第三次出现了吃茶去。

古人乃至今人，对这个公案做了很多的注解，有的甚至发挥得离谱。我觉得联系禅宗吃茶的茶礼来解读，其实没有那么难解。大家常说禅宗规矩多，清规戒律，这个词大概过去是一句俗话，叫"马祖创丛林，百丈立清规"，百丈老人写了一本关于丛林的管理制度的书，就像大家在企业里编的一本员工手册。这个员工手册相当于把整个公司的运作用条文作了一个具体的规定。包括如何接待来客，方丈去世应该保持怎样的礼仪。其中有一条，就叫做赴茶汤，就是去喝茶。为什么佛教偏偏专门对去吃茶这件事情有明文的规定呢？这值得我们认真地思考。寺庙里上殿，一边站在东边，一边站在西边，这叫东西两序。凡是住持大和尚请大家喝茶，一定要记得按时参加，不要迟到，铭记位次。因为吃茶的不是你一个人，每个人要把自己的位置事先看好，以免临时仓促。通常一个庙里有四五百人，按照禅宗的说法是一住三千指。另外如果生病不舒服无法参加，一定要请参加的帮你告白。告白在寺庙里面常用到，现在一些年轻的法师不大会写佛教的文书。白是下对上，下级对上级尊敬的说法叫白，下对上称为告。"白"字表示谦虚，禀白给别人知道。但是在百丈清规里明确规定，唯住持茶汤不可免，你即使在生病等特殊情况，住持请喝茶也是不可以告假的。这个规定是很严格的，如果胆敢轻慢，不去参加方丈请喝茶，那就不供住。小小一碗茶，为什么有这么严格的规定呢。这是在特殊礼仪上做的一个安排，因为方丈请茶，代表整个寺院对新到的客比丘的慰问，不单是喝茶的意思，有很多特殊的含义在里面。请喝茶时为了让你有机会见到方丈，让方丈有机会认识你，了解你，熟悉你。方丈跟你投缘不投缘，包含很多想法在里面。那么请客人喝茶本来就是中国一项非常传统的礼仪。

现在禅堂没有茶鼓，但是过去专门有一个鼓，禅堂西北角放一个鼓，到喝茶的时候就敲。寺庙生活常常是暮鼓晨钟，早上先打鼓再敲钟，晚上先敲钟再打鼓，打的鼓是要有不同变化的，打出风雨雷电不同的声音，很好听。茶鼓是长击一通就完了。所以宋林逋《西湖春日》诗中说道："春烟寺院敲茶鼓，夕照楼台卓酒旗。"这就是老百姓所熟知，一听寺庙打的是茶鼓，不是早晚的钟鼓。东北角者为法鼓，西北角者为茶鼓，这是一直保留到清代还有的习俗，不过现在已经没有了。

古代茶礼要求"宾客相看，礼不可免"。相看是见面，宾客见面了少不得总是要磕头询问寒暄几句。茶汤才罢，不可久坐。既然茶也喝完了，寒暄的话也说完了，赶紧一起出去吧，不要在方丈室赖着不走了。有的人好不容易见着方丈，很喜欢，几乎方丈要全天陪着。有些人坐下来就不肯走，这就有些失礼了。所以宋代著名的诗僧慈受禅师说，该喝的喝了，该说的说了，不要在那里久坐，旧时道伴，过去老友，好久不见，见了面话特别多，觉得三句两句说不完，方邀楼下水边，倾心谈论。谈心可以，可以两个人自己找个地谈，不要坐在方丈室把大家都耽误了。

唐代是煎茶法，宋代是点茶法。煎点茶汤是丛林里很隆重的礼节，表示对客人的尊敬。大众聚齐，方可盘坐。如果没有一点集体生活经验就不太理解，因为人多了盘腿占的位置很大。丛林生活关键是如何跟大家配合好，这是团队精神的细微表现。小的地方如果你不照顾别人，只把自己放在心上，那就很难打造成一个坚强的团队。

顺便插一句，古代人是非常讲究礼仪的。我看到一次很夸张的行为，有一次我看了一眼一个古装剧，里面一个出家人念南无阿弥陀佛，做这个动作的时候手往外划了个三百六十度的圆，样子很可怕。本来出家人特别讲究动作文雅，自然合掌就好了。电视剧里的动作不仅非常不雅，而且也是没有规矩的表现。

禅宗要专悟省缘。什么叫省缘？就是少一些交际应酬，以及各种各样向外攀援的事情。没有事情最好。所以缘能省则省，不要去攀。跟省缘相对的是攀缘。大家都是做企业的，养成一种习惯就是攀缘，逮着谁都谈合作，做生意，想把关系梳理组合。这其实就是一种攀缘。不过实际上也是无可奈何。但是出家人讲究省缘。宋代有一个铁骨铮铮的硬汉，当时皇帝送给他一件紫袈裟，他不要，理由是紫色不是袈裟的正色，不符合佛教的戒律，所以不能接受。结果皇帝把他关进大牢里了。牢头很敬重他，跟他说，老禅师，您年纪大了，身体也有病，把您关进来是不是不大好。老法师说没有，我吃饭睡觉都好好的。牢头说有病就不要撑着，病了就好好歇着吧。这是什么意思呢？这是皇帝抹不开面子。只要老法师说自己病了，牢头就对上面有个交代，说老法师病了就不要关着了，保外就医。结果老法师不吃这一套，没病就没病，该坐牢就坐牢。由此大家对他非常敬重。晚年他自己住在湖中的小庙里。他对自己要求非常严格。他坚持新到相见茶汤而已，不煎点。通过以上的一些故事，可以看出吃茶的重要性。如果有敢不去吃方丈茶，就面临着被赶出去的危险。所以新到吃茶在佛家是一个隆重的事，同时也是一个日常的规矩，并不是一个特殊的事件。

再回过头来看赵州茶就非常容易懂了。赵州茶的奥妙就是吃茶去原本不是一个禅语，没有什么特殊的含义，是一句客套话。

还有这样一个公案。一个比丘尼到大禅师那去参法，讲到他的境界，比丘尼说我已经能做到寸丝无挂的境界，心里一根丝都没有牵挂，这个境界很高。禅师没做声，见完礼，比丘尼转身离开。比丘尼转身往外走了几步，禅师叫了一下说这位大德，你的袈裟拖到地下了。因为袈裟很长，别不好确实很容易拖到地下去，比丘尼一听赶紧回头看。禅师说你都寸丝不挂，还在乎什么袈裟落不落到地上呢。你到底是口头禅还是真有这个修养境界一试就知道。

平平常常一盏赵州茶，从古到今让大家都得滋润，一吃就是一千年，确实非常奥妙。因为赵州茶太有名了，结果后人有一些人对赵州茶的解释非常离谱，说是要把口里的唾液反复三十六次咽下，这是道家很早的一种养生功夫。口里的唾液确实很宝贵，但如果完全按照古人的养生方法来做，那确实很难做到。例如，眼睛不能乱看，不要垂着眼，说话要小声，吐痰都不要往远处，怕伤气。口里的唾液更不能随便乱吐，很宝贵。还有的解释，要想明白赵州茶的禅意，人死的时候拿朱砂一点兑在茶里喝下去，死了你就明白赵州茶的禅意。如果把这些理解为赵州茶那就确实太愚昧了。

（五）茶圣陆羽

我们在此插着讲一下陆羽和他的《茶经》，陆羽在茶文化史上具有划时代的意义。他对茶叶制作经验的归纳总结乃至饮茶风俗的推广方面都有巨大贡献。他的作用确实不亚于吃茶去。

陆羽 (733—804)，字鸿渐，一名疾，字季疵，号竟陵子、桑苎翁、东冈子，唐复州竟陵 (今湖北天门) 人，一生嗜茶，精于茶道，以著世界第一部茶叶专著——《茶经》闻名于世，对中国茶业和世界茶业发展作出了卓越贡献，被誉为"茶仙"，尊为"茶圣"，祀为"茶神"。他也很善于写诗，但其诗作目前世上存留的并不多。

陆羽原是个被遗弃的孤儿，三岁时，被竟陵龙盖寺住持僧智积禅师在当地西湖之滨拾得。积公以《易经》自筮，为孩子取名，占得"渐"卦，卦辞曰："鸿渐于陆，其羽可用为仪。"于是按卦辞给他定姓为"陆"，取名为"羽"，以"鸿渐"为字。陆羽在黄卷青灯、钟声梵音中学文识字，习诵佛经，还学会了煮茶等事务。根据他的自传，他是这样描绘自己的，说字鸿渐，不知道哪里人，相貌丑陋，像王粲。王粲是魏晋著名的文学家，字仲宣，建安七子之首，但据说王粲长得非常丑。他最早的时候投奔刘表，没有被重用，后来被曹操赏识。他还形容自己像张载，张载也是名重一时的文学家。他"甚丑，每行，小儿以瓦石掷之"。古代有一位美男子叫潘安，他每次出门都坐一个羊车，无数的妇女都在背后追着他，像今天追星一样。大家为了表达爱意，把水果吃的都投到车子上，所以每次潘安只要出门都能拉回一车吃的。潘安是难得的才貌双全的人。陆羽不仅相貌丑陋，而且还口吃。陆羽十二岁，觉得寺中日月难度。乘人不备，逃出龙盖寺，到了一个戏班子里学演戏，做了优伶。他虽其貌不扬，又有些口吃，但却幽默机智，演丑角极为成功，后来还编写了三卷笑话书《谑谈》。

天宝十一年(752)礼部郎中崔国辅贬为竟陵司马。是年，陆羽揖别邹夫子下山。崔与羽相识，两人常一起出游，品茶鉴水，谈诗论文。天宝十五年陆羽为考察茶事，出游巴山峡川。行前，崔国辅以白驴、乌犁牛及文槐书函相赠。一路之上，他逢山驻马采茶，遇泉下鞍品水，目不暇接，口不暇访，笔不暇录，锦囊满获。在古代，盐、铁、茶是国家专卖。今天茶、铁不专卖了，但是盐还是国家专卖。古代这三样东西全是由国家控制的，而且每年占国家税收一大部分。尤其在边贸上，茶经常被用来换少数民族的铁、马匹。所以考察茶事不是一件小事。陆羽几乎走遍了南北各地，受到人们的尊敬。因为他要到田野荒山去考察茶叶的生长情况，所以经常穿着很破烂的衣服，长得又黑又丑，所以人家说他像楚狂人，不像一个很有文学才华的人。唐代宗曾诏拜羽为太子文学，又徒太常寺大祝，但他都未就职。陆羽最大的贡献不是滑稽剧本，而是《茶经》。三卷《茶经》从十个方面对茶的来源、茶具，一些独特的名茶等等都作了详细的说明，所以被人称为《陆子茶经》。因为这本书和他卓越不凡的贡献，陆羽被尊称为"茶圣"。《茶经》是唐和唐以前，茶的科学知识和实践经验的完整介绍，都是陆羽亲身体验的第一手材料，所以《茶经》既收有历代的记载，又饱含着陆羽亲身的实践。历代都被奉为最权威的茶著作。

三、禅茶一味

上面讲了关于赵州茶林林总总的故事，也讲述了茶圣和他的生平以及《茶经》，我们就会慢慢发现茶的滋味。一缕茶香横亘千古，漫延在每一代人的唇齿之间。历代的文人墨客写了很多有关茶的诗篇。如清杨焯《游弃山资福寺呈霞撤师》诗曰："赵州茶熟人人醉，卧听空林木叶飞。"杭州九溪有副对联：上联是"小住为佳，且吃了赵州茶去"；下联为"曰归可缓，试同歌陌上花来"。稍微停一下最好，暂且吃了我这一碗赵州茶再回去，不要辜负了这一碗让人千般回味的赵州茶，道路上开满了美丽的花朵，这样的情况下你干吗急着回去被凡俗牵住。风和日丽，有花有草还有好茶，这似神仙的日子当然要抛弃陈俗。

除此以外，还有非常美丽的诗篇值得我们赏析。比如说陆游的名作《临安春雨初霁》："世味年来薄似纱，谁令骑马客京华？小楼一夜听春雨，深巷明朝卖杏花。矮纸斜行闲作草，晴窗细乳戏分茶。素衣莫起风尘叹，犹及清明可到家。"文字上的意思是：世态人情这些年来薄得像透明的纱，谁让我还要骑着马来客居京华呢？只身住在小客楼上，一夜里听到春雨淅淅沥沥，明天早上，深幽的小巷中会传来卖杏花的声音。短小的纸张斜着运笔，闲时写写草书，在小雨初晴的窗边，看着沏茶时水面呈白色的小泡沫，戏着分辨茶的等级。陆游报国无门，想驰骋疆场，结果被召回到杭州困在里面。一个战士沦落到能玩斗茶的游戏是一件非常悲哀的事情，所以这首诗没有直接写茶。另外还有一首苏东坡的咏茶名作："仙山灵雨湿行云，洗遍香肌粉未匀。明月来投玉川子，清风吹破武林春。要知冰雪心肠好，不是膏油首面新。戏作小诗君莫笑，从来佳茗似佳人。"所以看茶对人有多大的吸引力。

历代有关茶的诗句非常多，静慧老和尚的《赵州禅茶颂》推荐给大家：

赵州一碗茶，今古味无差；

根植菩提种，叶抽智慧芽。

瞿昙曾记荓，鸿渐复添蛇；

瓯注曹溪水，薪烧鹫岭桠。

虚空为玉盏，云水是生涯；

着意尝来淡，随缘得处佳。

正清和雅气，喜舍慈悲花；

上供诸佛祖，平施百姓家。

人人亲受用，处处绝尘渣。

林下清和满，廛中敬寂夸。

千年逢盛会，四海颂蒹葭；

三字禅茶意，和风送迩遐。

　　这首诗是2005年10月净慧老和尚为天下赵州禅茶文化交流会而作。这首诗传达的禅茶精神非常打动我。大家喜欢可以慢慢地品味这首诗。

　　这首诗的含义是作为一个物质的茶，它一定会受时空的局限，会腐败、变质，但是一个精神的茶可以穿越古今，不会随时间的变化而变化，所以茶味道无差。赵州三字禅古今相承，所以当我们今天捧到这碗茶的时候喝一喝，看看能不能尝到赵州当中的滋味。根植菩提种，叶抽智慧芽，是说茶不是生长在凡俗土壤里的，它的根是菩提树苗，将来它抽的叶是智慧之叶，标志着什么样的一个将来。种一棵菩提种，抽一个智慧芽，将来肯定结成佛之果，因为是菩提的种子，将来一定是解脱的果子，所以这碗赵州茶不是用来解我们生理之渴，是用来解我们心灵之渴，给我们人生找的方向的指南。瞿昙曾记荓，什么叫瞿昙，是佛的一种。有人会很好奇，难道佛说过茶的这些事情吗？大家在茶上面还没有留很多意，有专门搞茶文化研究的对此大惑不解，曾经问我说好像佛经没有提到茶的记载。佛经里记载了牛奶、奶酪、酥油，无上甘露，还有冰糖，甘蜜。甘蜜就是蔗糖，唯独没有讲到喝茶。中国可以说是茶叶的故乡，是茶叶的原产地，作为一个树种，我相信在地理环境，纬度相同的地方都有或多或少的野生的茶树，可能印度当年也有。但是中国人是最早发现茶，了解茶的药用价值和食用价值的，并对它进行加工培育，把茶叶作为食物或者饮料的一定是中国人。野生的茶树就是普通的树，没有什么了不起的，它能够成茶叶是要经过培育的，不是随随便便有一棵野生的茶就是茶。印度有茶的历史是东印度公司在1780年从中国福建买茶种、茶苗移植到印度开辟茶园种茶的，距离今天不到二百三十年的历史，而中国人吃茶已经快四千年了。中国可以自豪地说，茶是中国的国饮，在世界上是独一无二的。而其他国家今天的茶，如斯里兰卡、印度等等很多国家都在种茶树，这些茶都是从中国移植过去，并不是本地培育出来的。今天世界上的茶的根源都在中国。如果把中国人普遍家庭饮茶都算上，销量不会比咖啡差，像美国、英国都越来越重视饮茶的保健功效。比如今天在街上喝的康师傅冰红茶、冰绿茶。无论是五星级酒店还是茅草一间，满窗星月都同样可以安然入睡，因为天地造化里面这样的境界也足以让我们的身心非常愉悦，禅人的本色就是随缘随遇，所以专门去写一本书去挑剔茶，挑剔茶具，挑剔水，从禅的角度说实在是多余的，所以说是鸿渐复添蛇。

那么我们要吃的是什么样的茶？茶碗里面注的水是曹溪的水，曹溪就是今天广东曲江县，当年梁代时有一个印度和尚说这个地方太好了，跟印度一个名山非常像，将来这个地方会出一个肉身菩萨，后来果然出了曹溪慧能大师。慧能大师得法是在湖北黄梅，但是一直到广东弘法。他的禅风散扬开来是在广东，不是在湖北，所以后来把曹溪作为天下禅宗之源。这个茶碗里注的是曹溪的水，用的是鹫岭的树枝烧柴。佛当年在灵鹫山说法，所以后来但凡佛教名山都喜欢叫鹫山，福州有鹫峰，杭州也有灵鹫山，这都是因为大家喜欢灵鹫山才给它起这个名。水不是真水，柴也不是真柴，虚空是我的玉盏，我把整个的虚空当成一个茶碗，行云流水一般自在就是我的生活。下面两句是最值得我们体会的。老和尚说着着意尝来淡，随缘得处佳。刻意去喝，什么茶再好滋味都很淡。对此，很多人都深有体会。即使多年陈酿的好酒，难道会让你一辈子难忘吗？恐怕也不可能。不过尔尔，随缘得处佳。

在我们记忆深处，唤起甜蜜回忆的是家乡烤的白薯，是妈妈烧的一点小菜，或者我们在一些玩耍的时候从同学那里要来的一点小吃。我们经常回忆说某些东西不如过去好吃，为什么过去好吃但现在不好吃了。其实不是东西不好吃，是我们的心境变了，所以这些东西都变了。留在我们记忆深处的东西不是那种豪华的酒宴或者山珍海味，留在我们心里的往往是平平淡淡但是关乎幸福的东西。这些东西让我们一而再再而三地回味，其实我们回忆的不是那种滋味，而是那种幸福的感觉。幸福感是无法设计，也没法预先排演的，不是烛光、鲜花可以营造的。有时候幸福其实就是过马路的时候你牵一下亲人的手，有危险的时候帮他挡了一下，走马路让家人走在马路的外侧。这些不经意的小事、小东西带给人的打动才是真正的幸福，这都是随缘得来的零零星星点点滴滴，把它串起来就像一串宝石的项链，每一粒都那么漂亮。华美昂贵未必就很幸福。很多事情都有它自己特殊的意义，没有办法遵循你的设计。作为企业家，大家往往都有很强的控制欲，喜欢一切都按照你的计划、步调来走，一旦没有达成，内心就非常痛苦，而你的下属也很痛苦。但是你忽略了一个最大的问题，那就是很多的事情不是由你一个人可以操控的。如果一个人能够操控所有的事情的话，天下就一定只剩下你一个人，因为没什么让你满意的，不满意的地方可能你就把它扔掉。在很多时候，我们只能面对残缺的美丽。这种残缺的人生、事业、不如意才是真实的人生。否则的话，我们一切都要刻意按照计划，希望它如我们所愿，不仅自己筋疲力尽，甚至会弄得最后什么都丧失。

在这八个字里，正清和雅、慈悲喜舍体现了茶的真精神。茶有正气，何以见得，茶可以解毒。最早发现它的功效之一就是就是因为它能解毒，所以一切邪毒在它这里都能解除。我曾经咨询过中医，在很多中药里面是有用到一些茶，有解毒的方子。一些陈茶有解毒的效果，像老的白茶的功效非常好，福建的白毫银针，不是白茶，是绿茶，老的陈茶可以治很多的病，对高血压、糖尿病都有一些效用。随着大家对白茶的认识越来越深，会发现白茶非常好，能够辟邪。生长在海拔越高的茶，往往滋味越醇厚，味道越芬芳。无论是高山茶，还是福建雪峰、台湾的冻顶乌龙都是生长在海拔特别高的地方。在海拔高的地方，茶的生长速度比较慢，而且还有云雾的常年滋润。茶树生长在人迹罕至的山顶，就像一个孤傲的美人，不仅自身清，而且能够让我们喝的人也清，所以越喝越沉醉，越喝越神清气爽。有人说会有醉茶的现象，那是因为血糖太低了，放一块糖含到嘴里立刻就好了。所以茶让你神清气爽，绝对不会让你昏昧。酒则刚好相反，越喝令人越俗，茶越饮越令人雅致。茶有正气、清气，还有和气。什么叫和气呢？客来先奉茶，宾客寒暄之间一杯热茶就传达出你对客人的尊敬。大家围在一起喝茶，往往谈的内容都会比较雅致，只要谈一些俗事，这个茶立刻喝不下去了。

茶道还开出慈悲喜舍四花。什么叫慈悲喜舍？慈无量、悲无量、喜无量、舍无量，这叫四无量心。慈无量心就是给众生安乐，愿一切众生都能够得到快乐。救助众生的苦难叫悲无量心。喜无量心是看到众生离苦得乐，没有丝毫的忌妒和不开心。喜不是单纯的欢喜，因为有的时候欢喜心还不是那么纯洁。我们有的时候听到别人一些好消息，欢喜是欢喜，但还是有一点酸酸的嫉妒的感觉。四无量心里的喜是完全没有抱怨的，就像自己的儿子得到了成功，这种欢喜是由衷产生的，没有任何妒忌，是全心全意发自内心的欢喜。舍的含义很容易弄错。很多人都认为舍就是布施、舍弃。其实放下就是舍。冤亲平等，看仇人和看亲人是一般的，这叫平等心，一个菩萨如果还分是我的仇人我不爱，要恨，我的亲人要爱他多一点，那还叫什么大慈大悲的菩萨呢？所以慈悲喜舍四无量心跟茶有什么关系呢？茶牺牲了自己，给予我们快乐，它完全把自己奉献出来，没有任何保留，同时也不求任何回报。我们烦闷喝茶，病了喝茶，有一切不开心的事情喝茶。茶都把我们不开心的部分让我们变得开心起来，这不是悲无量心吗？生命那么宝贵，我们把茶从树上摘下来，揉它，炒它，用开水烫它，把它的生命又唤醒，让它经历由生到死由死到生的过程，它不仅没有什么怨言，而且尽情绽放自己生命最美丽的部分。它是完完全全地让你得到快乐它就欢喜，彻底的喜无量。所谓舍无量，我相信杀人犯喝到的茶的味道不会跟慈善家有什么差异，单从客观角度来说，不会说喝茶的时候他是坏人就故意苦一点，他是好人茶会更好喝一点。茶是平等对待每个人的，所以茶是具足了慈悲喜舍四无量，正是因为它具备了这一品，所以上拿来供佛祖，下可以品食百姓家，是老百姓的开门七件事之一。所以说茶高贵可以用来供佛，茶通俗可以让老百姓在日常中食用，所以说人人亲受用，处处绝尘渣。每个人都能得到茶的好处，喝茶以后都能够洗涤心灵的烦恼，得到自己应得的那种慰藉。于是林下清和满，廛中敬寂夸，林下指的是山林，隐居的地方。廛中指的是古代民居，如集市、闹市区。现在生活的城市就叫廛中。这句话是个互文，用两句说一句，无论山野还是闹市都充满着清和敬寂这种茶的精神。清和敬寂是日本茶道总结出来的四字箴言，是珠光禅师回答一位将军的话。如果每个人的修养都能够达到正清和雅，都能实现慈悲喜舍，天下就太平了。所以禅茶不是用来喝的，禅茶是用来修的，是一种修行的方式，是要我们希求达到的一种境界。穿上草鞋，颂个咒念个经这种做法，连禅茶的皮相都没有得到，更不要说精髓了。

千年逢盛会，四海颂蒹葭。千年盛会指的就是世界禅茶会，当时请了日本、韩国等国家的茶道高手，大陆、香港、台湾等地的茶人也都参加了。古代常说蒹葭之思，就是对友人的思念。四海颂蒹葭，四海都是老朋友。千年盛会大家相聚在一起，感觉四海之内都听到传唱蒹葭的诗篇。最后说出了三字禅茶意，和风送迤逦，哪三字禅呢？吃茶去，因为柏林寺赵州塔还在，吃茶去是那个地方的发源地。三字禅茶之意带来了一种和风，远近传扬。迤逦就是逦迤，所以和风送迤逦，远远近近的都传颂着这个和风。和字代表着禅茶最为核心的精神，它是一股和气，和谐之气，和美之气。所以三字禅茶传达出的真意就是这么一个和气、和风。

以上的诗句都是受茶的启发写出来的。每次我读来都在心里觉得有一股茶香，这就是我们为什么这么喜欢茶的故事。似乎讲来讲去跟佛教没有直接关系。其实佛教可以是理性，也可以是一种生活态度，或者是一种生活方式。禅的态度就是从容、自在、随缘，逢茶吃茶，遇饭吃饭，不捡择不挑剔，始终保持一种平和的心境，用这种充满着生机的眼睛看，满眼都是春光春色，吃任何一碗茶都有美味的回甘，这就是禅意的生活。相反仓促匆忙，一天到晚忙得不得了，忙来忙去都是为别人忙，并没有为自己忙多少。说句不好听的，你就算能吃茶，一次能饮几盏，能吃饭，一次又能吃几碗，生活的需求都是很有限的。

我想大家应该有一个概念，吃茶其实是教给我们一种禅意的生活方式，禅意的生活态度，是一种在精神上学会珍惜每一个当下，珍惜每一次的相逢。人生的每一刻都不可能重新去复制，也许这次的相遇就是一辈子唯一的一次，所以要小住，所以要缓缓归。要体会禅茶，要落在回味茶香上。禅茶能够洗涤我们心灵，让我们在凡嚣中间找到心灵的慰藉，能够使我们把内心的焦虑通过茶道的方式得到释放。

周桂钿 1943年生，福建省长乐市人，北京师范大学哲学与社会学学院教授、中国政法大学国际儒学院常务副院长，日本京都大学文学部客座教授。兼任中华孔子学会副会长，中国哲学史学会副会长，国际儒学联合会理事，中国社会科学院东方文化研究中心特约研究员。主要研究中国传统哲学、秦汉哲学、中国传统科学、中国传统政治哲学等，在中国内地和香港、台湾、澳门等地区和日本、韩国等国发表学术论文200多篇。出版专著《王充哲学思想新探》、《董学探微》、《虚实之辨》、《中国传统政治哲学》等。

儒家仁义观

　　大家上午好，今天我要给大家讲一些儒家的东西。儒家是孔子创立的一个学派，到战国时代孟子对儒家有了一个捍卫和发展，儒家仁义观主要包括两个问题：一是仁义之道，二是义利之辨。儒学称为"仁义之道"，可见仁义在儒家思想中的重要地位。先分别对仁义进行讨论，仁是什么，义又是什么，仁义又是什么关系。

一、仁

　　仁，在楚墓郭店竹简中，作上身下心。心与身相连，可以理解为灵与肉的关系。不仁，就是不知痛痒，所谓"麻木不仁"。关心痛痒，是仁，关心自己的痛痒，推广到关心家人，推广到关心全人类的痛痒，就是仁。这是对"仁"的本义的探讨。一般地说，研究思想史，不必每一个字都探讨它的本义，主要是研究历史上使用的通义。仁是儒家的核心思想，重要范畴，因此，关于仁的通义，应该以儒家反复使用的通义为依据。

　　春秋时代，人们把仁作为美德。如说："为仁者爱亲之谓仁，为国者利国之谓仁。"（《国语·晋语一》）爱亲是一种美德，利国也是一种美德。中国儒家创始人孔子对"仁"的解说是"爱人"。爱亲是爱自己的亲属；利国，说到底是利于天下人民，是爱人民的表现，是爱别人。两者结合，就是爱所有的人。孔子有时也讲"泛爱众"，孔子的学生子贡说："博施于民而能济众。"（《论语·雍也》）都含有博爱的思想。孔子的另一个学生有子说："孝悌也者，其为仁之本与！"（《论语·学而》）这说明儒家仁的思想是从爱亲引申出来的，也就是从孝悌推导出来的，孝是仁的根本。仁是孝的展开与发展。

"仁者爱人"，如何爱人？孔子提出两条原则：一是"己欲立而立人，己欲达而达人"，自己想要成功，也要支持别人成功，自己想要发展，也要帮助别人发展。二是"己所不欲，勿施于人"。自己不想要的东西，不要强加给别人。凡事都要设身处地，替别人着想，这是爱别人的重要思路。

战国时代，儒家亚圣孟子认为尊敬别人的老人要像尊敬自己的父母，爱护别人的小孩要像爱护自己的子女，"老吾老，以及人之老；吾幼吾，以及人之幼"（《孟子·梁惠王上》）。这就是推己及人。再继续往下推，推到天下人民，用仁爱精神对待自己所管辖的人民。这就是仁政。为什么可以而且应该实行仁政，其理论的根据是人的本性是善的，"仁、义、礼、智，非由外铄我也，我固有之也，弗思耳矣。"（《孟子·告子上》）"人之有四端也，犹人之有四体也。"（《孟子·公孙丑上》）他有"民贵君轻"的思想。孟子下结论说：有天下者，失民，则失天下；无天下者，得民，则得天下。这叫"保民而王"。"饱食暖衣，逸居而无教，则近于禽兽。"（《孟子·滕文公上》）他说："徒善不足以为政，徒法不能以自行。"（《孟子·离娄上》）孟子的仁政学说是系统的儒家政治学。这个学说的内容包括发展经济，保证人民的物质需求，也包括伦理教育，提高人民的思想觉悟。孟子认为要实行这一套理论，最高统治者天子要"尽心"，就是要全心全意为人民兴利除弊。

战国儒家孟子贯彻仁的精神于政治，产生仁政理论。汉代儒家董仲舒提出仁的法则是："在爱人，不在爱我。"认为仁爱的对象越多越广，爱得越远，就越伟大。这都是仁爱思想的推广与发展。下面以这三位儒学大师为典型来介绍仁爱的思想及其发展过程。

孔子是集大成者，吸收前圣的思想，汇集成新的儒学体系。以仁爱为主，所讲仁的思想非常丰富，在《论语》一书中就出现过很多次。

过去有人说，儒家讲孝太绝对了，典型的话是"父叫子死，子不死，子为不孝"，但是，这是后代儒家的陋见，孔子是不同意的。《韩诗外传》有这么一个故事：孔子的学生曾参是著名的孝子。一天，曾参有了过失——锄草时，误伤了苗，他的父亲曾皙就拿着棍子打他。曾参没有逃走，站着挨打，结果被打休克了，过一会儿才渐渐苏醒过来。曾参刚醒过来，就问父亲："您受伤了没有？"鲁国人都赞扬曾参是个孝子。孔子知道了这件事以后告诉守门的弟子："曾参来，不要让他进门！"曾参自以为没有做错什么事，就让别人问孔子是什么原因。孔子说："你难道没有听说过舜的事吗？舜做儿子时，父亲用小棒打他，他就站着不动；父亲用大棒打他，他就逃走。父亲要找他干活时，他总在父亲身边；父亲想杀他时，无论如何也找不到他。现在曾参在父亲盛怒的时候，也不逃走，任父亲用大棒打，这就不是王者的人民。使王者的人民被杀害，难道还不是罪过吗？"

在父亲失去理智的时候，拿着大棒乱打，如果打死、打伤或者打成残废，他冷静后会感到十分懊悔。这会给父亲的心灵上留下沉重的阴影，永远无法摆脱。这是"不逃"给父亲造成的精神创伤。真正的孝子要逃避父亲的盛怒，避免给父亲造成精神伤害。不管当时鲁国人怎么夸奖曾参，孔子还是严肃地对待此事，以便给后人留下正确的意见。很显然，上述父叫子死的说法，孔子是不同意的。不该死的，就不能轻易地死去，即使有父命。

不为别人考虑的人，就不会产生"仁"的观念。"仁"的思想是儒家思想的核心，儒家思想又是中国传统思想的主干，历代儒家不断丰富、发展仁的思想。同时也有人对于儒家思想有所歪曲，或有不合时宜的观点，我们应该予以剔除。对于发展儒家思想的具有现代意义的观点，我们还要加以弘扬。孟子和董仲舒等思想家在仁的思想上就有所发展，我们应该给予肯定。

　　孟子认为人的本性都是善的，为什么有的人变坏了，孟子认为这是因为这个人受到外界物质的诱惑才变坏的。因此就要创造良好的社会环境，保护人的良好本性，这样社会就成了美好的人间。怎样才能创造良好的社会环境呢？他认为，人们应该认识到，民是最高贵的，国君不是最重要的，与人民相比，分量要轻得多。这就是他"民贵君轻"的思想。孟子对于这个问题进行了一番论证。他说，得到天子的赏识，可以当诸侯，得到诸侯的赏识可以当大夫，得到人民的拥护就可以当天子，由此可见，人民比国君更高贵。后来的事实也说明了这种观点，例如，汉初将相受到汉高祖刘邦的赏识，都封了王侯。刘邦没有受到秦始皇的赏识，却得到人民的拥护，取秦而代之，当了皇帝。孟子下结论说：有天下者，失民，则失天下；无天下者，得民，则得天下。这叫"保民而王"。如何才能得到人民的拥护呢？孟子认为关键在于得民心。他说："得其民有道，得其心。"（《孟子·离娄上》）所以后人说"得民心者得天下"。怎样才能得民心呢？那就是要做两方面的工作：一是人民想要的，替他们办到；二是人民反对的，不要强加给他们。这实际上就是孔子所讲的仁的两个原则。孟子反对用武力征服别人，"以力服人"，心里不服。只有"以德服人"，才能使人心服。孟子认为"仁者无敌"。靠武力征服，即使暂时取得胜利，也不会长久。后来秦始皇靠武力统一天下很快就灭亡了，证明了孟子的看法。孟子的仁政两原则，也就是兴利除害。如何兴利除害？孟子提到一些最重要的措施：首先要给人民有一定的"恒产"，恒产就是土地。有了土地，生活就有了保证。丰收年，可以生活得富裕些，歉收年，不至于饿死。上可以赡养父母，下可以抚养子女。这样人民就会安心在这里长期生活下去。这就是所谓有"恒产"，才有"恒心"。有了生活保证以后，就要进行教育。"饱食暖衣，逸居而无教，则近于禽兽。"（《孟子·滕文公上》）富裕以后，如果不进行教育，人就会变得像禽兽一样，不懂礼仪，缺乏道德。因此，孟子十分重视对人民进行伦理教育。另外，孟子还非常强调任人唯贤，如果坏人掌权，什么好事都会被搞乱了。他提的"尊贤使能，俊杰在位"（《孟子·公孙丑上》）。是需要认真体会的。他说："徒善不足以为政，徒法不能以自行。"(《孟子·离娄上》)有的人是好人,是贤者,但未必适合为官当政,做官与做人是不一样的。对于贤人要尊重,未必都让他们当官。使能,是任用能力强的人来办事。能,是指能人。道德与能力,是当官的两个必要条件。愿意为人民办事,能够为人民办事,这是实行仁政所需要的官员。孟子的仁政学说是系统的儒家政治学。孟子认为要实行这一套理论,最高统治者天子要"尽心",就是要全心全意为人民做事。否则,天子只想自己享受,不顾人民死活,那是什么也办不成的,再好的政治方案,也只不过一纸空文。

孟子对于个人修养问题,也有他的见解。这主要有两条:一是在顺境的时候怎么做人,一是在逆境中怎么做人。他说:"穷不失义,达不离道。"在困难的时候,不要失去理智胡来。在春风得意的时候,也不要忘乎所以,随心所欲,偏离正道,做出越轨的事来。他又说:"得志,泽加于民;不得志,修身见于世。穷则独善其身,达则兼善天下。"(《孟子·尽心上》)穷,就是穷困、不得志;达,就是得志、顺利。而在这两种境遇中,很多人失去理智,忘乎所以,做了错事,犯了罪行,一失足而成千古恨。孟子只讲这两种境遇下应该如何做人,实际上可以说是抓住了根本,指出了难点。

汉代哲学家董仲舒提出仁的法则是:"在爱人,不在爱我。"他说,爱周围的人,也要爱远方的人,要爱人民,也要爱鸟兽昆虫,要爱一切生物。董仲舒讲了营荡的故事:西周初年,营荡任齐国司寇,姜太公封到齐国,就问营荡治理齐国的主要原则是什么,营荡说是仁义。姜太公又问:如何实行仁义?营荡回答:仁者爱人,义者尊老。姜太公又问:如何爱人尊老?营荡说:爱人,就是要爱自己的孩子,不要他出力,让他吃好的;尊老,就是要尊重自己家的老人,妻子岁数大,丈夫要跪拜。姜太公一听气坏了,说:我要用仁义治国,你却用仁义来搅乱齐国,把你杀了,才能稳定齐国。营荡爱的只是自己的子女,尊重的只是自己的老人、妻子。这种人虽然也在口头上说仁义,实际上不能真正实行仁义。营荡不能算仁者,也不是道德高尚的人。姜太公杀了他,革除了那种乱国的方针,使齐国逐渐走上富强的道路,后来成了春秋第一个霸主。

董仲舒认为爱的人越多越好，越远越伟大，越广越高尚。相反，只爱自己，是最狭隘的爱，必将毁灭自己；只爱自己身边最亲近的人，那就会遇到严重困难或危机；只爱自己管辖范围内的人民，有本位主义思想，能维持安定团结的局面，也能保存自己，但不可能有大作为。能够爱到其他诸侯，就会在诸侯中树立权威，成为霸主。能把爱推广到四海之外，施及天下，那他就是最伟大的王者。这种爱及远方的思想在中国人的心中有很深的影响。因此，中国历代统治者都重视"怀远"、"绥远"，对边远地区的人民，对国外远方友人都表现出特别友好的态度，都给予深切的关怀。明代前期的郑和下西洋则是很好的例子。

明代永乐三年（1405），郑和奉命出使西洋。带领将士两万七千八百多人，驾航海船队出航。大船长四十四丈、宽十八丈，这样的大船有六十二艘。其他船共二百余艘。从苏州刘家河先到福建，然后从福建闽江口五虎门起航，经过南亚、阿拉伯、西非三十多个国家，到达非洲西岸。当时中国的造船业和航海业都是世界上第一流的。郑和航海也曾遇到海盗的拦劫，但很快便击败武装的海盗，并活捉了海盗的首领。凭当时的国家实力，中国可以把沿途的任何国家变为自己的殖民地，但是中国人以仁义为本，没有把沿途任何一个弱小的国家变成自己的殖民地，与所经各国都进行了文化交流和友好贸易。礼尚往来，中国与各国都互赠礼品，一般都是中国送出去礼品的价值高于回赠礼品的价值。以后，郑和又六次下西洋，一如既往地与沿途各国保持友好关系，增进了解，发展贸易，交流文化。郑和为中国与世界的交流作出了突出贡献。郑和航海后八十七年，欧洲人哥伦布才率领八十七人乘三艘小船航海探险，到了美洲。以后又两次到达美洲。欧洲人到达美洲以后，发现那里有许多财富，就蜂拥而至。残酷地追杀当地居民，开辟了一大批殖民地。二百多年前，美国还是英国人的殖民地。两相比较，中国以仁爱为本，与各国友好相处。西方人主张优胜劣汰，以强凌弱。这就是中西的一种文化区别。

孔子儒家的仁爱思想经过两千多年，不但没有消失、削弱，而且不断扩大、加强。不仅在中国，在世界的东方，也在世界的西方，并且在不同文化圈的其他地方，都产生了深远的影响。1993年9月，全世界宗教领袖在美国芝加哥召开宗教会议，会议通过《全球伦理宣言》。宣言中有这么一段话："这个原则是有数千年历史的宗教和伦理的传统所寻获并持守的：己所不欲，勿施于人！若由正面表达则是：己所欲，施于人！这个终极的、绝对的标准，适用于人生各个范畴，家庭和社会，种族、国家和宗教。"宗教是最难统一的，但是，他们对于孔子的"己所不欲，勿施于人"却都是认可的。而且在两千多年后的现代社会，还有那么多宗教领袖承认这一句话是"终极的、绝对的标准"，适用于所有人群。用一句话说，孔子这句话的精神是超时空的。孔子生日是9月28日，被美国加州定为教师节。这些都说明孔子儒家思想的影响之大、之广、之深。

二、义

义在中国思想史上是非常重要的概念，所谓"仁义之道"，所谓"义利之辨"，都没有离开"义"。关于义利关系的问题，中国古代思想家进行了长时间的讨论。在孔子之前，就有人讨论过义利关系。如晋国大夫里克说："夫义者，利之足也。""废义则利不立。"（《国语·晋语二》）利是由义支撑着，没有义，利就立不起来。晋国另一个大夫丕郑说："义以生利，利以丰民。"（《国语·晋语一》）义不但支撑利，而且还会生出利来。利是为了丰富人民的生活，满足人民的生活需要。孔子认为义非常重要，是政治的重要内容。他说："礼以行义，义以生利，利以平民，政之大节也。"（《左传·成公二年》）义者，宜也。宜就是合理、合适的意思。这样，孔子的话就可理解为：礼制就是为了处理事情能够合理，处理合理，能调动积极性、创造性，就会创造更多的利。有充足的利，可以使人民安定生活。这是政治的大节。孔子认为君子要懂得义，要实行义，"见利思义"，在利益面前，首先要想一想是否符合义，"义然后取"，如果符合义，就可以取，如果不符合，无论如何也不能要。做官就是为了推行义，对待人民也要注意义，所有不义的事都不能干。孔子有一句名言："君子喻于义，小人喻于利。"（《论语·里仁》）道德高尚的君子知道怎么办事才是合理的，道德低下的小人做事只想对自己有什么好处。这是区分君子与小人的界限。西汉刘向《说苑》卷四记载的一些具体的事例，可以帮助我们理解义利之辨。

例如，孔子拜见齐景公，齐景公表示要发给他俸禄作为生活费用，孔子推辞，不肯接受。他出来对弟子说："我听说君子立功受禄，现在，我给齐景公提了一些建议，他并不想实行，又要给我俸禄，太不了解我了！"他就率领弟子们离开了齐国。

又如，曾参穿着破衣服在耕地，鲁国国君派使者把一个封邑（一块土地和这块土地上生活的人民）送给曾参，说是以此来给他做衣服用的，曾参不接受。使者再次登门献邑，曾参仍然不接受。使者说："先生不是向别人乞求，而是别人奉献的，为什么不接受呢？"曾参说："我听说，'受人者畏人，予人者骄人'，即使你能做到给人东西不骄傲，我能不畏惧吗？"始终不肯接受。孔子听了这件事后说："曾参的话可以保持自己的气节。"

再如，孔子的孙子子思住在卫国，穿的是破袍子，二十天才吃九顿饭。贵族田子方听说后，就派人把珍贵的白狐皮裘送给他，怕他不肯接受，特别交代说："我借给别人的东西就忘了，我送给别人的东西就算扔掉了。"子思不收，田子方又说："我有你没有，我送给你，为什么不收呢？"子思说："我听说，随便给人东西，不如把东西抛弃在沟里。我虽然贫困，但不忍心把自己当做臭水沟，所以不敢收。"

在利益面前，持什么态度？对于别人主动送上门的好处，持什么态度？这都是要"见利思义"的。合义的可以取，不合义的，就要明确表态：辞。有一个富人告诫他的儿子说："把朋友处得淡淡的——即使是朋友，也决不白拿白要他的任何东西，哪怕是微不足道的物质。如果处于无奈拿了朋友的或任何人的，就一定要等价回报。只有这样，你和朋友的关系才是平等的。记住，你和朋友的每一次不平等来往，都会招致你们的关系走向失衡，以致水火不容。鉴于这样一个原则，建议你千万不要乱施与不需要你帮助的人，包括亲人和朋友，那样，你会使他们产生欠债感。使人产生欠债感，是不道德的。有一句话很有意味：人对人的要求，就像银行存款，要求一次，存款就少一些。不要求人，不动存款，你永远是个富人。"（《报刊文摘》2000年5月1日3版）孟子也主张不随便拿人家的任何东西，也不随便给别人任何东西。在一切经济来往中，都坚持义的原则。见利思义，义然后取。如果见利忘义，经不起利的考验，就会陷于不义，被动，失节，悔之不及。为了一点小利，污了一身清白，是不值得的。

对于收取别人的礼物，古今都有各种不同的说法，也都有一些流行的俗语。孔子说"立功受禄"，现在叫做"无功不受禄"，曾参说"受人者畏人，予人者骄人"，现在也有类似的说法，叫做"吃人者嘴短，拿人者手软"。为什么嘴短手软呢？就是"畏"人家嘛！吃人家的请客，嘴油了，就不敢提意见，就不敢批评。收了别人的礼物，该处理的事情，就下不了决心。现在说哪儿治安不好，地痞流氓比较猖獗，很可能那里的当权者吃请受贿，或者与那些罪犯有许多牵连，不敢下手，或不忍下手，手软了。"打铁先要自身硬"，自己就是贪污受贿的，嘴短手软的，又怎么能够去处理别人呢？当然也有这种说法："小偷坐监牢，中偷作检讨，大偷作报告。"这种反常的不合理现象，总是不能长久的。陈毅元帅在答记者问时引了一段俗语：善有善报，恶有恶报，不是不报，时候未到，时候一到，一切都报。

贫穷的子思不肯把自己当做臭水沟，藏污纳垢。现在有一些人当着高官，拿着厚禄，却不自爱，还把自己当做臭水沟，这是为什么呢？值得深思。他们不是傻子，只不过是利令智昏，存有侥幸心理。《红楼梦》中的"好了歌"及其注，值得读一读。

复杂的社会有复杂的人事关系。人事关系如果处理不当，就会出现矛盾。矛盾一旦激化，就会引起社会动荡，使大家都过不好日子。为了大家的利益，就要确立社会原则来处理人际关系。而这些原则就是义。有的人知道了，有的人不知道，因此，知道的人有责任去宣传义，好让更多的人知道义。这样就有了一批宣传义的人。有的人说，你不去生产，讲义有什么用？甚至有人把宣传义的人说成是"不劳而获"的。墨子在宣传义，鲁国有一个叫吴虑的人，说自己冬天制造陶器，夏天种植庄稼，自给自足，道德跟舜差不多，还要义干什么？墨子告诉他，我一个人拼命种地，也只顶一个农民，生产的粮食分给天下，一个人还吃不了一顿。我拼命织布，也只相当一个妇女，织了一年，分给天下人，每个人得不到一尺，能解决什么问题呢？但是我去宣传义，一个国君听了我的话，把国家治理好了，这不是对一个国家的人民都有好处吗？普通的人听了我的宣传，提高了觉悟，做了好人。我虽然不参加劳动，贡献比直接参加劳动还大。这就是所谓的宣传义"功贤于耕织"（《墨子·鲁问》）。孔子也说，只要你实行仁义，四方人民都会背着小孩来投奔你，你还要自己种庄稼才能有饭吃吗？

有的人认为，不劳动就不应该有收获，并且说这是马克思主义的观点。他们把宣传仁义、实行仁义，都看成是不劳而的行为。恩格斯曾经明确说过："不耕耘者就不应有收获"，"不是我们的主张"（恩格斯《政治经济学批判大纲》，《马克思恩格斯全集》第一卷，第609页）。

唐代大文学家、思想家柳宗元写了一篇散文《梓人传》，讲的是建筑业上的一个"梓人"，相当于工程师。梓人对于建筑材料了如指掌，木材长短粗细圆方，用在什么地方合适，所有工人的分工，他都非常清楚。在施工过程中，他负责指挥，一大批工人都听他的指挥干活。没有哪一个工人都可以，没有他什么工程也建不成。在官府施工，他的工资是别人的三倍。如果给私人施工，他个人要拿施工费的一大半。有一天，柳宗元到梓人的宿舍，发现他的床腿坏了，他还不会修，要等别的工人来给修。这时候，柳宗元认为，这个梓人没有什么本事，拿的钱可不少。按现在的说法，这个梓人剥削了其他工人。后来，柳宗元在施工现场又看到梓人与工人的工作情况。只见那个梓人站在中央，许多工人拿着工具，围绕着他，听他指挥。梓人拿着指挥棒，指着一堆木料，说："砍了！"拿斧头的工人就奔到右边，动手砍开了；又指一木材，说："锯了！"拿锯的工人赶紧奔到左边。大家都看他的脸色，听他说话，没有人敢自作主张的。不胜任的工人，被他辞退，也不敢有怨言。他指定的哪一根木料用在什么地方，没有不合适的。工程竣工时，在大柱上要写上某年某月某日某某建。写的名字，就是这个梓人的名字。了解这些情况以后，柳宗元心灵受到很大震动，很感慨了一番。这时，他体会到，梓人的作用，跟宰相很相似。梓人不亲手做那些具体的事，他善于用才，善于用人，善于指挥，就完成了别人无法替代的工作。宰相在管理国家行政的时候，也不能亲自动手做多少具体的事情，主要在于出主意，想办法，在于决策，在于用人。梓人与宰相是不同等级的劳心者，孔子说的"君子喻于义"，意思是劳心者要合理用人用物。孟子说的"劳心者治人"，意即这些有丰富知识的人是管理别人的人，只能由这些人担任社会管理者。董仲舒所说的"正谊"、"明道"的人也正是这些人。王充认为这些人"以知为力"，所起的作用比筋骨之力还要大。过去有些人对智力的作用不很理解。尤其是在"鼓足干劲"的年代，出大力，流大汗，才是英雄。在各种报刊杂志上，都在宣传流大汗的英雄。知识分子不但没有什么名声，而且在物质条件方面也很困难，待遇很低。因此，社会上流行这样的话："拿手术刀的不如拿剃头刀的，做原子弹的不如卖茶叶蛋的。"经过开放改革以后，人们的观念也有了很大的变化。现在，科学知识和技术技能都受到普遍重视。特别是现在提出了知识经济，知识的价值越来越明显了。很少人会忽视知识了。轻视科学知识，重视具体技能，是小生产者的思想局限，根本不是马克思主义。而过去我们经常把这种小生产者的狭隘思想误认为是马克思主义。马克思主义认为脑力劳动是复杂劳动，复杂劳动所创造的价值比简单劳动所创造的价值要高得多。这是过去许多人所不了解的，也不愿承认的。

孟子也非常重视义，他说，如果让他去杀一个无辜的人，就可以给他天下，他也不会去干。他的做人原则，不符合义的，哪怕是一分钱，也不给别人。少了不要，再多也不要，哪怕给他亿万财富。如果自己作出了贡献，自己应该得的报酬，多少都要，问心无愧，可以"安富尊荣"。从这里可以看出，儒家所讲的义不排斥物质利益，只是要求得到合理的物质利益。取得自己应得的报酬，再多也是义，而不是利。这是常被后代许多人误解了的说法。又如朱熹曾经说过，吃饭是天理，是义，而想吃好的，超过自己的经济条件，那是贪欲，是利，是需要克服的。有人以为不要钱，不要工资，不要享受，不要经济效益，才是义。这不仅是误解，而且简直就是故意歪曲。孔子的学生子贡是很会预测市场的，他从事商业活动，赚了很多钱。鲁国规定谁能花钱把在外国当奴婢的鲁国人赎回来，可以到政府那里领取一些钱，作为赔偿金。子贡赎了一些人回来，因为他自己钱多，就不去政府那里领取赔偿金，受到孔子的批评。孔子说，不能因为你有钱，就不去领取赔偿金。做事情，要考虑如何合适，才能作为别人的榜样。你这么做，今后鲁国人再没有人去赎了。在这里，不拿钱是不义，拿钱才是义。孔子的另一个学生子路救了一个落水的人，那人用一头牛来表示感谢之情，子路接受了。孔子说："鲁国人今后一定很热心于拯救落水的人。"当时，一头牛是价值十分昂贵的酬谢品。《三国演义》中，诸葛亮劝刘备取荆州。朱熹的学生陈淳在《本溪字义》中说，刘备不取荆州，是利，是不顾天下大局，只讲刘表情面。而诸葛亮主张取荆州，是出于大义。同样道理，在利益面前，嫌多嫌少都是不义。应该得多少，就是多少。合理是个原则。但是，很多人不知道多少才是合理的。这当然没有一定的标准，需要提高了觉悟以后，就知道多少是合适的。过去许多人以为平均才是最合理的，结果，干活多少好坏都一样，使许多人都变成懒汉。孟子说："夫物之不齐，物之情也。"（《孟子·滕文公上》）不齐是事物的普遍现象。价值可以相差几倍、几十倍，乃至千万倍。人也不例外，价值也是有若干倍之差。勉强把差别拉平，必然要乱天下，因为违背了客观规律。

汉代董仲舒认为人天生就有好义与欲利两种心理。因为义与利都是人所需要的。义可以养心，利可以养身。身与心比较，心更重要，因此养心的义也比养身的利重要。例如，历史上如孔子的学生原宪、曾参等人都是很穷的人，生活不富裕，但他们都有高尚的道德，别人都羡慕他们。他们自己也都很乐观，精神很充实。另一些人，身居高位，享受荣华富贵，却不肯行义，甚至做伤天害理的亏心事。他们虽然物质丰富，心里却不踏实，精神空虚。他们或者死于犯罪，或者死于忧愁。总之，他们都不能安乐地生活一辈子。董仲舒经过论证以后，得出结论说："义之养生人，大于利而厚于财也。"(《春秋繁露·身之养重于义》)义，对于养身比财利都更重要。实际上是说，人的精神需要超过物质需要。极端地说，人没有饭吃，就要饿死；没有衣穿，就要冻死。在这种特殊的情况下，物质对于生命来说比什么都重要。但在一般情况下，人的精神状态对于健康却是非常重要的。《光明日报》1996年11月18日刊登过一则消息：孙世贵在1968年冬的一天夜里，那是困难的岁月。他在洛阳火车站拉脚，忽然，火车站广场有一个妇女喊："抓贼啊！他把我的钱包偷跑了！"一个家伙慌慌张张从孙世贵身旁跑过去。后面一个解放军战士一边追一边喊："抓住他！"战士跑到孙老汉跟前时，把一个包丢给他，说一声给他看着，就追小偷去了。老孙在那里等了个把小时，不见战士回来，他就打开提包，里面有九十斤粮票和一百二十四元钱，这在当时是很大的数字，贪心突然冒出，带着包拉着车跑一百多里回家了。连吓带累就病了。从那往后，天天做噩梦，身子一天比一天瘦，吃药打针都管不住，一直拖了半年多。这患的是心病，药是没法治的。过了二十八年，孙世贵一家生活越来越好，大儿子买了汽车，要带他逛街，他坚决不去，怕见到解放军战士。在电视里看到解放军战士抢险救灾，就会难受好几天。有一天，解放军战士尚光远把孙老汉迷失三天的孙子送回来，还给他买吃的、穿的。对孙老汉有巨大震动。他再也睡不着了。他自己感觉做了一件老天爷不可饶恕的亏心事。孙世贵拿了自己不该拿的钱，伤天害理，做不义的事，精神上一直不能安宁。这一事例充分证明了董仲舒关于义可以养心的问题。后来老汉在济南军区的操场包了一场电影给战士看，电影开映之前，老汉把这些话说出来，送电影算是赔罪，也摆脱了自己心上多年抹不去的阴影。

为此，他提倡："正其谊不谋其利，明其道不计其功。"(《汉书·董仲舒传》)董仲舒从政治大局来考虑义与利的问题。他认为，现实是高贵的人贪得无厌，越富越贪利，越不肯为义，骄奢淫逸，违法害人。贫困的人越来越穷，没有"立锥之地"，"衣马牛之衣，而食犬彘之食"(《汉书·食货志上》)。过着悲惨的生活。这种两极分化，必然造成社会混乱。富者无恶不作，穷人只好落草为寇，社会秩序怎么能安定下来？富者利用自己所掌握的权力，与人民争利，人民怎么能争过他们呢？董仲舒反对当官的还搞什么副业赚钱，反对与民争利。他提倡以公仪休做榜样。

公仪休任鲁国相，他办完公事，回家，吃饭的时候，就问葵菜价钱，家里人说不要钱，是自己家种的。他听后很生气，说："我们拿了俸禄，还要自己种菜，这不是夺了菜农的利益吗？"说完就到菜园里，把葵菜都拔掉。他有一次回家，看见夫人正在织布，他认为她夺了女工的利益，就把夫人休了。这是有名的"拔葵出妻"的故事。现在对于公仪休的看法有争议，认为能够参加劳动的国相夫人是多么好，不应该休掉。再说，即使犯了错误，也应该允许改正。而我们现在社会上一些干部夫人，劳动不参加，大家也没有要求她参加，但是，通过夫人贪污受贿的事，时有发生，一旦被揭发却说是夫人干的，不关首长的事。两相比较，不是也可以给人以启迪吗？公仪休任国相，有人投其所好，给他送鱼来，他不受。了解他的人说："您不是很喜欢吃鱼吗？给您送鱼来，为什么不要呢？"公仪休说："我收了鱼，以后当不成国相，就没有人给我送鱼，我就吃不上鱼了。我不收鱼，一直当着国相，还怕没有鱼吃吗？正因为我爱吃鱼，所以我不收别人送的鱼。"当时有人议论，认为公仪休真正会为自己打算，真正懂得珍爱自己。

董仲舒一辈子没有置自己的产业，只是研究社会问题和哲学理论问题，教学著述，终其一生。可以说是言行一致的人，实践自己信仰的人。关于"正其谊不谋其利，明其道不计其功"这句话，历代许多人有误解，以为董仲舒只讲道义，不讲功利。所有儒家没有不讲功利的。董仲舒也不例外。谊，就是义。"正其谊不谋其利"，就是说做事情要考虑如何做才符合义的原则，不要谋自己的私利。或者说，做事情要考虑怎样才是合理，不要考虑是否对自己有利。后来有些官员制定政策，不是从实际出发，而是从自己的个人利益出发，或者从自己所在的小团体的利益出发。那怎么能做好工作呢？"明其道不计其功"，这个功，不是"立功不朽"的那个"功"，而是贪天之功，急功近利的那个功。做事情要按客观规律办，不要急于求成。现在有的官员，不是"为官一任造福一方"，而是为官一任，造了一批纪念碑工程。为什么许多领导干部对教育不感兴趣，不想投资，也不去关心？因为抓教育不容易见效，是软工程。为什么有些人对建筑楼堂馆所特别感兴趣？因为那是看得见，摸得着的。"那座高楼，是我在任时建的"或者"是我批准建的"。以此夸耀于人前。至于当地人民生活提高了多少，对文化事业都做了些什么，全民的文化素质究竟提高了没有？没人提起。不重视教育的领导，不是远见卓识的领导。不抓教育而在那里抓纪念碑工程的干部，就是急功近利的干部。他们天天在那里"计"自己的"功"，至于"道"在何方，他们是不"明"白的。

孔子讲，人要有智、仁、勇。后儒称这三项为"三达德"。有智，才知道如何处理是合理的；有仁，才有那种爱心去做利人的事；有勇，才有大无畏的精神，敢于向坏人作斗争，为保护弱者挺身而出，打抱不平。智、仁、勇，三者都是行义所不可缺少的。有智而无仁，知而不肯为；有智而无勇，知而不敢为；有勇而无智，只能胡为；有仁而无智，想做好事，却不知从何下手，即所谓"爱莫能助"。中国所讲的义，只是一种原则，并不是死的教条，而是强调在实践中了解如何是合理的，就如何处理。这就是宜，也就是义。

三、仁义之道

义在中国思想史上是非常重要的概念，所谓"仁义之道"，所谓"义利之辨"，都没有离开"义"。义，就是合理性。孔子认为义非常重要，是政治的重要内容。他说："礼以行义，义以生利，利以平民，政之大节也。"（《左传·成公二年》）礼是外在的形式，是体现内在的义。礼是用一种外在形式来体现合理的人际关系。有了义，人际关系就能和谐，就会增加利，增加利是为了满足人民的物质需要。这是政治的大节，即大原则。政治的效果都要落实在有利于人民上。民是本。君子要懂得义，要实行义，"君子之仕也，行其义也。"（《论语·微子》）"见义思利"，"义然后取"。孟子说："非其有而取之，非义也。"孔子有一句名言："君子喻于义，小人喻于利。"（《论语·里仁》）讲的都是这些道理。

有一个说法，只要有了爱，世界就会成为美好的人间。但是，只有爱，不知如何爱。所以，孔子说："好仁不好学，其蔽也愚。"（《论语·阳货篇》）爱好做好事，不喜欢学习，就会出现愚蠢的毛病。因为不知道应该爱谁，也不知道如何爱。对子女的溺爱，就是仁而不义。"君子赠人以言，小人赠人以财"，武则天《臣轨》："是知赠人以财者，唯申即目之欢；赠人以言者，能致终身之福。"用财物赠给别人，只能使对方一时看了高兴。用善言赠给朋友，能够使对方终身享福。

董仲舒讲仁智的关系更加清楚。他说："仁而不智，则爱而不别也；智而不仁，则知而不为也。故仁者所以爱人类也，智者所以除其害也。"（《春秋繁露·必仁且智》）董仲舒还为仁下了一个详细的定义："何谓仁？仁者憯怛爱人，谨翕不争，好德敦伦，无伤害之心，无隐忌之志，无嫉妒之气，无感愁之欲，无险诐之事，无辟违之行，故其心舒，其志平，其气和，其欲节，其事易，其行道，故能平易和理而无争也。如此者，谓之仁。"（同上）仁者，从心里有爱人之心，谨慎和谐，不与人争执，喜欢道德又有一定的次序。"六无"排除了各种心理上的弊病。"六其"又规范各种气质表现。最后肯定这样才算得上仁。苏舆注："说仁字义最博，后儒所积，不能外此。"后代儒家再讲仁，没有出此范围的。说明这一给仁的定义是最全面的。

爱的不适当，反成为害。这是普遍现象。因此需要"义"来规范爱。义是什么呢？董仲舒也有详细的定义："义云者，非为正人，谓正我。虽有乱世枉上，莫不欲正人，奚谓义？……义者，谓宜在我者，宜在我者，而后可以称义。故言义者，合我与宜以为一言，以此操之，义之为言我也。"（《春秋繁露·仁义法》）义，就是宜在我，宜在我，就是我应该怎么做。我做事适当合理，就是义；不适当不合理，就是不义。仁义之道，就是强调有爱心做好事，必须适当合理，否则，爱心做好事，却可能得到不好的效果，办了坏事。如何才能做到适当合理呢？这就需要智慧。董仲舒所讲智，标准特别高，一般人自然达不到，像诸葛亮那样的聪明人恐怕也达不到。董仲舒自己能不能达到呢？也难说。当然可以说这是理想的最高的智慧。是普通努力争取接近的境界。它可以引导人们追求智慧。

四、义利之辨

利字是刀与禾的结合，可以理解为农业生产的收获。收获的农产品就是物质的利。后来推而广之，把所有对人有好处的物质的与精神的东西都称做利。义字就比较复杂，繁体字作"義"，上羊下我。中国古代把许多美好的东西都与羊联系起来，如美、善、养、羡等都带着"羊"。我，据考证，是一种兵器，作为第一人称，是后来的事。有人猜想，是人拿着兵器守卫着羊群，就是义。这种猜想有一定道理，但没有旁证材料。儒家讲："义者，宜也。"据考证，"宜"是切肉的意思。义与切肉有什么关系呢？《庄子·大宗师》："齑万物而不为义，泽及万世而不为仁，长于上古而不为老，覆载天地、刻雕众形而不为巧。"庄子讲的这些是反话，从此可见，在当时人看来，"齑万物"是义。齑是细切、粉碎的意思。《周礼·天官》郑玄注："细切为齑。"细切羊肉，是为了更合理地分配。合理分配，就是义。这种说法，还可以举孔子、孟子的话作为旁证。孔子说："见利思义"，"义然后取"。见到利益，首先要想是否合理，如果合理，就可以取。孟子说："非其有而取之，非义也。"（《孟子·尽心上》）不是你的，你拿走，就是不义。贪污受贿得来的钱财，就是不义之财。推而广之，所有利益，一切好处，都应该有合理的分配，这是义的原则。如果多吃多占，或者贪天之功，据为己有，那都是不义。利是生产品，义是合理分配，二者是统一的两个方面。在先秦时代，就有义利统一的思想。如晋国大夫里克说："夫义者，利之足也。""废义则利不立。"（《国语·晋语二》）利是由义支撑着，没有义，利就立不起来。晋国另一个大夫丕郑说："义以生利，利以丰民。"（《国语·晋语一》）义不但支撑利，而且还会生出利来。利是为了丰富人民的生活，满足人民的生活需要。孔子认为义非常重要，是政治的重要内容。他说："礼以行义，义以生利，利以平民，政之大节也。"（《左传·成公二年》）义者，宜也。宜就是合理、合适的意思。这样，孔子的话就可理解为：礼制就是为了处理事情能够合理，处理合理，能调动积极性、创造性，就会创造更多的利。有充足的利，可以使人民安定生活。这是政治的大节。可见，义利之辨是政治哲学的重要内容，特别是义，应该是所有政治家都要认真研究的重要问题，也是平民百姓的生活准则。后来，有权的人在分配生产品时，自己多占，出现不公平现象。义与利出现脱节，合理分配的为义，不合理的分配就是当权者的不义，平民百姓合理地待人接物，顾全大局，也是义；损人利己，损公肥私，就是不义。头脑中想别人多是义，考虑自己多就是不义。后世讲义利对立也就是很自然的事了。

君子指统治者，社会管理者，负责各种利益的分配。坚持公平公道，实行合理分配，就是行义。做官就是为了行义，对待人民也要注意义，所有不义的事都不能干。在利益面前是否严格按义去做，是区分君子与小人的界限。君子应该知道如何分配才是合理的，百姓只要知道自己可以得多少。孔子的话原来就是讲这个意思。后来，君子向小人宣传义，许多小人也了解了一些义的基本原则，也能顾全大局，也知道义。还有一些人只知道自己的利。于是在百姓中也有义利之分。这样，对待义利的不同态度，也就表现出道德的高低。因此，义利之辨成为后代判别君子和小人的重要标准。两千年来，义利之辨一直是许多思想家经常讨论的重大问题。近二十年，又重新讨论这个问题，还有一些需要研究的理论。

有一些人知小不知大。墨子在《非攻上》中说：一个人到别人的果园里摘水果，大家都知道这是不义的。因为他亏人以自利。到别人的马圈里偷马，亏人更多，那就更不义。谋财害命，就是更大的不义。但是，现在对于攻打别人的国家，统治他国的人民，掠夺他人的财产，是最大的不义，却还有人称赞这些占领者为英雄。这些人怎么能算是知道义与不义的人呢？例如，欧洲人知道美洲有很多财富，就成群结队到美洲去掠夺，把当地土人赶尽杀绝。这不是强盗行为吗？为什么那么多人歌颂这件事呢？他们把第一次航海到美洲的哥伦布称为"发现美洲新大陆"的伟大航海家。他们把这种残酷现象叫做优胜劣汰法则。他们不知道义为何物。中国明朝时代曾经有郑和下西洋，比哥伦布首航美洲早八十七年，人数多三百倍，实力也大得多，本着平等互利和友好相处精神，坚守中国传统的义，却没有从别国捞到什么好处，因此现在受到一些人的耻笑。真所谓"以小人之心，度君子之腹"！

在论及利义关系方面，还有一个例子。有一个少校军官叫张林，是苦出身，是个非常廉洁的很有前途的好干部。刚开放的时候，他的内弟向他借钱，从他管理的钱库中借走五万元。其他内弟也来借钱，共借去二十万元。后上级来查账，发现少了钱，他先说被人借走，后因没有借据，就承认是自己挪用。挪用马上就全部还清，还可以不判死罪。妻子向家人企求还钱，全家所有借了钱的都不肯还。最后，张林伏法，妻子也用捆骨灰盒的绸布自缢身亡。只顾亲情，挪用公款，做了不义的事，最后，亲人没有留下情，自己落个家破人亡。从此可见，做不义的事，不但损人，有时也会害己。

为此，董仲舒提倡："正其谊不谋其利，明其道不计其功。"（《汉书·董仲舒传》）他从政治大局来考虑义与利的关系问题。他认为，现实使高贵的人贪得无厌，越富越贪利，越不肯为义，骄奢淫逸，违法害人。贫困的人越来越穷，没有"立锥之地"，"衣马牛之衣，而食犬彘之食"（《汉书·食货志上》），过着悲惨的生活。这种两极分化，必然造成社会混乱。富者无恶不作，穷人只好落草为寇，社会秩序怎么能安定下来？富者利用自己所掌握的权力，与人民争利，人民怎么能争过他们呢？所以董仲舒反对当官的还搞什么副业赚钱，反对与民争利。

彭林 1949年生于江苏无锡市，历史学博士学位，现为清华大学人文学院历史系教授、博士生导师，兼任国际儒学联合会理事、中国社会科学院古代文明研究中心客座研究员、中国人民大学等校兼职教授、清华大学经学研究中心主任等；主编《中国经学》。曾荣获教育部宝钢优秀教师奖、北京市高等学校教学名师奖等称号。长年从事中国古代学术思想史、尤其是儒家经典《周礼》、《仪礼》、《礼记》的研究。已在海内外发表学术论文一百余篇，著有《周礼主体思想与成书年代研究》、《文物精品与文化中国》、《中国礼学在古代朝鲜的播迁》、《礼乐人生》、《中华传统礼仪概要》等；点校的经典与文献有《仪礼注疏》、《礼经释例》、《观堂集林》、《周礼注疏》等。

民族文化与民族命运

上篇

东西方文化碰撞、交流及博弈，民族文化与民族命运，是近十几年以来我反复思考的问题。我参加凤凰卫视《一虎一席谈》节目时，面对面听到一些朋友对中国文化的否定，有些否定用语非常刻薄。中华民族面临一个文化选择，是跟着西方文化走下去，还是找回自己的文化？我的立场很清楚，中华民族应该有自己的本位文化。

为什么我们不能一味学西方文化？这个问题要从学理上进行说明，要从一个更长远更大的背景下开始谈起。

人类的历史大概有将近三百万年，人类的发展是极其缓慢的，三百万年里百分之九十九点几的时间我们是在旧石器时代过着极其原始的生活，大概距今四万年左右我们地球上开始出现人种，各地人类肤色、发型、眼球颜色及血型等开始出现明显地域特征。世界上有三大人种，一个是亚洲的蒙古利亚人种，一个是尼格罗人种，还有一个是欧罗巴人种。人种的出现是因为不同的地区不同的气候和环境促使人类出现不同的分化。社会继续向前发展，慢慢开始出现民族，比方说蒙古利亚人种里面有许多民族，在中国有五十六个，国外还有越南民族、日本民族、阿富汗民族等等。民族是指在历史上形成的，具有共同地域、共同语言、共同的经济生活，并且表现出共同文化上的共同心理素质的一个稳定的共同体。比方我们汉民族，我们有共同的地域，世世代代生活在这片土地上，我们有共同的语言，有共同的经济生活和心理素质，这几个方面都是非常稳定的关系，这就形成了民族。

人种和民族发展过程当中，出现了文化。文化是人类特有的现象。所谓文化是指人创造的一切，人跟动物的区别就是人有文化而动物没有文化。我们以"吃"举例来说明一下：所有动物每天都面临着吃什么的问题，这不能叫文化，当一个东西是蒸着吃煮着吃还是炸着吃，怎样吃出色香味吃出营养来，就是文化，这只有人能做到。给文化下一个定义非常困难，有人统计现在全世界关于文化的定义大概两百多个，我们只能含糊地用一个最省事的方法，文化是人类创造的一切的总和。

为了研究文化，通常把它分成三大类：一类叫物质文化。人类要生存就要创造一些物质，我们要喝开水就要有杯子、炉子和灶，这些东西是一种物化的文化。例如手机，它是一个物质，可是它里面凝聚着文化，含有创造它的人的科学知识、审美情趣，包括这个时代的风尚等等。又比如我们的故宫，看起来只是个房子，但它是一个中国传统文化的载体。

人跟动物的区别在于：人有精神追求。人想了解的东西太多，所以就有了一系列的思维活动，这一系列的思维活动就创造出了一种思想文化或称精神文化。现在我们大学里开的课程，大部分都属于思想文化，老庄孔孟、《诗经》、《离骚》，人类在这上面花费的精力不比在物质上的精力少。另外介于物质与精神之间的，称为制度文化。管理公司，管好国家，一定要有一种制度。这种制度不是一种纯粹的思维活动，而是要把治理国家和社会的理念转换成一套可操作的制度。

我们用这样一句话来概括文化对一个民族的作用：文化是民族内部彼此认同的核心，是回答你是谁的问题。为什么说你我都是中国人？这并不是说我们黄皮肤黑头发，主要是我们认同的文化是中国文化。为什么说台湾是中国的一部分？主要是因为我们有着一个共同的文化。这个文化是凝聚我们民族的"魂"，如果丧失了民族魂就是一盘散沙，所以说民族文化是民族存亡的根本。

历史的经验告诉我们丢了自己的文化就是丢了命根。以契丹为例子，宋辽金元时期，北宋变南宋，只剩半壁江山。契丹当时十分了得，有自己的政权、强大的武力，还有自己的文化。现在契丹哪里去了？如今我们五十六个民族里面没有契丹，一个如此强大的民族就这样蒸发了。记得"文革"前我上初中的时候，当时中苏友好，我所在的中学有六个年级，学校规定三个班学英语三个班学俄语。我分到学俄语的班，一次老师在黑板上用俄文写"中国"，教大家念，听完了以后我就很奇怪，这是什么意思？隔壁学英语的班中国叫"China"，我就问老师俄罗斯为什么把我们叫Κитай？老师回答不出来，但是面子上又过不去，说你不要老是问为什么，世界上很多东西没有道理可讲。我的问题没有解决，到"文革"以后上了大学，读的书也多了，才知道俄罗斯人跟我们中国之间横亘着一个强大的契丹，他们说契丹就是中国，把中国说成契丹。

那么契丹到底哪里去了？无非有几种可能：一、周边有民族对它进行种族灭绝的屠杀。这不太可能，你想想它周边最大的汉族（宋）也打不过它，更别说其他的民族了。二、遭遇了一种智能型传染病，遇到契丹人就传染，遇到别的民族就不传染，很显然这种病毒还没有研究出来。那么它是怎么消失的？答案就是它不注意保存自己民族的固有文化。它在跟周边民族相处的过程当中，它老是去学别人，今天看你的衣服挺好，把我的衣服脱了，穿你的民族的衣服；明天看你的发型好看，我把发型也换了；说话腔调跟你们不一样，也跟着学了。所以它一部分被蒙古同化，一部分被汉族同化，我们13亿人当中相当多的是契丹人的后裔。一个民族军事上被人侵略占领，只要自己的文化还在就有复国的希望。如果一个民族的文化被别人消灭，就不可能再有复国的机会。在历史上这样的例子非常多，契丹是最典型的。

在这里我们要提到明末清初三大思想家，顾炎武是最了不起的一位，清代学者没有一个不读他的书。他的文章曾提出来一个理念，梁启超将其提炼成八个字：天下兴亡，匹夫有责。我不知道大家是否知道这句话的意思？我在清华上课提出这个问题的时候没有一个人敢回答。中国五千多年的历史，改朝换代不计其数，皇帝被推翻，但是社会秩序和文化没有改变，这叫亡国，这对于我们民族来讲影响不会太大。皇帝被人推翻，固有的文化也被人家替代，这叫亡天下。亡天下就是亡国加上灭种，不是皇帝一个人的事情，而是整个民族没有了。

清军南下采取了一个极其野蛮的政策，清人很清楚，他们那么小的一个民族，要战领一个地域广阔、人口众多、文化积淀深厚的民族，不容易。当时清政府采取了非常愚蠢而野蛮的文化征服的政策，他们在南下的时候发布了一个命令叫剃发令。清军南下的时候军队打到哪里，剃头挑子就到哪里，这个对汉人的侮辱，当时有"留头不留发，留发不留头"的说法。清军打到江南的时候为什么遇到的抵抗是最激烈的？因为这一带文化最盛。汉族人民为了护卫自己的民族文化付出了惨重的代价。顾炎武是江苏昆山人，他母亲虽是妇道人家，但深明民族大义，听到清军打过来，绝食。很多人以自杀来保存自己的民族气节，村子里的树权到处都是吊死的人。当清军把南京打下到达扬州，历史上有一个"碧血扬州"，史称扬州十日。后来清政府意识到他的政策有问题，开始调整，开始学习中国的文化。他们听说顾炎武这个人极有学问，叫他到京里去做官，顾炎武说了一句话："人人可出而炎武不能出。"那时候，他这就是一种文化气节，到了我们要亡国灭种的紧急关头了，这个时候只要你是一个人，你就有责任站出来捍卫自己的本土文化。我们的文化能被保住就是有识之士在一个一个紧急关头挺身而出。

下面我们讲讲近代以来关于传统文化的争论。我们中国人对于自己的文化从来没有怀疑过。在鸦片战争之前，我们中华文明是世界上四大原生文明之一。什么叫原生文明？是指这种文明在它发展的过程当中，没有或者很少受到周边文化的影响，它是独立形成的一种文化。这种文明有埃及、古代巴比伦、古代印度。原生文明在全世界为数很少，它对人类文明的贡献是最大的。世界上大多数的文明属于次生文明，所谓次生文明就是说它在发生发展的过程当中，受到了周边文明的强烈影响，比方说日本文明、朝鲜文明。朝鲜半岛的居民跟日本的居民跟我们在文化上原来相差很远，语言跟我们完全不同，中国叫汉藏语系，他们是阿尔泰语系。我们汉藏语系是把动词摆在前面：我吃饭。阿尔泰语系是把动词摆在后面：我饭吃。但是后来他受到我们汉文化的强烈影响，甚至全面吸收汉文化，全面的儒家化。我们到日本到韩国，去读他古代学者的书一点困难没有，跟我们一样。到了明朝以后，朝鲜半岛有一个世宗大王，这个人觉得作为一个国家没有文字说不过去，就发明了"拼音文字"，当时这个东西出来之后朝鲜的知识分子不肯读，说："这叫什么字，这种文字还用学吗？"他们拒绝学。到上个世纪六十年代，朝鲜民族主义抬头，他们取消汉字，所有的东西都用韩文，用拼音文字表示。我们不了解会觉得这个文字好复杂，好深奥，如果你知道情况就会说太好学，百分之八十都是汉语，比如见面问候：你安宁吗？安宁就是汉字词，谢谢就是感谢，药店叫药局，这叫次生文明，受到原生文明的强烈影响。

在15世纪之前，我们中华文明一直处在世界文化的前列，我们四大发明传到西方以后促进了西方文明的发展，中国的哲学思想对西方的启蒙思想影响非常大。我们中国人开始怀疑自己的文化是鸦片战争之后，西学东渐。这时西方文化进入中国，强势登场，因为有洋枪洋炮一起进来，风靡一时。我们被他打得一塌糊涂还要遵从他的文化。西方好比八个强盗，到中国来杀人放火，把一个书生打得遍体鳞伤，尤其是把他的眼睛打瞎了，看不清方向，强盗给他一根绳子（西方文化），说抓着这根绳子就能见到光明。但是我们懂得这个道理：丧失了自己的文化，民族就会灭亡。

一个民族该不该保留文化在中国居然成为一个问题，我们读自己的经典，有时竟被谩骂。欧美没有一个民族会谩骂自己的文化，可是在我们的民族，有人却讲国学不应该学。这时我们不得不提到胡适之，他最早鼓吹西方文化，他有一篇文章叫《介绍我自己的思想认识》中说："如果我们还想把这个国家整顿起来，还希望这个民主在世界上占有一定的地位，有一条思路，就是要认错，我们必须承认自己百事不如人……"说实话世界上任何文化都是可以批评的，但问题是不能颠覆它，胡适之就是把它颠覆了，不但政治制度不如人，道德不如人。那个时候他的主要任务就是咒骂中国文化，骂得越刻薄越有成就感，还有一篇文章里说："我们的固有文化实在很平凡，近代的科学文化且不谈，因为那些方面我们的贫乏太丢人了，我们且谈谈古老的时代，我们如果平心研究希腊文化的科学政治雕刻，单是这四项就不能不感到我们的文化贫乏了，尤其是造型美术这两个方面，我们不得不低头愧憾，我们试想想，在两千多年前我们在科学上早已大落于人，从此我们有的欧洲都有，我们没有的人家独有的，人家都比我们强……"这些话，都让我们感到心寒。

从周代开始，你去看看《四库全书》，文化是如此灿烂。我们有独有的宝贝：骈文，几千年的文明，走到相当高的程度才会出现。唐诗在今天还有几万首，唐朝的诗全世界没有可以和它比的。人人能写诗，可以说中国是诗的国度。那时女同志成亲男同志都要作诗，作不出来不让进洞房，我们想想这是什么样的文化。现在我们从文献上看，从魏晋还是一直到唐朝，那个时候女同志在家里等着新郎来接，女同志是要摆谱的，哪有你说要走就走的，开玩笑。迎亲的说："加快化妆，我们要把你抬走。"不行，男同志要作诗，这叫催妆诗，文化不达标新娘子娶不走，写不好重写，得写好了。那个时候不抛头露面，遮着扇子，新郎急得要死，新娘长得什么样，叫"窃扇诗"。现在我们什么时候介绍一个广告说征婚要作诗，中间有几个程序，马上人家就对你另眼相看了。诗有什么不好，我想我们今天还要作诗。

八股文也不像他讲的那个样子，启功先生生前写过一篇文章就是介绍八股文的。有些人八股文写得很次，但是有的人写得很好，里面有逻辑顺序的"起承转合"。开始，点题，转，最后再把它合起来，人家这种格式是总结出来的。有写得非常好的八股文，后来有人把它抹黑搞臭，今天我们谁也没有把它读透。小脚、太监、姨太太使我们抬不起头来，这个东西里面究竟怎么回事？现在批的我们都不知道是什么东西。我们这里举个例子"贞节牌坊"，中国人跟西方人不太一样，西方人夫妻两个有两年不在一起就离婚了，那还叫什么婚姻。中国人是讲究白头偕老的，结婚我们去送礼，去发表贺词，一定要说百年好合，郎才女貌，天作之合。白头偕老，把婚姻看做终生的一种托付，所以有的女同志丈夫死了以后，由于两个人感觉特别好不想再结婚，因为她如果要改嫁要面临一个问题，公公婆婆孩子怎么办？曾经报上报道过一件事：一位女同志丈夫出车祸死了，留下父母和孩子。有两个选择，一个是人都不在了，干吗我还守这个家，我改嫁，这个不是很新潮吗？我要追求我自己的幸福，但是这样一做她想这孩子完了，这一辈子的前途没有了，两个老人刚刚死了一个儿子，媳妇跑了……她想了半天，觉得总要为这个家庭做出牺牲，她要替自己死去的丈夫把孩子抚养成人，她要替丈夫为公公婆婆养老送终。这种行为在古代是要立牌坊的，现在我们把这个东西批得一塌糊涂。

中央电视台放过一个连续剧，介绍徽商怎么含辛茹苦闯世界，前面几集很好。后面文人的毛病就出来了，我们这个写电视剧的人忘不了扇它一个耳光，镜头开始摇到她的贞节牌坊上去，说"窗户这么高，万恶的封建制度把妇女禁锢在里面，吃人的礼教"。前面还讲徽商三年五年回来一次是正常的，那他老婆还要不要安全，这个墙起得高一点是不是为了保护她们的安全啊？现在不是还要装防盗门啊，那个时候没有防盗门，妇女还要出来做事的。如果你做记者常年在外面跑你家里面没有防盗门，锁都没有，那我才佩服你，老婆孩子在大街上住，二十四小时充分享受自由。徽商他们在外面含辛茹苦支撑着这个家，这里面太特殊的我们不去说他。现在所有人都认为比古人高明，认为历史是一个斜坡，后来居上，我们总是比前面的人高明。欧洲人不这么认为，他们的科学比我们发达得多，但他们经常说要回到轴心时代寻找智慧。轴心时代，在印度出现了释迦牟尼，在东方出现了孔子，在西方出现了苏格拉底，现在他们常常觉得自己的智慧不够，要到那里去寻找，他们很尊重历史。

胡适眼里的中国妇女全是在悲惨世界里面，他不想想这是全世界的问题，不只是中国，中世纪的欧洲的妇女还要惨，那个时候妇女身上有一条铁做的裤子，钥匙在你先生手上，这不比中国还不堪吗？我去年到巴黎去了一个月，有个"巴士底狱"，那也是地狱活现，那个广场原来叫"断头台"。秦始皇焚书坑儒，四百多个人，清朝文字狱也就是几百个人，它那是成千上万的。胡适有一句最有名的话叫"月亮都是美国的圆"。很可悲，身为一个中国人，对中国文化如此的仇视，如此的谩骂。

由于这些，两千多年我们的传统被边缘化，我们传统文化叫经、史、子、集，所谓《四库全书》，这个"四库"不是平行并列的。"经学"相当于指导思想，我们一个人应该怎么生活，人跟人之间怎么相处，一个社会怎么管理都在这个经书里。现在我们的大学全部学西方了，全盘西化。我们在大学里设历史系，设文学系，设哲学系，可是没有经学系，所以我们的传统文化一个头被砍掉了。以前的史学家也好，文学家也好，哪有不读经书的？他们从小都受到孔孟之道的深刻影响，你不读经书怎么理解他史学的理论，怎么了解他文学的背景？西方人有文学、哲学、史学，可是他也有神学院。

社会上还有有良心的人出来捍卫我们的文化，刘师培在上海举办了一个国学会，他对社会对民族有忧患意识，有责任感。后来刘师培、邓实等等形成了一个国学派，他们提出一个概念："国粹存则其国存，国粹亡则其国亡。"严复说读书当然不是为别人读的，你读不读书对于孔子无损，孔子到今天全世界承认的，世界文化名人前十。为什么我们国民教育还要读经呢？我现在觉得大学生上面只注意解决他的政策方向，三个代表四个坚持，而不注重人格的养成。所以培养的学生夸夸其谈，但是没有做人的一个基本的模样，社会问题就越来越多了。假造、欺骗，无所不用其极，这个东西就是缺少了传统教育。教育的资源就在经典里面，这个你不用，转而他求，用西方人的思想来教育我们自己，失去了一个东方人的本性了。"无人格为之非人，无国性为之非中国人"，所以说经书不可不读。

章太炎讲过，"我听顾宁人之言曰：有亡国，有亡天下，使公等深为中国人，自侮中国之经，而于蒙养之地，别施手眼，则亡天下之实，公等当之。"你们这么弄下去，中国的文化亡了，谁来承担这个责任，你们这帮人要承担这个责任。所以他说天下兴亡，匹夫有责，他并不是为了发思古之幽情。我们看看这句话，我们当然要坐在那里讨论，但是我们要实践我们中国人的周孔之道，不外乎就是修己修身，把自己修好了再去治人。

他的思想核心归在六经，我们现在经过秦始皇"焚书坑儒"只剩下了五经，"乐"没有了。六经非常广泛，要把它集中起来统一中国文化。我有一个朋友主张读三部书：第一部《孝经》，第二部《大学》，第三部《中庸》。还有一个有名的人叫徐复观，说："中国人要尊重自己的文化，作为一个中国人总应该承认自己有文化，总应该尊重自己的文化。"世界上找不出任何例子像我们的许多浅薄之徒，一无所知地自己抹煞自己的文化。我专门用了一个词：文化自戕。人家没有说你不好，可是我们自己在残害自己。

近代以来很多知识分子诋毁中国文化，这里我们不得不提到一些人，态度偏激的人。胡适是一个领头的，除了胡适之外，下面还有钱玄同、刘半农、鲁迅。鲁迅说中药都是骗人的，他们都提出来把汉字要取消，汉字不亡国家没有前途。汉字碍你什么事了？莫名其妙。判断一个国家是否进入了文明时代都有一个标准，有没有文书。现在学术界对于一个地区进入了文明没有，有很多个评价的标准，有的说要出现几千人以上的城市，有的说看他有没有出现金属工具，但是有一个共同的谁都不否认的，一定是他有没有文字。我们把自己文字给消灭掉了那就是把文明的根铲掉了。钱玄同、刘半农当时给教育部写信，要求所有的学校不许学汉字，不能看汉文书，要看英文或者法文书，这种实在不可取。鲁迅说看历史，歪歪斜斜的最后一看只有两个字："吃人。"我们讨论鲁迅的这段话对不对？我下个月到长沙就要讨论这个题目。我说大家想想这个符合不符合中国历史的现实，如果把这段话的主语改了，是日本首相，他讲，我晚上横竖睡不着，打开中国的历史一看，歪歪斜斜地写着"仁义道德"，最后一看只有两个字："吃人。"那不行了，可能会游行抗议，可是我们现在就是自己打自己耳光。

事实证明把中国文化说得一团漆黑既不符合历史事实，同时也不利于我们民族，是不是？接下来给大家介绍到一个人物叫钱穆，可能大家不太熟悉，但是我稍微介绍一下你们就知道了。咱们中国物理学家有三钱：钱学森、钱伟长、钱三强。钱穆是钱伟长的叔叔，他是我们学术界的泰斗，就是山里面的泰山，星星里面的北斗。这个人十几岁的时候，当时我们国势非常危险，他读到梁启超写的一篇文章，是关于梁启超跟另外一个人用化名讨论中国会不会灭亡的，两个人辩论，到最后结论是中国不会亡。当时钱先生读的时候只有十六岁，深深地震撼了他，他一生几乎都受到这篇文章的影响。后来他自学，尤其是到二次大战以后使他的思想发生了一个很大的变化。

当时西学传到中国来的时候，胡适之这些人趋之若鹜，追随西方文化，无所不用其极，提倡白话文等等的东西出来了。当时我们清华有一个教授，见到胡适就挖苦他，说："你提倡白话文。"胡适说："是啊。"胡适他姓胡，名适之。教授就说："这个'之'不是白话文。"然后才把名字改了叫胡适的。哪个好？当然是"之"好听，现在我们老师语文水平都极其低，我们教授都写这些东西，台湾的人一看，这人怎么评上教授的。当时胡适写文章，说西方文化是高于我们一个阶段，我们处于落后的一个阶段，所以他们的今天就是我们的明天，我们要全盘西化，就要把自己的文化连根铲除。

二次大战以后，资本主义文化的弊端暴露无遗，大家想象这次金融风暴出来以后也是他们文化弊端的暴露。去年开一个会，有一个教授是华人，叫许倬云。许倬云在美国工作，是一个台湾人，他一开始就在讲西方文化的弊病："不像话，把世界搞得这么乱，一块钱的本钱到处去注册，最后这一块钱没有了所有的地方都出大问题，唯利是图，欺骗。"

西方文化的种种弊端逐渐暴露出来，钱先生就提出来说西方文化和东方文化不是两种不同阶段的文化，而是两种并行的文化，并行不悖，我们的明天是我们自己的明天，不会走到你的今天，我们要弘扬自己的文化。钱先生非常爱国，他一直在做这个事情。他有一个学生在美国，叫余英时，钱先生去世以后他写了一篇悼念的文章，这个文章的题目是《一生为故国招魂》：我们一个人有两个东西，一个叫魂，一个叫魄，魄就是我们的身体，躯体里面没有灵魂，这是死亡了。我们民间经常有小孩发烧说胡话，大人就说这小孩的魂跑了，所以这个小孩就没有知觉，喊他什么不知道了。大人会在他经常玩的地方喊他的名字，把他的魂喊回来，一个国家他没有文化就好比一个人没了魂，那么这个国家是在消亡，在走向死亡，魂不回来，时间久了肌体就死了。所以钱先生一生为故国招魂，他一生所做的事情就是要把我们中华的魂给招回来。不能把西方人的魂安在我们身上，做的就是这个事情。在抗日战争期间，钱先生当时在西南联大，到了后方之后，做的一件事情就是要用中华民族的历史唤醒国民抗日的热情。懂得我们的历史，懂得我们是一个伟大的民族，我们不能灭亡，这个东西要通过读书。钱先生他一个人的力量写了一部《国史大纲》，当时困难到什么程度？空袭的警报来了，他夹着纸跑到树林里面接着写。他写这个书有一个很深的人文关怀，不是说写这个我要评教授，要出名，现在学术界这样的人很多，钱先生不同于一般的学者，他把自己的学术跟民族的命运是连在一起的。

我们来看看他写的《国史大纲》，一打开正文之前他写了一段话，我们一起来读一读，这个话我作为座右铭：

凡读本书，请先具下列诸信念：

一、当信任何一国之国民，尤其是自称知识在水平线以上之国民，对其本国以往历史，应该略有所知。否则最多只算一有知识的人，不能算一有知识的国民。

二、所谓对其本国以往历史略有所知者，尤必附随一种对其本国已往历史之温情与敬意。否则只算知道了一些外国史，不得云对本国史有知识。本国历史是我们的母文化，就像我们的母亲，我们对于他的了解理应附带着一种对他的温情跟敬意，本国历史，我们一讲到杨家将，讲到岳飞，我们讲的文天祥，我们会热血沸腾，因为这是我们母文化里面的一部分，你如果没有温情和敬意，你只是了解，钱先生讲就只算知。比方说我们讲一段埃塞俄比亚历史很难引起我们的敬意跟温情，因为离我们太远了，所以现在社会上有一些人骂中国文化的时候我们就知道他不配做一个中国人。

三、所谓对其本国以往历史有一种温情与敬意者，至少不会对其本国历史抱一种偏激的虚无主义，即视本国以往历史为无一点有价值，亦无一处足以使彼满意。亦至少不会感到现在我们是站在以往历史最高之顶点，此乃一种浅薄狂妄的进化观。而将我们当身种种罪恶与弱点，一切诿卸于古人。此乃一种似是而非之文化自谴。

你如果了解本国历史，就不会像胡适那么偏激，认为五千年文化是虚无的，没有一个是好的，弄了五千年没有一个地方可以让他满意。你至少不会感到我们是站在以往历史最高之顶点，胡适之自以为站在历史最高顶点，他把五千年看下来全盘否定。有人讲这是一种批判精神，是一种文化质谴。我们现在看钱先生，他说此乃一种浅薄狂妄的进化观，没有任何的依据。我们大学那么多历史系，敝人也是历史系的，谁写得出《史记》？我们那么多哲学系，谁写得出《道德经》？你比他厉害你写一个看看，这个历史不是这么进化的，这是很肤浅的一种认识。而且我们把种种罪恶与弱点，一切诿卸于古人，我们被八国联军打了我们怪孔子，这个有道理吗？印度没有孔子吧，印度怎么也变成殖民地了？阿拉伯没有儒学啊，阿拉伯遭受奴役很多年。世界上有那么一伙强盗，他到处去打劫，跟有没有孔子没有关系。德国古典思想是最发达的，德国曾经出现过尼采、康德等等著名的哲学家，德国走向法西斯，但是德国没有把这个责任归于尼采，归于康德。你不能总把弱点诿卸于古人，表面上看起来是文化质谴，懂得反思，看起来很虚心，但你不反省自己，你把责任都推给别人，这都不对。

四、当信每一国家必待其国民具备上列诸条件者比较渐多，其国家乃再有向前发展之希望。（否则其所改进，等于一个被征服国或次殖民地之改进，对其自身国家不发生关系。换言之，此种改进，无异是一种变相的文化征服，乃其文化自身之萎缩与消灭，并非其文化自身之转变与发黄。）

我们十三亿人都对它有了解，其国家乃有向前发展之希望，你这个民族怎么振兴，文化自觉、民族自尊在哪里呢？你连这个都没有，你这民族向前发展的希望。举个例子再来理解就比较容易，印度也是文明古国，跟我们一样，近代被西方列强，主要是被英国政府统治。印度有一个民族英雄叫甘地，有一个诺贝尔奖得主叫泰戈尔，当时他们为了要赶走英国人进行了艰苦的斗争。当时在印度有这样一种争论，就是我们把英国赶走了我们国家怎么管理？有的人主张把英国人赶走，用英国的方法来治理。甘地和泰戈尔反对，我们不是没有文化，我们有文化，我们把英国赶走，民族独立之后我们应该找回自己的文化，相信我们用自己的文化能把自己管理好。大家知道古代埃及、古代印度、古代巴比伦在历史上被人家征服了之后，占领军把他的文化给覆盖，所以今天埃及人的文化跟古代埃及没有关系了，他是一种失落了的文明，所以我们称古代埃及。今天的埃及读不懂象形文字，今天的伊拉克人去读巴比伦的东西也读不懂，印度也是一样，他们的文明被中断了。世界上只有中华文明从来没有被中断过，弄了五千年，到今天我们没有任何理由让它中断，没有任何理由让西方文化来征服我们。钱先生这本书就是唤醒大家一个民族自尊，文化自觉。

下篇

我们在西学东渐的过程中，许多人缺乏文化自觉，盲目追随西方文化，使得我们固有的文化大量地流失，直到今天仍在流失。想一想我们身上和我们社会还有多少自己的文化？我举几点跟大家说说，首先是中华传统价值观正在被颠覆。任何一个文化它的核心都是价值观，即人为什么活着，人活着最大的意义是什么。我在"文革"前上的中学，那时每个人都受过这种教育，"文革"以后就把这个东西丢弃了。弃掉了不等于这个问题不存在，实际上我们每天都会遇到人生价值这个问题。

传统中国人的价值观讲"以天下为己任"，有理想有抱负的人要齐家治国最终平天下。传统上认为一心想自己的利益是可耻的，必须在"天下"这个概念下来展开自己的人生。

几年前我到湖南讲课后去了一趟岳阳，我们在中学都学过《岳阳楼记》，当时老师把它当成一个文学作品来研读，感觉洞庭湖太美了，非常神往。坐车到了岳阳楼，眼前的景色让我非常失落，哪有什么洞庭湖，分明是洞庭河，只有一点点，弄了半天跟范仲淹讲的不是一回事。我进去后看一面墙上有一个书法家写的《岳阳楼记》全文，我站在那个地方读，豁然懂了，其实范仲淹写《岳阳楼记》的时候他没有到岳阳楼，他有个朋友被贬到巴陵郡弄了个岳阳楼，要他写个东西。前面他写得很简单，说"前人之述备矣"，前人把洞庭湖的景色描述得很完备了。写诗，如果天气特别晴朗，写出来的诗就特别好，如果惊风浊浪就会心情特别不好，心里想又是谁在进谗言，谁又在毁谤我，就觉得人生没有意义。范仲淹说如果一个圣贤站在岳阳楼前面，看这个景色发出的感慨会一样，因为一个圣贤他心里面所怀的是天下，他努力学习提高自己，被选拔上去了，居庙堂之高，到了朝廷里面当了部长。一个圣贤，位置越高他对老百姓的忧虑越深。但高处不胜寒，上面派系斗争很厉害，君子斗不过小人，把你贬走。有些人就叹气了，我看透了，做人没意思，从此金盆洗手再也不干了，这是一般的俗人。

圣贤被贬了，还会担心这里的情况国君了不了解，忧虑这个情况什么时候能改变。所以进亦忧，退亦忧，这叫忧国忧民。照这么说就没有快乐的时候了，难道一生都不快乐吗？不是。他是先天下之忧而忧，后天下之乐而乐。天下的人还没有忧虑这些问题他就先看到了，开始担忧，寝食不安，他感到中国文化已经到了存亡的危险时刻，他要告诉大众他每天要为这样的问题去奔波。尽管他不是国家主席，也不是总理，他只是一介书生，他身无半文，但是他能活着就是为国家为民举忧，这是他的价值。范仲淹说除了这样的人我还能跟什么样的人站在一起呢，我自然要跟这样的人站在一起，我们要担负起天下。

我们的文化说到最高处就是这样，所以我们一个人要有境界。我们人生下来就是一个本体，一个渴望认知的本体。我们一生都要学习，到了我们离开这个世界的时候我们是一个有境界的人，我们说话、思考问题，乃至举手投足，都能体现出我们高于一般的人。从本体到境界中间要经过一个东西，就是功夫，这个功夫不是武功，是学习。宋朝的时候功夫就是学习的意思，这个词传到韩国以后韩国还在用这个意思。人的知跟行要合一,这就是功夫。我们到年老的时候,当回首往事时会觉得这一生并不是仅仅追求的物质,在追求一种境界,在这个过程当中,我付出了很多,感到人生是那样充实,感到没有遗憾。

西方人跟中国人价值观很不一样,西方人判断一个人的价值就是看你有多少钱,你是百万富翁还是亿万富翁,你是资产阶级还是无产阶级。传统的中国人不一样,中国人看你有境界没境界,最高的叫圣贤,叫君子,叫士,最下面的叫小人,无赖。圣贤可能是穷光蛋,释迦牟尼不是很有钱,可他是圣贤,一个无赖可能腰缠万贯,可是我们不屑于跟他打交道。现在咱们中国就是看你口袋里有多少钱,我们把自己的价值观丢了。文天祥有一首很有名的诗:"人生自古谁无死,留取丹心照汗青。"人死了不可怕,谁都会死,但是死了以后能够把自己的一片丹心留在历史上万代传颂,这个人死得值。孙中山到处讲"天下为公"四个字,如果天下人都不那么自私,就不会为了那么一点点利润弄什么三聚氰胺、苏丹红。现在每个人除了得到金钱,他不知道世界上还有什么比得到金钱更快乐的事情,他不知道世界上还有比失去金钱更痛苦的事情。人是有精神的,有的人腰缠万贯,觉得生活非常没意思,拿着那么多钱没有精神家园,去赌,他就是没有活明白。

无锡东林书院有一副著名的对联:"风声、雨声、读书声,声声入耳;家事、国事、天下事,事事关心"。现在大学生把这个改了,叫"家事国事天下事,关我屁事"。家长把学生当成商品投资,孩子是投资的商品项目,刚会走路要他学芭蕾,要上重点小学,上名牌中学,然后上大学出国拿绿卡,中华跟我没关系了。不是不要自我,而是不要过于自我,以自我为圆心,一身都活在自己的小圈子里,只要对我有利,冒险犯法我都愿意上去,只要对我没利,再神圣我也不做。这个社会你说怎么样,堕落!

以前中国人做的产品实实在在,货真价实,出口到外国去,他们把我们的包装纸撕掉了换上他们的包装,价值增长了十倍。包装真的这么重要吗?现在我们缓过神来了,包装很重要,所以月饼不值多少钱,盒子比月饼还贵。我们有个成语叫"金玉其外,败絮其中"。外表像金玉,瓤子却像是破棉絮，比喻外表漂亮，内里破败。虚有华美的外表，实质却一团糟。现在我们社会上造就了这样一批人，尤其女孩子，漂亮脸蛋就是生产力，二十四小时大量时间用在这块地方。我们甚至有个广告，说女人嘛最要紧的就是一张脸。这就是说不要才不要德，买个面具得了。现在有人公开说学习好不如家庭出生好，念什么书，找一个大款人生更快成功，大学里一到礼拜六女生楼下就停满了小汽车。女孩子不再努力，反正有一张脸蛋，我就傍一个，这一生就好了。

现在我们只讲包装，有两种人的钱最好挣的，一种是小孩，独生子，另外一个是女人。女人有逛商店的这种爱好，商场为了把你口袋里的钱给掏出来，首先打击你的自尊心，让你觉得自己不漂亮，现在大陆女同志有百分之五十对自己的长相不自信。你怎么能跟化妆品广告上的女人比，她是多少人做出来的，好多人给她加工的。其实一个人的美是气质美，是学不来的，是跟你的教养跟文化相关的。没有文化装是装不出来的，一张嘴就露馅。

我读研究生的时候有个同学，这小子在中学的时候功课很不好，他班上有个女同学，坦率地说那个女同学长得不是很漂亮，但是很有味道，什么味道，一笑就笑眯眯的。小男孩春心萌动，说跟这样的人在一起生活一定很舒服。为了追她，我这个同学发奋努力，成了班上功课最好的人，正是这个女同学的内在吸引了他。可是我们现在有多少女孩子懂这个道理呢？有很多女性把自己看做男人的附庸，不想独立，你挣钱，我不劳动，我就靠这张脸蛋花你的钱，活着的一切就是取媚男人。

我有忧虑，在学校看大学生，没什么气质，更不要谈什么血性，这样下去整个一个民族素质就下去了。这个东西我们就不讲了，再继续讲看更糟糕的东西——城市建设。我们站在高层顶上，举目四望，还有我们民族风格的建筑吗，没有了。我去年去巴黎，让我很震惊。巴黎是国际大都市，我想这个城市里面肯定到处是摩天大楼，到处花花绿绿。可是你到巴黎，几乎看不到火柴盒子，整个街区全是18世纪的房子，而我们现在除了故宫颐和园，很少有超过五十年的建筑。波兰一个设计师说让我看看你的城市就会知道你在追求什么，我们在追求西化，上海陈良宇在台上的时候曾经规划所谓的一城九镇，一个中心城，中间有九个镇，这九个镇全是欧陆风情，德国古镇，西班牙新镇，荷兰风车镇。上海原来是外国人的租界地，现在外滩那么多外国建筑不是我们的骄傲，是一个耻辱的记载。陈良宇觉得这还不过瘾，要把整个上海变成一个欧洲城市。浦东全是高楼大厦，人一到以为到曼哈顿了。上海人很自豪，因为我们这个地方像曼哈顿。

深圳有个景点叫"锦绣中华"，在那里全国少数民族的风情都可以看得到，但是里面有一个败笔，里面没有汉族，没有汉族能叫锦绣中华，怪了真是。我们学校新闻学院的院长讲过这样一个事情，他陪一个国家的领导人到浙江去看，富起来的人造房子全部是欧陆风情，好不容易看到浙江民居了，陪同的领导冷冰冰地说马上要拆了，再回到欧美风情。

再讲讲服装，孙中山当年辛亥革命，恢复中华，讲四万万人不能没有文化表征，所以他发明了中山装，四个口袋代表礼义廉耻，三颗扣子代表三民主义，有文化内涵在里面。毛泽东在世的时候，接待外宾都穿中山装，蒋介石也穿这个衣服，从来不穿西装。有一次开会，有人对我说某年某月某日请出席什么会议，请着正装。他说的正装即西装，我的心被刺痛了。五千多年前，相传中国就开始使用蚕丝，江西的一个地方出土了四千多年前的丝绸织物。我们四千多年前就穿丝绸的衣服，但我们现在没有民族服装。世界上没有民族服装的民族很少，西装就是我们的民族服装，这有一点太过分了，对不对？过分到什么程度，连战马英九都不穿中山装，谁都可以不穿他们不能不穿，因为你是中山先生的信徒。连战到南京拜谒中山陵，我们在电视里看到他穿着西装，拿着花圈，中山先生九泉有知会很奇怪，我的衣钵他都不穿了，和尚不管怎么传他的袈裟要穿下去，你不奉中山先生的衣服，你穿洋人的衣服。国共历史性握手时，两人都穿西装，我们是中华民族，同根同种，谋求统一，干吗穿外国人的衣服。文化说到底服装很重要，十三亿中国人民理应有一套属于自己民族的服装。

服装不说了，说说节日，我们民族快没有民族节日了。北京市曾经禁放烟花爆竹十三年，大年晚上街上死一般寂静，春节已经没有春节的味道了，结果大家就是度假，到新马泰旅游，哪个民族是这么过节日的？相反现在圣诞节的待遇则不一样。去年圣诞节江西一个地方请我去讲座，宾馆里一进去都是圣诞树，圣诞老人，吊着铃啊花啊，地上弄点雪。人家的节你起什么哄？而我们在国外办孔子学院，办了那么多，跟我们的文化没关系，都是学语言的。

我们中国人说话也开始洋腔十八调了，经常跟人家打手势，OK，拜拜，听过一个人聊天，里面是这样说的：我这个人的性格不是特别 open，我叫妈咪跟爹地给我开个 party。中国的人听不懂，说的是人话吗？

总结一下，锦绣中华里盖欧美风情的房子，男男女女都穿着西装过圣诞节，看着人都说 Hi，莫名其妙，如果再进一步看，结婚都穿白纱了。中国人结婚要穿红的，大红大紫，什么时候才披白的，弥留之际要走了。后来我想明白了，现在有一句话叫婚姻是爱情的坟墓。过生日以前是吃面，长生，做一个寿桃多好，现在好了，做个大蛋糕，上面都是油，高脂肪高糖，上面弄个蜡烛吹，北京人说吹灯拔蜡，就是垮台、散伙的意思，还做寿呢。

这个文化你看现在还有什么，我们生活里还有什么是中国的？有一年与许嘉璐副委员长一起参加一个两岸三地专题会，他说"无科技不足以强国，无文化足以亡种"，深刻。我在会上发言的时候套用了《红楼梦》里面的一句话，《红楼梦》里面的女一号，林黛玉，最擅长的就是流眼泪，多愁善感，这个眼泪从春流到夏，从夏流到秋，会不会干啊？从鸦片战争以后，我们中国文化在不断地流失，从春流到夏，从夏流到秋，把我们的传统文化流尽了，我们中国文化真正危险了。

如果追问谁把这个文化消灭掉了，回答是我们亲手把它干掉的。洋枪洋炮都没有干掉，让我们干掉了。北京奥运要来的时候，我非常伤感，在《环球时报》上写了一篇文章，就叫《北京奥运我们行哪国的礼？》。我们2000年取得奥运举办权，中间有八年的时间，可是我们有关部门却在利用这个机会大力推行西方礼仪。北京市的朋友知道，政府给我们每家都送了一本礼仪常识《北京市文明办法》，打开看看，写的都是什么穿西装的礼仪，吃沙拉的礼仪，描眉的礼仪，这种东西肤浅得很。中国人的礼仪要从内做起，内外兼修。世界各国的礼仪是不同的，古代有个原则，国家跟国家交往时要入境问俗，入乡随俗，尊重东道主，不能跟东道主提非分的要求，这是互相尊重。现在我们到欧美去访问穿西装，欧美到中国来还穿西装，我们到人家国家去拿刀拿叉，人家到我们这里又教我们拿刀拿叉，要想想我们是有民族自尊的。我们的代表到世界大会上发言讲中文，你可以翻译，这叫尊严。当年周恩来宴请尼克松，用筷子，我们东方民族是用筷子的民族，用筷子的民族心灵手巧。周恩来到泰国访问，人家拿手抓饭，他也拿手抓饭，对人家尊重。尼克松不会用筷子，他们努力学习用筷子，这是对中国人的尊重。

现在我是铁了心就穿我的衣服，成龙刘德华很多很多都穿这种衣服，堂堂正正，比西装好多了。尊严自己要有，自己不给自己尊严永远没有尊严，没有人看得起。香港报纸有这样一个评论，说香港近代以来，西方人曾经在政治上经济上生活上对我们殖民，但是他们在文化上的殖民始终没有做到。可是近几年来我们正在进行文化上的自我殖民，我们快要成为没有根的民族。大家好好想想，很可怕，专家说四大文明古国有三个已经毁灭了，最后一个怎么毁掉？可能就是在19世纪到20世纪。如果那样，我们就是历史的罪人，我们没有人站出来捍卫我们的文化、我们的尊严。

礼仪部分：

下面开始讲关于礼仪的内容，希望大家掌握两个东西，一个是中华礼仪的本质，你把这个弄清楚，你就把握了中西礼仪的根本。中西方礼仪的不同它首先表现在文化上，西方文化是一种宗教的文化，在这个文化里面有一个万能的上帝，它是救世主，人与生俱来都有原罪。人心是恶的，生下来就是坏东西，这叫原罪。因为亚当跟夏娃不听上帝的话在伊甸园里偷吃禁果，上帝非常生气，把他们从伊甸园里赶出去了，说你们的孩子，不管到哪一代，一生下来灵魂里面就有罪恶在里面起作用，如果管不住就要变成恶魔，打入地狱永不翻身，所以要每天祈祷忏悔。中国文化不是宗教文化，中国文化里面没有救世主，没有上帝，在中国文化里面人心是善的，人的灵魂要靠自己来掌握。

中国文化认为人是万物的灵长，是可以教育的，一生下来就有仁义礼智这样的善观，有明德，人因此区别于动物，区别于禽兽。自古以来，我们的社会靠什么来维持它的安定、公平和正义，就是靠道德，具体来说靠天理、公道、良知。我们经常会批评一个人说你这样做"天理难容"，你这样做"公道何在"，"人心自有公道"，"良心到哪里去了"。我们靠一种道德体系来维系社会的安定和谐及持续发展。道德是一个抽象的范畴，它看不见摸不着但确实存在，就像空气一样，空气我们看不见摸不着，可是它确实存在，我们不能离开它。这个社会的公平正义道德，看不见摸不着，可是它是存在的。我们现在一个最大的问题就是喊口号，缺乏操作性，只能贴在墙上，比如五讲四美这个口号很好，不能操作。古人非常聪明，他知道道德如果变成一种空谈，对社会是没有意义的，所以古人就把它转换成一种操作系统，就是各种各样的制度，各种各样规矩，这样的制度总成就叫做礼仪。

礼仪是根据道德理性的要求制定出来的，我们看《左传》，它在评价一个历史事件的时候，经常讲谁谁谁这样做礼也，非礼也。日本人在生活里面经常讲一个词："抱歉"，看香港电影，他们也会说"不好意思"，我们大陆这边不会讲抱歉。古人经常说"失礼了"，这个礼就是一个社会行为的规范。你这套规范往这里一摆，做错了就是失礼了，道歉。现在最大的问题是社会失范，没有规范没有规矩，社会没有规范就会乱。

大凡文明民族都有自己的礼仪，野蛮民族没有礼仪，想想我们是处在一个野蛮民族里面还是文明民族里面。中国文化非常特殊，在西方宗教文化之外，存在一个中国文化，中国文化靠什么来管理，就靠礼，这个礼体现我们道德理性的体系。16世纪之前西方人没有礼，连民族国家的概念都没有，在巴黎郊区凡尔赛宫建立之后，贵族为了显示自己的等级，我是公爵，他是下人，制定了一套东西，如穿晚礼服，里面的袖子要比外面的袖子长多少，扣子怎么系，颜色要怎么配。而中国的礼仪是在两千多年前从天子到庶民都要奉行的，这套礼仪是修身齐家治国的操作体系，在操作之中把它内化来提升你的德性，变化你的气质，所以中国的礼仪比西方的礼仪要好得多得多。现在进行网上民调，百分之七十的人认为中国人应该学自己的礼仪，不是说意气用事，这是事关一个民族的大问题，西洋的东西了解可以，但是完全拿来要改造我们的国民不可以。

我们一个人身上有两种东西，一种叫做质，我们有时候讲一个女孩天生丽质，与生俱来的好的东西叫质。生下来我们就不是禽兽，是一个人，有仁义礼智这样的善观。我们在农村里看到一个农民，一个字不识，可是我们感到他本质非常好，孝顺善良，勤劳诚信，这就是质。这个质我们可能在原始社会慢慢过来的时候就开始有，当我们进入文明社会阶段，我们不应该满足于这个质，我们还有一套文明人言谈举止的方法：文。比如吃饭，没有什么文化的人吃饭的时候会比较粗，问人吃了没有，一直叫人多吃点。到台湾去都叫用，用餐，慢用，显得雅。吃饭吃到中间或者开会开到中间，要方便一下，说得很文雅，我要去洗个手，没有文化的人就不会这么说，说我要撒泡尿。没错，但是不文，听着不舒服。所以一个文明时代的人，也要有体现在身上的文。

可是在我们人身上这两个东西经常是不平衡的，孔子讲有两种情况，一种叫质胜文，你身上的质朴压过了你的文采，大老粗，一进来大嗓门，一说话满嘴粗话，国骂京骂，这种叫质胜文。连战有个儿子叫连胜文，这是谦虚。有一个学生跟我说，老师我们是农村的，农村人质朴，我们不要学这些虚头八脑的东西。我说今天就给你质朴点的，外面三十八度，我光膀子了，我怕热，我一面讲，拿个毛巾搭在肩膀上，怎么样，我质朴啊，对不对。我脚累了，搭在桌子上，我质朴啊对不对。

反过来，这个人文很好，好到我们看不到他的质了。文胜过了质也不好，显得假，显得做作，理想的话这个"文"跟"质"要"彬彬"，这个彬彬是很高的境界，文和质要像老虎身上的花纹，那么自然那么相得益彰，不会一方压倒一方，你就有君子风范了。文质彬彬的人，一接触就知道这个人是可以放心的，可以信赖的，可是他也非常文雅，举手投足都那么有风度。人的内在本质的东西非常好，可是流露在外的那套东西，那么得体，那么具有亲和力。你们回去可以读读《礼记》，古《礼记》里面的第一句话叫："足容重，手容恭，目容端，口容止，声容静，头容直，气容肃，立容德，色容庄。""足容重"，西汉时每一个州都有一个官员教你参加婚礼应该怎么怎么样，走路的时候要稳重，正式场合走路步子要非常小，上台阶的这个脚上去了，另一个脚跟它并排，不能往上跑。往往从走路就可以知道这个人很轻浮还是很稳重。另外就是手容要恭，手摆出来的姿势要恭敬，我们都知道给人家东西的时候只拿一只手是不礼貌的，拿东西最忌讳的就是扔东西。礼的基础是敬，任何礼仪都是表达对对方或者很多人的敬意。我们学校每年都有一个授予学位，校长用心良苦，要给每个同学留下一个良好的印象，留下一个跟校长握手的良好记忆。学生上去了跟校长握手，穿外国的袍子，这个也是有毛病，在中国拿毕业证穿外国的衣服。先不讲这个了，握手，过穗，给证书，一上午老先生手举不动了。《礼记》上讲晚辈双手跟长辈握手是表示尊重，单手是毛泽东跟尼克松。

孩子到正式场合要坐正，再就是眼睛，一个人内心正，眼光它是正的，一个人内心坦荡他的眼睛是亮的，一个人心术不正他的眼珠子是浑的。现在的人有几种情况，一种人一进去，眼睛看着天花板，让人感觉你眼里没有我，那我干吗要看你，打个叉算了；还有一种眼睛看着脚，不自信；还有一些孩子眼睛滴溜滴溜，暗中盘算，这个给人的印象极坏。眼睛看着天，眼睛滴溜滴溜转，一看就不让人放心。所以平时一定要注意自己的仪容仪表，还有做领导的要注意，跟人讲话眼睛要看人，人跟人是拿眼睛交流的，眼睛是心灵的窗户，我往这一站，谁对我好都看得出来，谁对我不满，谁对我比较认可从眼睛里可以读出来，眼睛是可以说话的。无论到哪里眼光都要真诚，目光都要亲切柔和，做领导的特别要注意不要以势压人。

我们中国人有一个毛病就是嗓门大，大部分中国人调音器都坏了。人家西方人打电话唯恐惊到别人，我们唯恐不把别人惊到。我在机场候车，有一个拖着拉杆箱的人进来，一坐下来就打手机："王局长吗，我的孩子差几分进去没问题吧，我跟李主任说过了，说没问题的，还要跟刘主任说。"说话声音大是没有教养的表现，说话声音要轻，尤其要考虑周围人的存在。有人一上飞机一上地铁就很安静，一坐下要么闭目养神，要么看报纸，要么看风景，非说不可时声音低得很低，到了站，跑出去。礼仪，是以对方的存在作为前提，我们对对方多少要怀有一些敬意，考虑到周围人的存在。这种意识太重要了。

我们要注意说话要显出你的修养，文化大革命时工人阶级胜过一切，大老粗，拍肩膀，看到人不打招呼。我在清华学校里面经常有骑车或者开车的，人不下来，问你到化工学校怎么走，直接用"喂"。文化大革命时，很多人叫我师傅，我到学校经常有人喊"师傅，怎么走"，我想我是练气功的，成师傅了。有一个学生很势利，去图书馆看书，要跟图书管理员要杂志。这学生心想你是管杂志的，又不是给我上课的，我叫你师傅可以了吧，叫老师有点亏，就喊师傅给我拿份杂志。那个老师说："师傅？我什么时候收过你这个徒弟啊。"我们跟他是分工不同，对他们要有敬意，别狗眼看人低，尽量往低里叫不好。

现在最讨厌的就是问的时候没有称呼，"喂"，现在我收到好多E-mail，没有称呼，直接问今天下午什么课在什么地方上，有些连"喂"都没有，我回都没法回。我想尊重他，没有称呼，这个学生像个学生吗，特别生气。

还有就是称呼乱叫的问题，现在的称呼已经是一塌糊涂了，称呼全乱了。你的先生和你一起出去，遇到熟人了他怎么介绍你，认为叫太太、老婆、夫人、爱人的都有。我们来分析分析，这个里面没有一个是对的。说叫"媳妇"，你想对不对，你说某某携媳妇访问美国的吗，没有，说明这个不登大雅之堂，特俗。某某带老婆出国访问，也没有。爱人这个称谓不知道什么时候开始有的，我们明清四大小说没有一个用"爱人"的，只爱一个人，还有博爱之心呢。我现在琢磨着"爱人"可能是在延安的时候开始叫的。在港澳台，爱人是情人的意思，改革之初我们有一个人介绍说这个是我的爱人，港澳台的朋友说你们改革开放的步伐太快了，都敢把情人带出来。叫太太也有一个问题，中国以前有姨太太之说，你说这是我太太，人家就琢磨了，这是排第几呢，四太太还是大太太呢？

《礼记》里专门有一个地方讲称谓的，很严格的，古代天子的配偶是叫后，母后太后皇太后，只有她们能用。你现在回家说母后，孩儿回来了，你妈妈以为你说胡话了。"夫人"是诸侯级的，说嫂夫人如何，这是抬爱，说嫂夫人近来可好，好比说人家贵姓啊。正式的叫法应该叫内人或者内子，向人家介绍自己的配偶就是内人，宋楚瑜带着陈万水到上海，一下飞机，说话文绉绉的，说今天我携我的内人访问上海，很低调。他叫你叫内人，你叫他什么？先生是随便什么人都可以叫的，马路上问路，只要他是男的，都叫先生。学香港叫老公，老公是太监，难听极了，这是我老公，这是我老母，特俗。台湾人都说这是我外子，不叫先生，先生太乱，马路上什么人都可以叫，这个称呼上要注意。

见面讲话会有很多规矩，如果见到一个客人，一见面握手会说什么？"你好"，不够敬意，没有念过书的人都能说出来，念过书的人到你们这个位置，要说幸会幸会，或者说张总，久仰久仰。久仰久仰，幸会幸会，这样说对方感到很舒服，人嘛，还是希望得到别人的尊重。要寒暄一下，问问人家父母的情况，问问孩子的情况，令尊可好。令尊大人是指父亲，令堂大人是指母亲，以前父母不下堂，只在堂上。问你家孩子怎么样，令郎，日本人孩子都叫什么什么郎，男孩子都叫郎，女孩子叫令爱。如果有一些这样的词，对方公司的老板如果很有文化，他一定很愿意跟你做生意，在大陆很少见到学养这么深厚的一个企业家。

说话讲到对方一定要用敬语，讲到自己一定要用谦语，很客气。我们现在到广东去，饭店里的服务人员一见到客人来是怎么打招呼的："三位老板。"我们写四大小说的，"各位看官"，其实看书的人都是官，但是他用敬语，看官。老北京呢，"这位爷，里面请里面请"，我们现在怎么叫，如果两个朋友好久不见面，互相要问一问，可以用"别来无恙"，问对方现在做什么工作，说："在哪里高就？""在哪里得意？"广东人就说："在哪里发财？"还有就是要讲到自己，有人问"彭教授在哪里得意啊？"我说我在清华高就，清华得意，不可以，清华的人都很低调的，应该说"小弟在清华每个礼拜有四节课"。

我们看香港的凤凰卫视，陈鲁豫的节目，真是失礼，一开始她跷二郎腿，一个镜头推到鲁豫，"各位观众，我们今天很高兴请到的嘉宾是什么什么"，嘉宾闪亮登场，她很没有礼貌，人家走过去跟鲁豫握手，鲁豫不站起来，鲁豫坐着跟人握手。以前叫尊者坐，幼者立，最后那个节目做完了，跟观众鞠躬，跟她握手，她还是不站起来，你真以为你是大腕啊。还有对嘉宾直呼其名，这是不礼貌的，我有的时候问同学你叫什么名字，他就告诉我叫张德名，我又问一点，结果周围的人听出来，不是问你的姓名，是问你的名字。古时为什么有字，就是避免社交的时候直叫名字，直叫名字是不礼貌的，所以和珅称纪昀叫纪晓岚。古代的名字只有父母可以喊，皇帝可以喊。张铁林扮的皇帝直称纪晓岚，乱讲，皇帝怎么可能对他用尊称呢。现在我们在家里千万不要让你的孩子直呼其名，一点礼貌都没有。

今天礼仪我讲得不多，现在有个网站叫中华礼学，打这四个汉字或者拼音都可以找到，另外有几本书，一本是高等教育出版社的《中华传统礼仪》，概括了中国传统礼仪的书；一个是我在凤凰卫视世纪大讲堂的一个集子，有的人说看了这本书人生道路都改变了，很感动，去年出版社在催我，要我再加印一点，但是我太忙了。还有一本是广西师大出版社出的叫《儒家礼乐文明讲演录》，讲得很通俗。你要想进一步地读书，我劝你把《大学》、《中庸》、《论语》读得很熟了就可以。要读懂，背了不一定懂，比如说《论语》，你能背但你不一定理解这是什么意思，这个东西在里面太多了。中国人讲知行合一，说老实话，任重而道远。弄了几十年一百年的这样一种社会风气，扭过来要多大的精力才能做到。

图书在版编目（CIP）数据

止于至善：横山国学大讲堂 / 横山国学大讲堂编委会编.
—北京：文化艺术出版社,2010.8
ISBN 978-7-5039-4630-1

Ⅰ.① 止… Ⅱ.① 止… Ⅲ.① 国学—中国—文集
Ⅳ.①Z126.27-53

中国版本图书馆CIP数据核字（2010）第142881号

止于至善
——横山国学大讲堂

编　　著	横山国学大讲堂编委会编
责任编辑	蔡宛若
装帧设计	刘玲子
出版发行	文化艺术出版社
地　　址	北京市东城区东四八条52号　（100700）
网　　址	www.whyscbs.com
电子邮箱	whysbooks@263.net
电　　话	（010）64813345 64813346　（总编室）
	（010）64813384 64813385　（发行部）
经　　销	全国新华书店
印　　刷	国英印务有限公司
版　　次	2010 年 10 月第 1 版
印　　次	2010 年 10 月第 1 次印刷
印　　张	19
字　　数	300 千字
开　　本	720×1000 毫米　1/16
书　　号	ISBN 978-7-5039-4630-1
定　　价	36.00 元